분석적 장

-임상적 개념-

안토니노 페로 & 로버르토 바질 편저
이재훈 옮김

한국심리치료연구소

The Analytic Field -A Clinical Concept- Edited by Antonino Ferro & Roberto Basile
Copyright ⓒ2009 byAntonino Ferro and Roberto Basile.

All rights reserved. This Korean edition was published by Korea Psychotherapy Institute in 2013 by arrangement with Antonino Ferro & Roberto Basile through Cathy Miller.

이 책은 Cathy Miller를 통한 저작권자와의 독점계약으로 한국심리치료연구소에서 출간되었습니다. 저작권법에 의하여 한국 내에서 보호를 받는 저작물이므로 무단전제와 복제를 금합니다.

분석적 장
-임상적 개념-

발행일 • 2014년 3월 1일
안토니노 페로 & 로베르토 바질 편저 • 이재훈 옮김
펴낸 이 • 이재훈 펴낸 곳 • 한국심리치료연구소

등록 • 제 22-1005호(1996년 5월 13일)
주소 • 서울시 종로구 적선동 156 (광화문 플래티넘 918호)
Tel • 730-2537, 2538   Fax • 730-2539
www.kicp.co.kr   E mail: kicp21@naver.com

값 22,000원
ISBN 978-89-97465-08-8 93180

이 도서의 국립중앙도서관 출판시도서목록(cip)은 홈페이지
(http://www.nl.go.kr/cip.php)에서 이용하실 수 있습니다.
(제어번호: 2014000585)

분석적 장
-임상적 개념-

The Analytic Field
-A Clinical Concept-

Edited by **Antonino Ferro and Roberto Basile**

목차

공동저자들 소개 ··· 7
서론 ··· 11
1장 장의 우주와 그 안에 거주하는 것들 ············ 15
2장 정신분석의 치료적 작용 ······························ 51
3장 확장된 장의 개념 ·· 70
4장 역동적 장으로서의 청소년기 ······················· 122
5장 라스 메니냐스(Las Meninas) ······················ 160
6장 정신분석의 역동적 장: 무의식 이론의 전환점 ······ 199
7장 대인관계적 장의 기본적 층 안에서 작업하기:
    기회와 위험 ·· 220
8장 분석적 제 3자: 상호주관적인 임상적 사실들에 대한 고찰
    ·· 233
9장 수난극으로서의 정신분석 ··························· 275
찾아보기 ·· 310

저자들 소개

LAURA AMBROSIANO, 심리학자, 이태리 정신분석학회 수련 및 감독 분석가.「늑대와 함께 울부짖기: 순응과 몽상」,「출구로 가는 길」외 저술.

ROBERTO BASILE, MD, 이태리 정신분석학회 소속 분석가. 최근 논문: "역전이와 정신분석적 회기의 특징들"(Psychoanal. Rev. 2008) 과 "붉게 타오르기; 아그네스와의 회기"(IJPA 2006).

CLAUDIO LAKS EIZIRIK, MD, 포토 알제리 정신분석학회 수련 및 감독 분석가. 브라질 Rio Grand do Sul의 Federal 대학교의 초빙교수. 국제정신분석학회 회장 역임. 최근 논문으로는 "Psychoanalysis in a changing world"(IJPA 2008); "On the Therapeutic Action of Psychoanalysis"(Psychoanal. Q. 2007); "Psychoanalysis as a Work in Progress"(IJPA 2006); "Becoming (and Remaining) an Analyst in Latin America"(Psychoanal. Inq. 2005) 등이 있음.

ANTONINO FERRO, MD, 이태리 정신분석학회 수련 및 감독 분석가. 현 이태리 정신분석학회 회장. 8권의 저서를 출간했으며, 최근의 저서들로는「Psychoanalysis as Therapy and Storytelling」;「Seeds of Illness Seeds of Recovery」;「Mind Works. Technique and Creativity in Psychoanalysis」등이 있음.

EUGENO GABURRI, MD, 이태리 정신분석학회 수련 및 감독 분석가. 저서로는 「Emotion and Interpretation: psychoanalysis of the emotional field」; 「Howling with the wolves」; 「The Drive to Exit」 등이 있음.

JAMES S. GROTSTEIN, MD, 미국 UCLA David Geffen 의과대학 정신과의 임상교수. 캘리포니아 정신분석 센터의 수련 및 감독 분석가. 최근에 저술한 책으로는 「A Beam of Intense Darkness」 (흑암의 빛줄기라는 제목으로 번역되어 있음; 한국심리치료연구소, 2012) 와 「But at the Same Time and on Another Level」이 있음.

LUIS KANCYPER, MD, 아르헨티나 정신분석학회 수련 및 감독 분석가. 6권의 저서를 출간했으며, 최근의 것으로는 「Jorge Luis Borges or the passion for friendship」; 「The fraternal complex」; 「Adolescence, the end of ingenuity」가 있음.

CLAUDIO NERI, MD, 로마 La Sapienza 대학의 심리학과 교수. 이태리 정신분석학회 수련 및 감독 분석가. Lyon 2 대학과 Paris 5대학의 초빙교수 역임. 여러 권의 저서를 출간하였으며, 그 중에는 「Group, Dreams in Group Psychotherapy」와 「Reading Bion」이 있음.

THOMAS H. OGDEN, MD, 정신증 연구센터의 소장. 노스캐롤라이나 정신분석 연구소의 감독 분석가. 8권의 책을 저술하였으며, 최근의 것들로는 「Rediscovering Psychoanalysis: Thinking and Dreaming, Learning and Forgetting」; 「This art of Psychoanalysis: Dreaming Undreamt Dreams and Interrupted Cries」; 「Conversation at the Frontier of Dreaming」; 「Reverie and Interpretation: Sensing Something Human」 등이 있음.

CARLOS SOPENA, MD, 스페인 마드리드 정신분석학회의 수련 및 감독 분석가. 많은 논문들을 발표한 바 있으며, 그 중에는 'Fragment of the Analysis of an Hysterical Patient(IJPA 1991)이 있음. 그는 「Hamlet: Psychoanalytic essays」의 편집자이다.

RUDI VERMOTE, MD, 벨기에 정신분석학회 회원. Leuven 대학 정신과의 인격장애 환자와 외래 정신분석적 심리치료 환자를 위한 병동의 책임자. Leuven 대학 정신분석적 심리치료 Postgraduate Training Center의 소장. 그는 「Reading Bion」의 저자이기도 하다.

서론

　분석적 장의 개념은 1960년대에 프랑스계 아르헨티나 분석가인 마델레인 바란제이와 윌리 바란제이의 통찰에서 시작되었다. 이 두 저자들은 정신분석 내의 관계적 측면을 탐구하는 과정에서 "분석적 쌍"이 하나의 역동적인 장을 창조한다는 사실을 발견했는데, 그 장은 분석적 상황을 공유하는 두 사람이 단일한 역동적 과정에 참여하는 동안 불가피하게 서로 연결되어 있고 보완적인 상태에 있는 상황이다. 이 상황 안에서는 그 쌍의 어느 구성원도 상대방 없이 이해될 수 없다. 왜냐하면 정신분석적 장 안에서는 현재의 그리고 출현하는 모든 구조들이 두 참여자들 사이의 상호작용에 달려있기 때문이다.
　오랫동안, 정신분석적 장이라는 생각은 지리적으로 라틴 아메리카 지역에서만 통용되어왔다. 그 이유들 중의 하나는 영어권 바깥에서 살고 있는 사람의 사고 유형을 세계에 알리는 것과 관련된 문제, 즉 언어적 어려움이었던 것 같고, 다른 하나는 아마도 그것이 정신분석의 관점과 관련해서 코페르니쿠스적인 혁명에 비교될 정도로 "낯선" 개념의 도입을 요구하는 문제였던 것 같다. 그럼에도 불구하고 이 개념은 이탈리아 정신분석계 안에서 중요한 역할을 하게 되었을 뿐만 아니라, 느린 속도로 다른 나라들의 분석가들에게로 스며들었고, 그 결과 국제정신분석학회에서는 이 주제를 중심적으로 다룬 책인, 「Truth, Reality, and the Psychoanalyst: Latin American Contributions to Psychoanalysis」를 출간하게 되었다. 게다가 2008년도 국제정신분석 저널은 바란제이 부부의 독창적인 글들을 모아 영어판으로 출간하기에 이르렀다.

우리가 보기에, 장 개념은 많은 다양한 분석가들의 사고 안에 스며들면서, 비온, 옥덴, 그롯슈타인, 페로, 코라오, 아이지릭, 그리고 물론 궁극적으로는 이 책에 언급되지 않은 저자들을 포함하는 광범위한 접촉점들을 산출해냈다.

그러나 지금까지 장 이론에 대한 공헌들을 비교하고 대조하는 동시에, 그것의 임상적 및 기법적 함축들을 탐구하기 위해 시도한 책은 없었다. 이 책은 처음으로 이 분야의 많은 기고문들을 함께 연결하고 이 주제에 대한 최초의 광범위한 조사결과를 제시하기 위한 목적으로 씌어졌다. 다양한 지역들에서 발달한 장 이론이 상이한 이론들에 의해 수용될 수 있다는 것이 우리의 주장이다.

장 이론은 꿈꾸기(dreaming), 이야기하기(narration), 해체하기(deconstruction) 등이 자유롭게 사용되는 차원으로 가는 길을 열어준다는 점에서, 그것은 이런 종류의 여러 갈래를 가진 접근들을 쉽게 허용한다. 이 목표는 순수한 이론적 측면뿐만 아니라, 기법 이론을 위한 그것의 강력한 함축들의 측면에서도 성취된다. 장 이론은 모든 관계적 이론들과 가까운 입장을 취하면서도, 그것 자체의 강력한 기법적 특수성을 갖고 있다. 그것은 회기 안에 있는 지금-여기를 명백히 드러내고, 그에 따른 전이 해석을 수행한다는 생각을 처음으로 도입했다. 그 결과, 관계적 측면은 사실상 장을 가로질러 흐르는 강물이 되었다. 이 강물은 점점 넓어져서 등장인물들이 떠올랐다가 깊은 데로 가라앉고, 배경으로 되돌아가거나 다시 무대 위로 등장하기 위해 거대한 호수로 흘러든다. 장 안에서 현실은, 그것이 장 안에서 작용하는 기능의 유형들을 표현하기 위해 점진적으로 배역 결정 과정(casting process)에 종속된다는 점에서, 더 가상적인 성질을 갖는다. 장의 모든 등장인물들은 하나의 쌍을 이루고 있는 두 구성원, 즉 두 마음들의 정신적 결합의 산물이다. 거기에는 말하자면 등장인물들과 배역들의 끊임없는 소환명령, 또는 지속적인 역할의 분배가 있으며, 이는 장의 더 깊은 수준들이 점점 더 명료하게 표현될 수 있게 허용한다. 이야기(story)는 현 관계에 대한 계속되는 재해석을 위해 그리고 계속적으로 그것을 명료한 것으로 만들기 위해 사용되는 반복 강박과 투사적 동일시라는 기제들에 의해 진행된다. 이런 맥락에서 고려할 때, 정신분석적 장 안에서의 경청은 전체 상황(total situation)으로서의 전이에 대한 베티 죠셉(Betty Joseph)의 서술, 또는 관계적 이론들의 특정 측면들에서 말하는, 경청을 생각나게 한다. 그러나 장 이론은 그것과 몇 가지 중요한 점에서 다르다. 첫째, 장 이론 안에서 회기 안에 있는 두 사람은 두 정신적 삶의 총합일 뿐만 아니라, 또한 전적으로 새로운 구조를 형성한다. 다시금, 분석가의 포화되지 않은(unsaturated) 개입들은 이야기적 변형과 꿈꾸기 안에서의 변형을 통해서, 계속적인 확장을 허용한다. 동시에 분석가는 장 안에서 발생하는 사건들을 환자와 공유하면서, 비대칭 영역, 즉 영화(film)에 대한 그의 영화를 유지한다. 그러는 동안 환자도 마찬가지로 영화에 대한 그 자신의 영화를 만든다.

장 이론 그 자체의 흐름을 따라, 우리는 이 책에 포함된 다양한 공헌들을 하나의 끈으로 묶어내기보다는 독자로 하여금 제시된 글들에 대한 자신의 꿈들과 사고들을 형성하도록 허용하는 것이 최상의 선택이라고 생각한다. 독자는 각 글에서 라틴 아메리카의 정신분석과 후기-비온학파 정신분석 사이의 연결들과 언급들이 등장하는 것을 볼 수 있을 것이고, 정신분석이 과거의 사건들을 되찾는 일보다 생각할 수 있는 능력을 확장시키는 일에 더 많은 관심을 갖고 있다는 것을 알 수 있을 것이다. 다른 말로, 장 이론은 분석 작업의 패러다임을 숨은 의미를 드러내는 것으로부터 가능한 새로운 의미를 생각해낼 수 있는 역량을 촉진시키는 것으로 변화시킨다. 따라서 정신분석 작업은 지금까지 그래왔던 것이 아니라, 미래에 있을 수 있는 것을 목표로 삼는다.

 이 책의 특별한 목적은 장 이론의 이론적 논의들뿐만 아니라, 임상적 작업과 기법에 관한 공헌들을 제시하는 것이다. 이런 이유로 우리는 근저의 기법적 이론을 구체적으로 예시해주는 임상적 논문들을 우선적으로 선택했다. 정신분석적 언어의 바벨탑 안에서, 임상적 실제야말로 정신분석적 모델들을 비교하는 가장 효과적인 방식이라고 우리는 믿기 때문이다.

 마지막으로, 우리는 아이디어를 제시하는 것으로부터 모든 논문들을 반복해서 읽는 일에 이르기까지, 이 책을 만드는 모든 단계들과, 이 책의 출판사인 카르낙과의 접촉을 맡아준 디미트리스 아나스타소풀로스의 인내와 끈기에 특별한 감사를 드린다. 그의 열정이 없었더라면, 이 책은 햇빛을 보지 못했을 것이다.

1장

장의 우주와 그 안에 거주하는 것들

안토니노 페로(Antonino Ferro)
& 로베르토 바질(Roberto Basile)

장의 거주자들

정신분석적 장 안에는 셀 수 없이 많은 실제적 및 가상적 현존들이 살고 있으며, 그것은 오늘날 이해되고 있는 우주와 적절히 비교될 수 있다. 왜냐하면 정신분석적 장은 각 회기의 시작과 함께 태어났다가 회기의 종결과 함께 일시적으로 중지되는, "우주"와도 같기 때문이다. 장은 특정한 주요 인물들, 즉 주인공들이라고 불리는 사람들과 조연을 맡은 배우들 그리고 마침내 엑스트라 배우들로 채워지며, 더욱이 이 모든 현존들은 언제든지 그들의 역할들을 바꿀 수 있다. 그들 중에 인간 배우들(또는 심지어 인간이 아닌 배우들)은 그 장의 가장 성숙한 부분을 나타낸다. 그들은 별이 빛나는 하늘에서 분간이 가능한 별자리와 비교될 수 있다. 장은 대부분 알려지지 않은 무한히 많은 다른 현상들이 발생하는 장소이다. 장의 원리는 각 회기가 시작할 때 발생하는 "빅 뱅"—그리고 회기의 끝에 발생하는 "빅 크런치"(Big Crunch)—이다.

등장인물들은 더 상류로 거슬러 올라가는 작용의 결과물을 구성한다. 그들의 지위는 항상 복잡하며 피상적인 유사성을 갖고 있는 사람과는 거리가 멀다. 회기의 등장인물들은 분석가와 환자에 의해 수행된 정신적 작용들의 열매이며, 그 두 사람 모두의 원-정서들(proto-emotions), 정서들 그리고 알려지지 않은 측면들과 함께, 그들 모두의 정신적 기능을 반영한다. 다른 말로, 그들은 분석적 쌍의 정신적 기능의 홀로그램이다; 하지만 그들은 또한 다른 언어에서 분열된 것, 또는 생각할 수 있는 능력에 아직 접근할 수 없는 기능들을 포함한다. 등장인물들은 다른 것들이 여전히 직접적으로 본질적인 부분들을 차지하는 동안, 슬며시 회기 안으로 들어오기도 하고 회기를 떠나기도 한다. 이 관점에서 볼 때, 환자가 무엇을 말하든, 그 또는 그녀는 장의 기능의 한 형태를 서술하고 있는 것이다.

실제 사례를 살펴보자. 다음 사례는 살바토레라는 환자의 4년차 분석에서 가져온 것이다. 당시에 나는 학회에 참여하기 위해 회기를 빠져야 했고 또 공휴일이 겹치는 바람에 우리는 두 주간 동안 네 번 만나는 대신 두 번을 만나기로 했다.

환자: 나는 오늘 많이 흥분했어요. 마침내 오토바이를 샀거든요. 어제 끔찍한 일을 겪었어요. 감옥에서 터키 환자가 유사-간질 발작을 일으켰는데, 그는 머리를 마구 들이박고 절망적으로 자신을 할퀴어대면서 마룻바닥에서 뒹굴었어요. 그때 간수들은 악마가 그에게 들어갔다고 생각해서 신부님을 불렀죠. 곧 신

부님이 그의 십자가를 들고 나타났어요. 그때 그 환자는 한 번 더 발작을 했는데, 그로 인해 그들은 귀신을 쫓아낼 사람이 필요하다고 생각했어요.

분석가: (오토바이는 우리가 네 바퀴 수레 대신에 두 바퀴 수레를 타야만 한다는 것을 말하고 있고, 터키인은 두 번에 걸쳐 두 회기를 취소하는 것에 대한 아직 해독될 수 없는 그의 격노와 실망 반응을 나타낸다고 생각하면서, 다음의 언급으로 스스로를 제한한다). 글쎄요, 분석가들은 항상 귀신축출 강좌를 듣죠. 한편으로, 당신은 우리가 한 주에 두 회기만을 갖는다는 점에서 두 개의 바퀴(오토바이)를 타겠네요. 하지만 다른 한편으로, 회기를 두 번씩이나 취소했다는 점에서 우리는 방해를 받았고, 어쩌면 당신의 터키인 같은 "궤도"(orbital) 부분에 대한 취소가 발작을 야기했는지도 모르죠.

환자: (웃으면서). 어렸을 때 나는 코르소 카부르(내 상담실이 위치한 곳)에 사는 친구와 함께 영화를 보러가서 엑소시스트라는 영화를 보았는데, 그 영화는 정말 무서웠어요.

분석가: (내가 환자의 "터키인 같은" 잠재적 측면에 너무 가까이 가는 것을 그가 두려워하고 있다고 생각하면서, 다음의 말만 했다). 주소가 우연히도 일치하네요!

환자: (큰 소리로 웃으며). 나의 엄마 아빠는 말이 잘 통하지 않았어요. 엄마는 아빠가 자신의 일을 좀 더 진지하게, 더 정확하고 틀림없이 해내기를 바랐죠. 아빠는 자신이 할 수 있는 것을 하지만, 모든 것을 완벽하게 하지는 못했어요. 때로 거기에는 틈새들이 있었어요.

분석가: (그가 나의 기능, 장의 기능, 그리고 그 자신의 기능의 두 상이한 양태들에 관해 말하고 있다고 생각하면서). 그래요, 당신의 어머니는 합스부르그(Hapsburg) 사람이고 당신의 아빠는 버

번(Bourbon) 사람이네요. 그리고 거기에는 이 모든 틈새들을 야기하는 내가 있군요!

환자: 나는 우리가 빼먹게 되는 네 번의 회기로 인해 심각하게 화가 나있다고는 생각하지 않아요. 집 대문이 녹이 슬었는데, 페록스(쇠에서 녹을 제거하는 물질로서, 여기에서 쇠는 내 이름인 페로의 뜻이기도 하다)로 닦을 필요가 있어요. 그러면 녹이 제거될 거예요.

분석가: (그가 "쇠"라는 이름을 가진 나에게 화가 나있다고 생각하면서). 라틴 말로 그것은 페록스/페로시스[1], 다른 말로, 비밀스레 녹슬게 하는 대신에 맹렬하게 화가 나있다는 뜻일 거예요!

환자: 하지만 나는 화가 나요. 지금은 화를 낼 수 있어요. 선생님께 화난 것은 아닐 거예요. 내가 일하는 곳에 있는 두 명의 스태프가 나타나지 않았는데, 나는 정말로 내 안에서 일어나는 화를 표현할 수 있어요.

분석가: … 그리고 거기에는, 내가 잘못 안 게 아니라면, 쉽사리 모습을 드러내지 않을 누군가가 있군요!

우주가 삶의 마지막을 향해 다가가는 별들과 그 뒤를 이어 태어나는 다른 별들로 가득한 것처럼, 이 과정들의 근저에는 원자를 구성하는(subatomic), 전기적, 자기적(磁氣的) 그리고 다른 현상들의 전체 연쇄들이 있으며, 따라서 장은 원-정서적, 원초적, 파편적 상태들을 끌어내어 그것들을 "등장인물들"로 만들어내는, 그것 자체의 생성적 모체를 가지고 있다. 이 "정신분석적 재료"를 형성하는 마법사들은 장에 거주하는 기능들이며, 장을 구성하는 기능들이다.

이것은 그롯슈타인이 "꿈 앙상블"이라고 부른 것(2007), 즉 원-감각적이고 원-정서적인 것을 화소(畫素)들(Elias Mallet de Rocha

Barros, 2000), 꿈 사고와 홀로그램들로 변형시키는 기능들과 같은 것이다. 장의 알파-기능, 장의 꿈 사고 또는 장의 접촉 장벽 등과 같은 용어들을 사용할 수도 있겠지만, 나는 이 기능들에 이름을 붙이는 일보다는 수행되는 정신적 작용들을 서술하는 데 더 많은 관심을 갖고 있다. 이 정신적 작용들은 의미의 새로운 건축물을 세우기 위해 두 개의 가능한 방향으로 나갈 수 있다. 첫 번째 방향은 장 안의 어두운 장소에 있는 베타-요소들(비온이 원-감각들이라고 본 것들)을 알파-요소들(비온이 꿈 사고들과 같은 것으로 본 것들)로 변형시키는 일을 포함하는 것이고, 두 번째 방향은 해체 과정을 거친 후에―기능의 변화를 위해서는 낡은 구조물의 "해체"가 선행되어야 하는 도시계획 상황과 마찬가지로― 새로운 구성물을 성취하는 것에 관심을 갖는 것이다. 이 모든 "건설" 작용들은 베타-요소들을 알파벳으로 만드는 작업으로 서술될 수 있다.

그러나 거기에는 건설적 세력만이 있는 것이 아니다. 왜냐하면 장의 우주 안에는 두 개의 다른 "용들"이 서로 충돌하고 있기 때문이다. 즉 거기에는 "꿈들로의 변형"과 "환각 안에서의 변형"이라는 두 개의 상반되는 현상들이 존재한다. 전자가 이미지들―잠정적인, 역동적 의미들―을 산출하는 반면에, 후자는 꿈의 기능을 역전시키고 장의 확실성들과 장애들을 발생시킨다.

장의 삶을 특징짓는 또 하나의 양극 현상은 포화되지 않은 해석과 포화된 해석 사이를 왔다 갔다 하는 것이다. 해석이 고전적인 전이 해석이 되기까지는 종종 긴 여정을 거쳐야만 하는데, 우리는 지금 비포화 상태에서 포화 상태로 가는 그것의 다양한 단계들을 추적해볼 것이다.

..............＼............

+ ***** .... :: :: :: ::

° ° ° ° ****-------

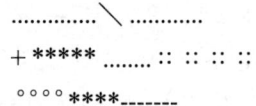

많은 환자들의 분석 초기에 원-정서들의 조각들이 제시된다:

이것들은 원-의의소(意義素)로 불릴 수 있다.

원-의의소들은 마침내 미세-의의소들을 생성해내기 위해 모아지고, 조직되고, 더 높은 수준으로 변형되어야만 한다:

G/-

AC- I I

Y-L-I

N-A-I

I-[F]

ㅁ E Γ L

- I Z S

미세-의의소는 기본적 의의소, 예를 들면, JEALOUSY(질투)를 창조해내기 위해서 조직되는 과정을 거쳐야만 한다.

이것은 그 다음 단계에서, 그것 자체로서 아니면 다른 기본적 의의소들과의 결합을 통해서, 드러난 상황에 적합하도록 맥락화(contextualize)되어야만 한다:

"킹콩은 ... 할 때 X를 질투한다."

장의 작업에서 그 다음 단계는 명백한 인격화와 함께 이루어지는 드러난 맥락화이다:

"학교에서 너는 ... 일 때 X를 질투한다."

이런 식으로 우리는 맥락화와 역전된 명백한 인격화에 도달한다: "너는 네가 ... 할 때 내가 너를 질투할까봐 두려워한다."

마지막으로, 여정의 끝에서, 우리는 직접적으로 명료한 인격화와 함께 맥락화에 도달한다:

"내가 ... 일 때 너는 질투하는 것처럼 보인다."

"학교" 또는 "킹콩"은 물론 현재 장 안의 위치들로 생각될 수 있을 것이다. 다른 말로, 하나의 해석은 사실상 장 안의 포화되지 않은 해석으로부터 장 안의 포화되지 않은 해석으로, 그 다음에는 전이 안의 포화되지 않은 해석으로, 그리고 마지막으로 전이 안의 포화된 해석으로 이동한다.

이것은 환자들이 또한 항상 분석적 쌍이 지닌 기능의 꿈 수준에 관해 말하고 있으며, 더 나아가 해석 이후에 환자가 하는 말이 또한 그 해석에 대한 꿈이라는 사실을 말해준다. 그러므로 출현하는 등장인물들은 환자가 해석을 듣는 방식을 나타낸다.

이런 맥락에서, 우리는 분석가가 "선을 벗어날 때" 어떤 일이 일어나는지, 그리고 장이 어떤 신호를 보내는지를 살펴보도록 하자.

한 유능한 분석가가 사례지도를 위해 사례를 보고하면서, 자신이 환자가 보낸 긴급 메시지에 응답했고 그 환자의 내이(內耳)를 수술하려고 하는 외과의사를 만나보기로 약속함으로써 치료 세팅을 존중하는 데 실패했다고 말했다.

회기에서 환자는 곧 진행하게 될 청력을 위한 수술에 대해 언급했다. 수술이 끝난 후에 그녀는 소리가 자신을 유린했다고 말하면서, 듣는 것이 얼마나 끔찍스러웠는지에 대해 서술했다. 수술팀에는 그녀가 까다로운 신경수술을 통해 설치한 복잡한 이식 장치의 수용성을 조절하기 위한 엔지니어가 포함되어 있었다.

환자는 듣지 못하고 입술의 움직임을 읽어야 하기 때문에 주 4회 분석가와 얼굴을 마주보는 분석을 시작했다. 그녀는 참혹한 과거를 갖고 있었다. 그녀가 자라난 정서적 상황은 매우 비참한 것이었다. 그녀의 어머니는 고급 창녀였고, 그녀는 청소년기 초기부터 가족 구성원들 및 그녀 어머니의 고객들로부터 반복적으로 학대를 받았다. 아버지는 감옥에서 여러 해를 보낸 폭력적인 남자였다. 환자는 자신을 여성들에게만 끌리는 "레즈비언"이라고 설명했다. 그녀는 추하고, 유인원 같은 요소를 지닌 무뚝뚝한 사내아이 같은 외모를 갖고 있었다. 그녀의 분석가에 따르면, "고릴라 같은 여성"이었다. 하지만 그런 겉모습 아래에는 모호한 종류의 아름다움이 감지될 수 있었다.

환자의 정서적 상황은 다음과 같은 도형에 의해 예시될 수 있다.

$$
\begin{array}{c}
♀\,☆\,☆\,☆\,☆ \\
☆\,☆\,☆\,☆ \\
☆\,☆\,☆\,☆ \\
♀ \\
☆\,☆\,☆\,☆ \\
☆\,☆\,☆\,☆
\end{array}
$$

이것은 그녀의 마음이 원-정신적 내용물—상징 ☆에 의해 표현되는—에 의해 지속적으로 학대를 받아왔고, 그것이 마음의 담는 부분(♀)이 필요한 역량을 결여하고 있기 때문에 담겨질 수 없고, 신진대사될 수 없는 형태로 재출현하고 있음을 말해준다.

분석가는 "경미한" 행동화가 발생해서가 아니라, 환자의 말이 지닌 잔인하고 비하된 성질로 인해 그녀의 경청이 부담스럽게 느껴지면서, 그의 듣는 관점을 외부의 현실로 옮겼을 때 "선을 벗어났다." 이것은 마치 환자의 자료에 적용되는 일종의 마법사의 미약(媚藥)처럼, 항상 제일 앞에 와야 하는 분석적 경청의 구체성을, 즉 "나는 꿈을 꾸었어요"라고 말하는 것을 방해한다. 분석적인 마술적 미약을 사용하는 데 실패함으로써, 분석가는 분석적 의사소통의 구체성을 상실한다: 그녀는 분석 작업, 즉 이식(impianito는 임플란트를 나타내는 이태리어로서, 울다라는 뜻을 가진 pianto를 포함하고 있다)을 통해서, 그리고 새로운 기능의 고통스런 내사를 통해서 전에는 너무 고통스럽기에 주의를 기울일 수 없었던 정서들을 이제는 느끼고 들을 수 있게 되었다(이태리어인 sentire는 듣는 것과 느끼는 것 모두를 의미한다). 분석은 그녀가 살아남기 위해 거리를 유지했던 그녀의 고통과 강렬한 정서들에 더 이상 귀를 닫지 않아도 되게 해준, 정확히 외과적인 또는 다른 종류의 수술 상황이다. 이제 거기에는 정서적 상태들에 대해 점점 더 조절된 경청의 형태를 허용하는 외과의사 분석가와 "소리-공학-분석가"가 함께 하는 "새로운 소리의 세계"가 존재하게 되었다.

이것은 분석적 경청의 결과가 환자에게 명료하고 직접적으로 소통되어야 한다는 말이 아니다. 그보다는, "외과의사," "엔지니어," "이식," "수술," "외과술" 등의 등장인물들을 통한 중재가 필요할 수 있다는 말이다. 그러나 피할 수 없는 것은 꿈꾸기와 같은 종류의 경청, 즉 위에서 언급한, "나는 꿈을 꾸었어요"라는 환자의 이야기에 앞서 우리가 활성화시키는 종류의 경청이다. 왜냐하면 그것만이 우리에게 구체적이기 때문이다. 분석의 목표는 감각의 초과분과 원-정서들을 꿈꿀 수 있는 환자의 능력을 발달시키는 것—

그래서 변형시키고 신진대사를 거치고, 그 결과 잊게 되는 것—이다. 만약 그 감각의 초과분과 원-정서들이 소화되고 "꿈꾸어지지" 않는다면, 그것들은 환자를 고통과 증상으로 이끌 것이다.

환자의 이야기 속에 담긴 상황이 더 "실제적"이고 "극적"이고 "객관적"일수록, 분석가의 마술적 미약이 효력을 상실할 수 있는 위험은 더 커진다.

그러므로 장은 베타 요소들의 격랑, 소용돌이 그리고 때로는 쓰나미에 의해 영향을 받게 되는데, 그것들은 꿈들로 변형되는 과정에서, 조직화되지 않은 잠재력의 상태로부터 가능한 표상의 형태들로 이끄는 변형적 담는 것(container)을 발견한다.

장 개념은 그 안에서 작용하는 모든 가상성들에 의해 더욱 복잡해진다. 그것은 사실상 꿈꾸기 앙상블의 수용적 역량에 따라 생겨나는, 이야기들(narrations) 안에서 연합되는 세계들 또는 우주들과 나란히 간다. 꿈꾸기 앙상블을 분해할 경우, 우리는 그것들이 이야기되는 순간 장의 꿈들이 되는 "밤의 꿈들"을 만난다. 장 이론 안에서, 꿈들은 환자들이 꿈을 꾸는 밤 동안의 마음 상태를 말해주는 재료일 뿐만 아니라, 그것들을 가져오는 순간의 선택과 그것들이 제시되는 형태의 선택을 통해서, 그리고 물론 그것들의 내용을 통해서 분석적 상황의 지금-여기에 참여하는 요소이기도 하다.

탐구할 만한 가치가 있는 또 하나의 측면은 장의 창조에 분석가의 정신 상태가 기여하는 것에 관한 것이다. 분석가의 마음이 자체의 격랑을 갖고 있거나(또는 적어도 그 자체의 것이 지배적이라면) 장의 격랑에 참여하고 있다고 해도, 그것이 꼭 방해가 되는 것은 아니다. 만약 분석가가 장 안에서 일어나고 있는 일이 환자와 분석가 모두의 기여에 의해 공동-결정된 것임을 알고 있다면 말이다. 임상적 예를 들어보자.

어느 월요일에 나는 루실라와 좋은 회기를 가졌다고 생각했는데, 그 다음 회기에서 그녀는 꿈을 가져왔다. 그녀는 꿈속에서 쓰레기로 가득한 황량한 장소에 있다. 쓰레기로 가득한 공간을 걸으면서, 그녀는 새끼 고양이를 가학적으로 괴롭히는 추하고, 더럽고, 마녀 같은 여자들을 본다. 그녀가 어두운 쓰레기 더미 속으로 계속해서 들어가자 더 많은 마녀들이 나타나면서 더 많은 불안을 자극한다. 그녀는 두렵다. 그때 "버질 우르바니"(virgili urbani는 vigili urbani[도시경찰]에 대한 실언: 이태리어로 vigile은 경찰을 의미하며, 동시에 라틴계 시인이요 정신적 스승인 Virgil을 나타내는 단어임)를 가득 태운 차가 나타나 그녀를 태워준다. 그 차는 그녀의 이야기를 진지하게 취급하지 않는 "뚱보 여자경찰"이 몰고 있다. 환자는 차에서 버려질까봐 두렵지만, 그래도 차안에 머무른다. 두 번째 꿈에서, 한 안정된 부부가 놀랍게도 위기 상황으로 뛰어든다. 그녀는 그들의 어린 여아를 손으로 붙들고 있지만, 그 아이는 그녀의 손아귀에서 빠져나와 땅에 떨어진다. 그러나 그녀는 치명적인 손상을 입은 것 같지는 않다.

나는 이 꿈들에 대해 곰곰이 생각해본다. 나는 내가 그녀에게 내 휴가 날짜를 말해주었던 때를, 비록 그것이 몇 회기 전의 일이었지만, 생각해보았을 때에야 비로소 내가 이전 회기에서 나의 "개인적" 관심에 몰두해있었고, 내가 곧 그녀의 주파수 대 안으로 다시 돌아오기는 했지만, 환자가 말한 몇 개의 문장들을 놓쳤다는 것을 깨달았다. 나는 지금 그녀에게 지난 회기에 그녀가 충격 받은 일이 있었느냐고 묻는다. 그녀는 즉시 다음과 같이 대답한다: "어느 한 순간에 나는 선생님이 내 말을 듣고 있지 않다고 느꼈습니다."

이 일로 인해 나는 회기 안에서 내가 덜 열중하고 있는 것을 그녀가 경험했을 때 어떤 일이 일어났는지를 그녀에게 설명해줄 수 있었다. 즉 그녀는 "쓰레기처럼 버려졌다"고 느끼고, 제거되어야 할 쓰레기보다 나을 것이 없는 무가치한 존재로 자신을 느꼈던 것이다. 그러자 그녀는 자신을 덮칠 것 같은(마녀들) 격노, 고통 그리고 절망의 느낌들에 의해 점점 더 심하게 공격을 받았다. 그러나 그때 그녀는 나의 신뢰성에 흠이 있음에도 불구하고, 다시금 나와 가깝다고 느꼈다; 그녀는 다시금 버려지는 것이 두려워졌고, 이 모든 것이 발생할 때, 사이좋은 부부(우리 두 사람)가 위기 속으로 뛰어들었고, 비록 항구적인 손상은 발생하지 않았지만, 신뢰(어린 소녀)는 땅에 떨어졌다.

"나의 감정을 그보다 더 정확하게 요약할 수는 없을 거예요." 그녀는 이렇게 말하면서 한 마디 덧붙였다. "정말 완벽해요. 어떤 흠이나 틈새도 보이지 않아요." "그렇군요." 나는 대답했다. "나의 이름이 페로(쇠를 뜻하는 이태리어)라는 것이 무의미한 게 아니네요. (우리의 분석적 언어에서 나의 이름은 틈새들을 제거하는 데 사용되는 쇠를 나타낸다.).

우리는 이제 "경청되지 않는 것에 대한 두려움과 경험"의 뿌리에 대해서, 다른 말로, 그녀의 유아기와 과거 역사에 대해 또 다른 수준에서 작업할 수 있게 되었다.

그러나 우리는 이 수준을 어떻게 볼 것인가? 우리가 장의 더 깊은 곳으로 그리고 끝부분으로 모험해 들어갈수록, 우리는 초기 꿈 기능과 감각적 격랑의 영역들과 만나게 될 것이다.

우리가 고려하고 있는 장은 다중 공간적, 다중 차원적, 입체 영상적, 그리고 꿈의 영역으로서, 분석적 만남 안에서 생겨나는 영역이다. 각 개인은 자신의 "정신적 장"을 갖고 있으며, 그 장 안에는 온갖 종류의 격랑과 심리내적 가능성들이 살고 있다. 정신분석적 장 안에서, 각 참여자의 "주관적인 장들"은 함께 흐르면서, 그것보다 앞서 있었던 것들의 단순한 총합 이상인 새로운 실체를 발생시킨다. 장은 다음과 같이 서술될 수 있는 특징들(Ferro, 2005 & 2009)을 갖고 있다:

- 장은 분석적 만남에 의해 활성화되는 정서적 소용돌이가 드러나는 장소와 순간이다.
- 장은 분석적 쌍 안에 존재하는 원-정서들의 알파벳화 과정의 결과물인 스토리들과 이야기들(stories and narrations)의 촉진을 위한 장소와 시간이다.
- 장은 몽상 그리고 타자와 조화로운 존재가 되어줄 수 있는 역량을 통해, 담는 능력과 알파-기능의 발달을 촉진시키는 모체(matrix)이다(Ferro, 2006).

장의 변형들은 원-정서들을 알파벳화하고 그것들의 진화를 촉진시키면서, "등장인물들을 찾고 있는 두 저자들"(Ferro, 1992, 2002)인, 분석가와 환자 사이에서 발생하는 계속되는 공동-이야기 과정에 의해 매개된다.

장 안에서, 해석 개념의 의미론적인 후광은 분석가에게서 오는 포화되지 않은, 회화적 투입처럼 보이는 것을 포함할 수 있도록 확장된다. 장에서 중심적인 것은 분석가의 몽상, 즉 깨어있는 꿈 사고(그리고 그것을 구성하는 하부 단위들)와 접촉할 수 있고 그것을 말로 이야기함으로써 장 자체의 변화를 가져올 수 있는 분석가의 능력이다. 환자의 깨어있는 꿈 사고와 그것을 구성하고 있는 알파-요소들의 이야기적 파생물들은 똑같이 중요하다. 환자의 이야기하기는 어떤 점에서 그 또는 그녀 자신이 장의 요소들, 사건들 그리고 힘의 노선들을 "영화라는 틀의 형태 안에서 제시하는" 방식으로 볼 수 있다. 이 점에서 환자가 가져오는 그 어떤 자료도 장과 관련되지 않은 것은 없다.

본성상 수평적이고 지금 여기에서 살고 있는, 현재 장의 복잡성이 다중-세대적인 측면을 포함하는 수직적 복잡성에 의해 보충되는 것은, 그렇게 함으로써 시간이 상담실 안으로 들어오게 된다는 점에서 필수적인 것이다.

따라서 우리는 단순히 "내적 세계"와의 "관계"뿐만 아니라, 또한 "역사들"과 그것들의 전달의 기하학 안에 있는 우리 자신들을 발견한다. 우리는 더 이상 이차원적인(two-dimensional) 부모, 삼촌들과 이모들과 조부모들의 "사진들"을 해석하고 전이 해석에 의해 그것들의 위장들을 벗겨내는 일에 적극적으로 참여하는 분석가와 환자가 아니다. 그보다 우리는 각기 다른 시간대들(temporalities)에 속해 있으면서 그것들 자체의 권리로 무대에 설 수 있기를 요구하고, 필요로 하는 삼차원적인(three-dimensional) 등장인물들의 현존 안에 있다. 이 지점에서, "장 안에서" 발생하는 모든 해석은 전이 해석이다. 이 차원에서, 분석가는 "실체"와 역사를 얻기 위해 장의 수용이라는 유동적인 매개물만을 기다리고 있는, 세대를 초월하는 이 냉동건조된 요소들(Faimberg, 2005)이 자신 안에 스며들도록 허용해야 한다.

따라서 우리는 우리가 다룰 준비가 되어 있지 않은 복잡성과 직면하고 있다. 여기에서 몇 가지 다른 요점들도 고려해볼 필요가 있는 것 같다. 예컨대, 장의 이야기하기 기능이 어떻게 분석가와 환자 모두 안에 있는 생각할 수 없음(unthinkability)을 담는 주머니들로 확장될 수 있는지가 그것이다. 세대를 초월하는 분석가의 측면들은 그의 개인적인 요소라는 형태와, 분석가의 눈먼 지점들(그것에 대해 장은, 우리가 경청만 한다면, 다행히도 주의를 기울일 수도 있다!)을 포함하는, 한 세대의 분석가들에게서 다음 세대의 분석가들에게로 이어지는 분석적 기능의 요소라는 두 가지 형태로 상담실 안으로 들어온다. 여기에서 필요한 것은 의례행위로서가 아닌 세대를 초월하는 유산들을 발견하는 하나의 방식으로서, 분석가 자신의 역사가 포함된 역사를 재추적하는 것이다.

여기에는 투사적 동일시와 정서적 소용돌이 개념과 관련해서 많은 것을 생각할 수 있게 해주는 재료가 있다. 영화를 유비로 들어 말하자면, 그 상황은 흙속에 있는 DNA 잔여물을 통해서 멸종된 동물인 사납고 신비스런 다이나소르들을 되살려내는 쥬라기 공원의 시작부분과도 유사하다. 마찬가지로 마음은 분열된 특정한 요소들을 현재로 되살려내지 않는 한 발달할 수 없다.

전에는 분석가와 환자 "두 사람의 다중인격"(Baranger M. and W., 1961-62)이 공간의 축을 따라 셀수없이 많은 우주들로 가는 길을 열었다면, 지금 그것은 불가피하게 시간 안에서 발생하는 과잉의 파생물들(a plethora of ramifications)을 드러낸다. 보르헤스(Borges)가 말하듯이, 우리는 우리 자신들이 "시간의 연결망—그것의 가닥들이 서로 접근하고, 갈라지고, 교차하거나 무시하는"—즉, 역사 안에 있는 우크로니아스(Uchronias), 또는 유토피아 안에 있는 것을 발견한다. 우크로니아스의 세계는 역사적 사건들이 가상적인 사건들에 의해 대체되는, 역사에서 벗어난 역사의 세계이다. 이것은 문명의 역사와 관련해서 단지 연습에 불과한 가능성들로 가는 길을 연다(만약 Custer 장군이 Little Big Horn에서 승리했더라면 어떻게 되었을까?). 그러나 개인적인 역사의 경우, 소급행동(Nachtralichkeit) 및 새로운 의미의 획득 과정으로 인해, 이것들은 새로운 사고, 미래 그리고 또한 과거의—왜 아니겠는가?—새로운 현실이 될 수 있다. 사실, 내 생각에, 역사를 다시 쓸 수 있다는 새로운 가능성은 광대한 새로운 전망을 열어줄 수 있는, 분석이 줄 수 있는 가장 값진 선물이다.

쿠차이스(Cochise: 아파치 인디언 추장의 이름)를 위한 장소

중요하지만 어쨌거나 임의적인 작용은 우리가 환자의 담화를 조직하는 자로 선택한다는 "사실"이다(만약 그것이 분석가가 감지/수용할 수 있는 영감에서 유래한다면, 그것은 일부만 임의적일 것이다). 물론, 이 작용은 분석가의 "소극적 능력"과 몽상할 수 있는 능력에 기초해 있다.

한 경험 많은 동료가 자신이 겪고 있는 극적인 상황을 타개하는 데 도움을 얻기 위해 내게 자문을 요청했다. 그가 먼 북쪽 국가에 살고 있었기 때문에 나는 우선 전화로 약간의 정보를 들었다. 지난 몇 주 동안 그와 그의 가족은 그의 환자 중 한 사람의 협박과 관련해서 경호원의 보호를 받고 있다.

나의 동료에 의하면, 그 환자는 분석이 자신에게서 사는 기쁨을 앗아갔고, 자신을 결혼하게 만들었으며, 아버지가 되고, 은행에 취직하게 했지만, 이 모든 것이 그의 "참된 삶"을 발견하는 것을 방해했다는 이유로 분석가를 위협하고 있었다. 그는 분석 때문에 그가 가질 수 있었던 모든 여성들을 잃었고, 그가 젊은 시절에 갖고 있던 특별히 제작된 자동차들과, 그가 할 수 있었던 여행들을 포기해야 했다고 주장했다. 간략히 말해서, 그가 지불한 대가가 너무 컸고, 그는 지금 분석가 가족을 도륙한 후에 자살을 하는 것으로 그의 분석가에게 복수하고 싶어 했다. 그리고 그 분석가는 지나가는 말로 그 환자가 심한 발진 때문에 스위스로부터 특별한 크림을 공급받고 있다고 말했다.

선택된 사실(chosen fact)로서 내게 다가온 것은 발진, 붉은 피부, 상황에서 벗어난 요소인 "인디언"(redskin)이었다. 모든 창백한 얼굴들(백인들)을 두렵게 만드는 인디언 말이다. 하지만 나는 그 이유가 궁금하다. 인디언이 그렇게 두려울 리가 없다.

나는 환자와 분석가 모두의 나이를 물어본다.

환자는 곧 40이 되고 거의 비슷한 시기에 분석가는 50이 된다.

여기에 열쇠가 있다. 환자의 "인디언"은 그의 불화살을 사용하여 분석가의 "인디언"에 불을 지른다. 분석가가 접촉을 잃어버린 인디언과 그의 쉰 번째 생일(그리고 환자의 마흔 번째)의 위기에 불이 붙은 인디언은 동일한 인디언이다.

은행에서 일하면서 보낸 삶, 상담실에서 보낸 삶은 복수를 하겠다고 위협하는 인디언에게 전혀 수용될 수 없는 것이다. 포기된 많은 실존적 잠재력을 위한 고통스런 애도과정이 수행되어야만 한다. 현실을 받아들이는 애도과정이 지축을 흔드는 분노의 충격에 앞서 있다.

나의 동료가 그 자신의 "인디언"과의 접촉을 재확립하도록 내가 도와주었을 때, 그는 자신의 인디언을 지나치게 두려워하는 일 없이 환자의 인디언을 담아줄 수 있었고, 그 결과 그들 각자는 자신의 인디언에게 얼마의 안도감과 공간을 줄 수 있는 길을 발견할 수 있었다.

나는 우리 세 사람이라고 말했어야 했는지도 모른다. 왜냐하면 나 자신은 이제 곧 60이 되고, 어렸을 때 내가 좋아했던 영웅들 중의 하나가 쿠차이스였기 때문이다. 그는 전체 상황을 끌어안는 것을 통해서 오랫동안 무시되어왔던 자신의 공간과 존재의 권리를 인정받은 사람이었다.

장의 꿈꾸기

로다나의 메달들

로다나는 자기애적 유형의 병리를 가진 35세쯤 된 여성이었다. 그녀는 자신이 환자로서의 분석을 필요로 하지는 않지만, 힘든 환자들과 일하는 정신과 의사로서 "전문가적인 이유"로 분석을 원한다고 주장했다. "그런데 나는 약간의 정서적 어려움도 갖고 있어요." 나는 그녀가 자신의 고통을 부인해야 할 필요를 감지했지만, 드러내놓고 말하지는 않았다. 그때 나는 그녀가 아랍 세계에 관심을 갖고 있다는 말에 놀랐다. 그녀는 의학 대신에 동양 언어를 더 많이 공부했고 아랍 세계에—그 나라들의 엄청난 부와 빈곤에—매료되어 있었다.

처음부터 이 분석은 깨어질 수 있는 위험이 매우 컸고, 행동화와 부정적 치료반응의 암시들이 두드러졌다. 이런 상황은 내가, 꿈이 암시하듯이, 로다나가 너무 비싼 치료비를 감당할 수 없다(정서적 수준에서)는 사실을 인식할 때까지 지속되었다.

한 회기에서, 내가 약간의 해석을 한 후에 "못을 삼키고 나서 회생병동으로 옮겨온 아이"가 무대를 차지했고; 내가 직접적으로 줄 수 있다고 느낀 모든 해석 다음에 곧 바로 "인큐베이터 안에서 너무 많은 산소 때문에 눈이 거의 먼 어린 소녀"가 등장하곤 했다. 다른 한편, 만약 내가 제공하고 있는 해석의 양이 너무 많다는 것을 알아채고 내 언급을 줄였더라면, 이것은 수용되었을 것이고, "침범적이지 않은 방식으로 어린 소녀를 도운 안과의사가 회기 안에서 등장하는 것을 목격했을 것이며, 그 결과 그녀는 그녀의 시력을 회복하게 되는 높은 가능성을 갖게 되었을 것이다." 다시 말해서, 만약 내가 과도하게-유능한 사람으로 경험되었더라면, 그녀는 즉시 "경영자의 길을 밟고 있고 항상 전자-두뇌처럼 기능하는 주임 의사"에 대해 언급했을 것이다. 특별히 의미 있는 한 회기에서, 내가 강렬한 격노와 연결된 하나의 직접적인 해석을 제공한 후에, 그녀는 그녀에게 많은 고통을 야기했던 어떤 것—그녀가 항상 부인해왔던 깊은 상처—에 대한 격노로 가득한 꿈을 경험할 수 있었다. 로다나는 공포에 질려 내 말을 막았고, 소리를 질렀다. "무슨 일이에요? 무슨 일이에요? 나는 맞은편에 있는 가면이 벗겨지는 것을 볼 수 있어요..." 나는 맞은편 벽에 걸려 있는 그림에 움직이는 가면이 없고, 실제로 가면 자체가 없다는 말을 할 필요를 느끼지 않았다.

나는 나의 해석이 "담는 것"(우)의 한계를 넘어서고 있고 극도의 박해감을 발생시키고 있다는 것을 깨달았다. 만약 그때 내가 이 나의 해석에 의해 발생된 이 박해감이나 감정을 해석했더라면(시기심, 질투 또는 의존을 참지 못하는 것 등으로), 그녀는 회기를 건너뛰거나, 성난 논쟁을 불러오거나, 그녀가 주는 것은 무엇이든지 거절하는 그녀의 형제와 가졌던 끔찍스런 관계—거절과 경멸—에 대해 말했을 것이다. 이 모든 것을 전이 안에서 해석하는 것은 무의미한 것이고, 내가 일반적으로 사용하는 기법을 수정해야 한다는 것이 명료해졌다. 그때 "내가 운전하는 차를 탔고, 따뜻하고, 애정이 있으면서도 전혀 바보가 아닌, 하지만 나보다는 경험이 적은," 그녀의 새 남자친구인 "루이지"가 등장했다. 나는 다른 구애자들을 제쳐놓는 이 러브 스토리에 대한 그녀의 이야기를 따라가면서, 주의 깊게 조절된 양의 해석을 사용했다: "율리쓰"는 무엇보다도 섹스를 원했고(그는 내가 전이 해석으로 그녀를 "건드릴 때"마다 등장했다), "카를로"는 플라토닉한 우정만을 원했다(그는 내가 너무 말이 없거나 멀리 있을 때 등장했다). 루이지는 중간 지점에 있는 것처럼 보였고, 그들은 곧 결혼했다. 곧 아기가 생겼고, 이것은 두 개의 의미를 가진 것처럼 보였다: 그녀의 분석의 대가와 관련된 방어적인 의미와 "창조적인" 의미.

임신은 로다나의 정서적 삶을 풍부하게 했다. 그녀는 정서적 삶을 경험하기 시작했고, 그녀가 "어린 소녀" 안에서 "발견한," 활성화된 정서는 이야기로 표현되었다. 오랫동안 그녀 자신의 분리 불안은 "어린 마르타의 불안"이라는 형태로 나타났고(엄마가 떠나갈 때마다 절망적으로 울었던 아이); "새로운 남동생이 태어날 것이라는 말을 들었을 때 그녀가 느꼈던 질투는 마르타의 질투"라고 불렸다; 그리고 그녀 자신의 욕구는 "탐욕에 가까운, 토미의 채워질 수 없는 허기"였다.

그러므로 오랫동안 로다나가 그녀 자신의 것으로서 인식해온 정서들에 접근할 수 있는 보다 명백한 길을 발견하는 것이 마침내 가능해질 때까지, 우리는 언어로 표현된 이야기에 매달려야만 했다(비록 우리가 상담실의 정서적 및 정신적 사실들에 대해서만 말하고 있다는 나의 확신에도 불구하고).

그녀의 분석 초기 단계의 꿈에서 등장했던 "많은 메달들"은 후기 꿈에서 보형물로서의 메달들에 의해 감추어져 있던, "많은 구멍들(필요들)"로 대체되었다.

이제 로다나가 그녀 마음의 분열된 영역들을 다시 소유하기 위한 작업을 시작하는 시기가 찾아왔다. 그녀의 꿈들은 때로는 "마르타"처럼 격노하고(그녀가 화가 났을 때 마르타는 마치 아랍어로 말하는 것처럼 이해할 수가 없었다) 때로는 피난처를 찾는 집시들, 이민을 온 행상들, 아랍인들로 가득했다 ... 그때 자신의 집으로 가는 길을 찾을 수 있는 신실한 존재인 "라씨"가 등장했다.

그녀가 이제 막 심리치료를 시작한 병이 깊은 아이들이 무대에 등장했는데, 그들 각각은 현재 우리가 걱정하고 있는 특정한 문제들을 나타내고 있었다. 그리고 여기에서 우리는 다시금 길고, 간접적인 해석적 우회로를 따라가야만 했다.

그 다음에 등장한 인물은 요구적인 교사에 대한 두려움으로 인해 학교 공포증을 갖고 있고, 과일이 나온다는 것은 저녁식사 시간의 끝을 그리고 아빠가 떠날 시간을 의미하는 것이라는 이유로 과일 공포증을 갖고 있는 "클라우디아"였고, 남자친구와의 사랑에 빠져 있지만 그 남자친구가 자신이 원하는 만큼 마음을 써주지 않아 힘들어하는 "마리나"였으며, 그 외에도 많은 등장인물들이 그들 각각의 "주제"를 갖고서 출현했다.

나는 이 작업의 스타일을 보여주기 위해 두 개의 회기 내용을 제시해보겠다.

회기

나는 새해부터는 상담료가 인상된다고 말해주었다(10월 중에). 환자는 다음 두 회기에 오지 않았다. 분석가가 "새해부터" 상담료를 인상한다고 말하는 것이 무엇을 의미하는가? 이태리어로 "아노 누보, 비타 누바"(새해, 새로운 삶)이라는 말이 있는데, 아마도 분석가는 그의 마음 이면에 더 높은 수준에서(그리고 더 높은 정서적 비용으로) 새로운 분석적 삶을 시작한다는 생각을 가졌을 것이다.

월요일

환자: 지난 며칠 동안은 끔찍했어요. 클리닉에서 내가 감당이 안 될 만치 일이 많았죠. 그런데 마르타가 이염(耳炎) 때문에 기분이 가라앉았고, 엎친 데 덮친 격으로 자동차 시동이 걸리지 않았어요 ... 마르타는 토미를 참아주지 못해요. 그녀는 화가 난다고 때리는 등 그를 막 다뤄요. 그때 그녀는 악몽을 꾸었어요 ... 그리고 그녀 아버지가 가까이 오기만 하면, 그녀는 죽을 듯이 비명을 질렀어요 ... 오이디푸스 콤플렉스가 분명해요!

분석가: (말이 새어나왔는데, 나는 즉시 이것이 준비되지 않은, 불필요한 것이라고 느꼈다). 상담료를 올린 것 때문이군요! (그때 나는 "아랍인들"을 향한 격노를 나 자신에게로 돌릴 수 있다는 것을 인식하지 못한 채, 다음과 같은 말을 덧붙였다). 나는 지난 며칠 동안에 있었던 모든 일들을, 그리고 회기를 빠진 것을 상담료를 올린 것과 연결시킬 수 있을지 궁금해요. 그것이 당신이 감당할 수 없는 정서들을 자극했을 수도 있죠 ... 어떤 것을 요구하는 말을 들을 때, 당신은 귀가 아프죠 ... 그래서 여기에 올 수 없었어요 ... 내게 엄청 화가 났고, 나를 보기가 두려운 거죠 ... (그리고 환자가 언급한 "감당이 안 되는" 많은 일은 더 높은 수준에서 분석 작업을 시작하려는 분석가의 소망에 대한 반응일 수도 있을 것이다).

환자: (몇 분의 침묵이 흐르는 동안, 나는 불편한 느낌으로 내가 한 말에 대한 그녀의 반응을 기다렸다). 마르셀라에게 끔찍스런 일이 일어났어요(내가 얼마 전에 그녀에 관해 말했었다). 그녀는 약물중독자가 된 전 남자친구에게 차고 안에서 강간을 당했어요. 자신을 버린 것에 대한 복수로 강간을 한 거예요.

분석가: (환자가 새 등장인물, 즉 마약 중독자이고 강간자인

마르셀라의 전 남자친구를 등장시킴으로써 전이 해석에 반응하고 있음을 주목하면서 ... 나는 환자에게 너무 폭력적인 것으로 판명된 전이 해석을 자제한 채, "포화되지 않은" 해석, 즉 전이를 명백하게 드러내기보다는 회기의 등장인물에 대한 언급 수준에 머무는 해석을 제공했다. "포화된" 전이 해석은 환자가 내 말을, 두 주간 동안 나를 버려둔 것이 참을 수 없는 것이라는 생각 때문에 격노해서 저지른 강간으로 경험했다고 명백하고 직접적으로 서술하는 것이 된다. 대신에 나는 다음과 같이 말했다). 마르셀라가 신뢰했을 수 있는 가까운 누군가에 의해 성폭력을 당하는 경험은 그녀에게 끔찍스런 경험이었겠군요.

환자: 그래요. 하지만 동시에 그녀는 새로운 남자친구가 늘 가까이 있고, 그와 이야기를 나눌 수 있어요. 그는 다정하고 그녀를 이해해주죠.

분석가: 그것이 그녀가 당한 공격을 소화해내도록 도울 수 있겠네요. (여기에서 나는 다시금 전이를 "명료화"하지 않기로 선택한다. 하지만 물론 나는 환자가 하는 말이 나의 이전 해석에 대한 언급이고, 나 자신이 그녀가 마침내 말할 수 있고 신뢰할 수 있는 다정한 남자친구처럼 경험되고 있다는 것을 염두에 두고 있다).

환자: (몇 분간의 침묵이 흐른 후). 마르타하고 놀면서 나는 "진짜 생쥐"와 만화책에 나오는 미키 마우스 사이에 많은 차이가 있다고 생각했고, TV에서 본, 방사선에 노출되는 바람에 어마어마한 크기로 자란 개미들이 나오는 영화를 생각했어요. 그 개미들이 서로 사랑하는 두 사람을 공격했죠 ... 생쥐와 같은 동물들은 정말로 우리를 두렵게 만들 수 있어요.

분석가: (분석의 이 시점에서 그녀가 도입한 마르타는 그녀의 어떤 측면을 나타내는 것일까? 나는 그녀가 회기의 창조적이고

생산적인 요소들에 대한 언급일 수 있다고 상상한다. 나는 "생쥐"를 살아 있고, 두렵게 만드는 정서들로 그리고 "미키 마우스"를 이야기적 해석에 담겨진 감정으로 읽는 해석을 자제한다. 그리고 나는 "방사선 피폭"이 엄청난 격노를 자극해내는 나의 위험한 말을 가리킨다고 해석하지 않는다). 생쥐들이 위험하군요. 그들 역시 격노를 갖고 있네요! ... (격노는 이태리어로 rabbia인데, 분노와 광견병 모두를 뜻한다).

환자: 그리고 그 재앙도 마찬가지에요 ... 나는 외계인의 안내를 따라 거대한 개미들이 지구를 침공하는 만화그림을 본 적이 있어요 ... 사람들은 어떻게 자신들을 방어해야 할지 모르고 있었죠 ... 그리고 엄청나게 큰 개미들이 내 몸의 상처로부터 나오는 꿈을 자주 꾸었던 일이 기억나요.

분석가: (나는 그녀의 마음을 괴롭히는 감정의 침범에 대해 해석하는 것을 자제한다. 그녀는 그 해석으로부터 그녀 자신, 나 그리고 분석을 방어하는 방법을 배우지 못하고 있다). 그러나 거기에는 격노와 재앙 모두에 대한 처방약이 있군요. 그리고 격노와 개미들이 알 수 없는 데서 오는 게 아니군요. 꿈에서 그것들은 상처에서 나오고 있으니까, "누군가"가 당신에게 상처를 주었네요 ...

환자: 음, 그래요, 상담료 인상이에요 ... 내가 일하는 상담실에서, 나의 동료이기도 한 친구가 방세를 올려 받기를 원하는데, 너무 많이 달라고 해서 골치가 아파요.

분석가: (나는 방세의 인상과 상담료의 인상 사이의 명백한 분열에 대해 말하지 않은 채, 이 환자를 위한 분석에서 지불해야 하는 비용—정서적 비용을 포함해서—에 대해서만 반영한다). 그러나 당신의 친구가 재협상을 통해 합의를 도출할 수 없을 정도로 융통성이 없는 사람일까요?

환자: (몇 분간의 침묵이 흐른 후에). 나는 신문에서 슈퍼맨이 죽었다는 기사를 읽었어요 …

분석가: (나는 나에 대한 그녀의 전능성의 투사가 수축되는 것을 해석하고 싶은 마음을 꾹 참는다). 당신이 상처를 입고 "경제적인" 어려움에 처할 수 있다는 점에서, 슈퍼우먼의 시절은 끝났을 수도 있겠네요(나는 분석의 정서적 비용을 생각하고 있다).

환자: 글쎄요, 지금 나는 내 친구가 지불 날짜를 약간 연기해 줄 거라고 믿어요. 나는 확실히 다음 주에 그 문제에 관해 그녀와 이야기를 나눌 거예요. 우리가 여기 파비아에서 만나기로 했거든요.

몇 개월 후

환자: 화요일에는 기분이 무척 나빴어요. 그래서 아이들을 방치했어요. 도저히 돌볼 수가 없었죠. 그래서 회기에 못 왔어요 …

분석가: 그리고 수요일에 내가 전화를 했어요(회기를 취소하는 전화였고, 그것은 그녀를 그녀의 아이들처럼 느끼게 만들었다).

환자: 그래요. 나는 선생님이 내게 보복한 것이 아닌지 걱정돼요 … 그때 나는 그럴 리가 없다고 스스로에게 말했죠 … 그리고 꿈을 꾸었어요. 그보다 먼저, TV에서 본 숲을 황폐화시키는 백인들을 증오하는 피그미족에 관한 다큐멘터리에 대해 말해야겠네요. 그들은 이빨을 날카롭게 만들기 위해 줄로 간다고 하네요. 그것은 칼을 사용하지 않고 고기를 자르는 데 매우 유용하죠. 하지만 그것은 그들의 잇몸과 단단한 부분 아래에 있는 부드러운 부분도 자르기 때문에 매우 고통스럽다고 해요. 그런데 꿈속에서는 내 형제가 고통스럽게 울고 비명을 지르면서 집으로 왔어요. 그

는 그의 이빨에 무언가를 했는데, 아마도 그것을 깨끗이 청소했던 것 같아요. 그는 무척 아파했고, 나는 그에게 아스피린 같은 것을 주려고 시도했지만, 별 소용이 없었어요. 나는 잠시 서 있었고, 그를 도우려고 시도한 다음에, 그곳을 떠났어요.

분석가: 이 모든 것이 당신에게 말하는 게 무엇일까요? (환자의 사고를 확장하도록 돕는 것은 중요하다. 한편으로, 이것은 분석적 쌍이 무대에 새로운 측면들—아마도 분석가가 아직 생각해내지 않은 것들—이 등장하도록 허용하도록 도울 수 있고, 다른 한편, 그것은 환자 안에서 이야기를 만들어내는 능력을 생성시킨다).

환자: 글쎄요, 그건 어렵지 않아요. 그것은 우리가 서로를 보지 않는 회기 동안에 ... 내가 아파하고 고통을 느낀다는 것을 생각하게 해요 ... 과거에 나는 그것을 결코 인정할 수가 없었죠 ... 내가 이처럼 고통을 받는다면, 도대체 선생님 없이 내가 무엇을 할 수 있을까요? 기본적으로, 내가 화요일에 오지 않았던 한 가지 이유는 선생님이 여름휴가 날짜를 말하는 것을 듣고 싶지 않았기 때문이었다고 말해야겠네요 ...

분석가: 그리고 그때 "방치된 아이들"이 당신의 기분을 끔찍스럽게 만들었군요.

환자: 무슨 말인지 알겠어요 ... 그건 사실이에요.

분석가: 이제 당신 혼자 남겨지는 이 아픔이 소유될 수 있다는 것 역시 사실입니다. 당신은 설령 그 아픔이 견딜 수 없고, 그래서 꿈에서처럼 그곳을 떠날 수 있다고 해도, 그것을 돌볼 수 있고 해결책을 찾을 수 있어요. 내가 생각해낸 또 한 가지는 빠진 회기들, 또는 공휴일들은 피그미족들의 숲에 가해진 손상과 같고 ... 그리고 그 피그미족들 때문에 나는 작고 검은 피조물인 "칼리메로"[2] 아이들의 마음을 갖게 되었다는 거예요. 왜냐하면 그

들은 방치되었으니까요. 지금 여기에서 나의 여름휴가 날짜를 말할게요 ...

환자: (몇 분간의 침묵 후에). 병동에는 미쉘이라는 사람이 있는데, 그는 매우 화가 나 있어요. 그는 결정들을 내리는 주임의사를 참을 수 없어하죠. 그는 일년 안에 떠날 거라고 말해요 ... 다시는 돌아오고 싶지 않다 말하죠. 그는 한 어린 소녀가 필요한 분석을 받을 수 없는 것에 극도로 화가 났어요. 격노로 들끓고 있죠 ...

분석가: 미쉘은 무언가 부당한, "위에서 한 행동"이라고 느낀 것 때문에 떠나겠다고 위협하는군요. 그리고 또한 기본적으로 분석을 필요로 하는 어린 소녀를 방어하고 있어요 ... 그는 자신을 뒷받침해주는 일종의 배경을 얻고 있고요. 당신은 마치 당신이 화요일 회기에 빠진 후에 내가 수요일 회기를 취소하는 것을 두려워하는 것 같아요. (이 해석에서, 비록 주된 강조점이 여전히 나 자신을 나타낸다고 생각되는 미쉘에게 있기는 하지만, 나는 조심스레 전이를 보다 명료하게 설명하고 있다).

환자: 그래요. 미쉘은 너무 화가 나 있어요. 그는 정말로 떠날 거예요. 하지만 다른 한편 그는 다시 시작할 거고, 그 다음에 다시 떠나겠죠 ... 그가 학대받는다고 느낄 때 마다요 ...

분석가: 음, 미쉘의 격노, 칼처럼 사용하는 피그미족의 날카로운 이빨, 이것들은 내 생각에 내가 휴가에 대해 언급한 후에 당신이 느꼈던 격노에 관해 말해주고 있어요. 하지만 꿈속에서 당신의 형제가 그랬던 것처럼, 이빨을 날카롭게 가는 것은 매우 고통스러운 일이라는 것을 잊지 말아야죠 ... 그리고 당신의 부드럽고 애정 있는 부분들은 이 모든 것들로 인해 고통을 받고 있어요. 그리고 미쉘은 구속받고 있어요. 하지만 아마도 그는 자신의 격노를 이해하고 있을 거고, 무엇보다도 그의 고통 속에서 그럴

거예요. 그것은 마치 꿈속에서 당신의 형제에게 약을, 즉 아스피린을 주고 싶어 한 것과 같아요. 아스피린이 무엇일 수 있을까요?

환자: 글쎄요. 나는 이번 여름에 한 달 동안 멀리 떠나있기로 결정했어요. 나는 나의 어머니로부터 멀리 떨어지기 위해 시실리로 갈 거예요. 나는 그곳에서 더 편하게 느낄 거예요 …

분석가: 그래서 돌 하나로 두 마리 새를 잡을 거군요. "미셀"은 어머니 또는 누구라도 그를 아프게 하는 사람을 떠나 한 달 동안 즐겁게 지내겠네요 … 그러나 그 "부드러운 부분과 잇몸" 역시 시실리에서 행복할 겁니다. 나 역시 그곳에 있을 거라고 상상하니까요 … (분석가는 시실리 사람이다).

환자: (5분 정도 침묵한 후에). 드디어 그림 아래에 있는 "손-색칠"이라는 말의 뜻을 알겠네요. 예술가가 직접 손으로 색칠한 그림이 더 가치 있고 더 정교한 것이라는 거죠 …

분석가: 오, 그 그림요 … 그 그림은 우리 모두에게 중요했어요.

환자: 맞아요 … 나의 집 맞은편에 있는 발코니들 … (그녀가 "보았던" 그리고 그녀가 오랫동안 돕기 위해 노력했던 정신증적인 소녀와 관련된 언급).

분석가: 다른 하나도요 … (그녀가 일종의 가면 행동을 볼 때 깨어있는 꿈에서 오는 "환각들/틀들"을 지칭하는).

환자: 내가 오늘 발렌티나가 무언가를 말하게 하려고 시도했을 때, 그녀는 안경을 쓰고, 스카프를 두르고, 파이프를 물고 있는 개의 그림을 그려주었어요. 작고 근사한 탐지견이었죠. 그녀는 개의 입 앞에 손을 그려 넣었는데, 마치 오늘은 됐어! 라고 말하는 것 같았어요.

분석가: 현명한 개에게는 말 한마디로 충분하지요 … (이 회기의 마지막 몇 마디 교환 안에서도 전이는, 비록 암시되기만 했지만, 도처에 있다. 이 스타일은 우리로 하여금 너무 많은 박해적

경험 없이 환자의 상황을 "탐지"할 수 있게 했고, 그 만남 끝에 새로운 등장인물, 즉 탐지견이 그 모습을 드러냈다 ...).

비록 나는 이 접근이 원시적 정서들의 작업, 신진대사 그리고 변형에 유용하다고 느꼈지만, 그 다음 회기에 간접적인 형태로 재생된 것은 그것이 충분하지 않았음을 보여주었다.

나는 로다나의 회기를 한 시간 연기해야만 했다.[3] 회기 초기에, 로다나가 말을 시작했을 때 나는 편지가 제때 도착하지 않고 상실되었을 수도 있는, 형편없는 우편 서비스에 대한 강렬한 분노로 인해 마음이 흩어져 있었다. 나는 간신히 환자의 말에 대한 경청으로 되돌아왔다. 그 동안 환자는 자신이 천연색 영화 하나와 흑백 영화 하나를 보았다고 말하고 있었다. 첫 번째 영화는 집안에서 환영받지 못하는 어린 소녀가 자살을 하고 그녀의 형제가 그녀의 죽음에 책임이 있는 사람들을 남김없이 죽이는 내용이고, 다른 하나는 의사의 아내가 출산 중에 죽지만, 아기가 살아남는다는 슬픈 이야기이다.

나 자신을 위해 내용의 완전한 해석을 생각해내는 것은 어려운 일이 아니었다(절망, 격노 그리고 보복 등의 성난 감정들이 처음에 편집-분열적 양태 안에서 자극되었고, 회기의 상실과 새로운 회기의 탄생에 대한 수용과 함께 동일한 감정들이 우울적 양태 안에서 재출현했다). 다른 때에는 환자가 나의 해석을 받아들일 "장소를 아직 마련하지 못하고 있음"을 보여주었고, 따라서 나는 두 영화의 상이한 정동적 분위기에만 주의를 기울이는, 포화되지 않은 해석을 제공했다.

침묵이 짧게 흐른 후에, 환자는 말했다: "방금 꿈이 기억났어요. 고급 양모로 된 옷의 세탁을 위한 초-섬세 프로그램을 사용해서 스웨터를 세탁하고 있었는데, 그 프로그램의 드라이 장치

역시 섬세한 것이었기 때문에 스웨터는 아직 젖어있었고, 나는 그것이 빨랫줄에 널기에는 너무 무겁지 않을까 걱정하고 있었어요."

나는 더러운 옷을 받아서 세탁하고 말려서 입을 수 있는 옷으로 만드는, 마음의 변형적이고 정교화하는 기능으로서의 세탁기를 본다. 그러나 베타-요소들이 알파-요소들로 바뀌는 이상적인 변형은 여기에서 부분적으로 실패하고, 그 결과는 부분적인 만족에 지나지 않는다. 세탁은 깨끗이 되었지만 아직 입을 수는 없다. 나는 보다 명백한 전이 해석이 우리의 작업을 망칠 것인지를 탐색하기 위해, 정상적인 세탁이 스웨터를 망칠 것이라고 생각하느냐고 그녀에게 묻는다. 그녀는 아니라고 대답한다. 왜냐하면 그것은 초-섬세 프로그램으로 몇 번이나 세탁된 적이 있고, 따라서 더 이상 잘못될 일이 없기 때문이라는 것이다. 그녀는 자기 자매인 카르멘이 생각난다고 덧붙인다. 카르멘은 양탄자를 세탁했는데 빨랫줄에 널 수가 없어서 마를 때까지 사용하지 못한 적이 있고, 그래서 많이 울었다고 한다.

과거에는 섬세한 세탁을 위해 재료를 회기에 가져오는 것이 중요했다. 다른 말로, 나는 오랫동안 "포화되지 않은" 해석의 수준에 머물러야 했다. 하지만 이 시점에서 나는 정상적인 세탁 프로그램(지금 기대되고 소망되는)을 사용할 수 있다고 느끼고 있고, 전이 안에서 첫 번째 꿈의 느낌을 두 번째 꿈과 연결시킨다: 즉, 기다릴 수 없는 "자매"의 경험들을 그녀의 정서들을 견디는 새로운 능력과 연결시킨다. 전이 해석으로 가는 통로는 특히 분석의 초기 몇 해 동안에 오랜 기간에 걸쳐 열리는 것일 수 있고, 이것은 심지어 덜 심각한 환자들이나 특별히 힘든 새로운 출발을 눈앞에 두고 있는, 진전된 단계의 환자와의 작업에서도 마찬가지일 수 있다.

환자는 이렇게 말한다: "이제 나는 모든 사람들과 말싸움을 했던 어제의 격노를 모두 이해해요 …" (그리고 나는 우편물을 제대로 배달하지 못한 우체부에게 느꼈던 격노를 이해한다).

한 해가 지난 뒤에 상황은 매우 달라 보인다. "서로에게 명료하게 말하는 것"이 우리에게 필요해졌고, 나는 내가 이해하지 못했던 지난 몇 달 동안에 일어난 많은 일들의 의미를 찾으려고 노력했다. 나는 "아니"라고 말하지 못하는 그녀의 문제와 직면했다. 로다나는 "아니"라는 말을 발음하거나 다른 사람이 그 말을 할 때에 그것을 수용할 수 없다. 이것이 "어떤 일이 있어도 착하게 행동해야 한다"는 그녀의 생각의 뿌리였다. 나는 그녀에게 "아니"라고 말할 수 있었고, 안도감과 함께 "아랍인들"이 이제는 더 이상 위험한 존재가 아니라는 것을 발견했다.

사건들을 순서대로 정리해보자.

로다나는 뜻밖에도 그녀가 살고 있는 마을이 "파비아에서 꽤 먼 곳에 있고" 아이들이 그녀를 필요로 하는 문제로, 주 4회 대신에 주 3회로 바꿀 수 있겠느냐고 묻는다. 나는 이 요청을 어떻게 이해해야 할지 잘 모르고 있고, 그녀가 분석을 종결할 수 있기까지는 더 오래 걸릴 거라고 생각하느냐고 묻는 그녀의 질문을 들으면서 더욱 혼란스러워진다.

나는 준비되어 있지 않다. 그때 그녀는 그녀의 병동과 닥터 서티 병동 사이에서 발생한 갈등에 관해 말하기 시작한다. 닥터 서티는 유능하고, 에너지가 넘치지만 심리적인 문제들에 대해서는 신경을 쓰고 싶어 하지 않는 신경과 전문의이다. 주임 의사가 그의 보좌역으로 누구를 선택할 것인가?

나는 나의 입장이 어떤 것인지 알 수 없다. 상황이 분명하지 않기 때문에 좀 더 기다려보기로 한다.

어느 월요일

로다나는 심한 감기에 걸린 채 기침을 하면서 도착한다. 그녀는 주임 의사에게 화가 나 있는데, 그것은 그가 그녀에게 보좌진의 지위를 허용할지 알지 못하기 때문이라고 말한다. 그 지위를 얻으면 그녀는 자신의 사례들을 다룰 수 있게 된다. 그녀는 연령상으로나 경험상으로 분명히 자격이 있지만, 두 번의 임신기간 동안에 휴직한 일로 인해 벌점을 받지 않을까 걱정하고 있다.

그녀는 또한 꿈을 가져왔다. 그녀는 음식물 가게 안에 있었고 그녀의 손수레 안에는 커다란 담요가 있다. 그것이 필요 없을 것 같은 느낌과 함께, 그것을 그 근처에 서 있는 여성에게 줄지 아니면 그냥 가지고 있을지 확신이 서지 않았다. 그녀는 또 한조각의 꿈을 이야기했다. 그녀는 그녀가 구매한 많은 유용한 것들이 담긴 손수레와 함께 가게 바깥에 있었는데, 도로는 아직 표시가 되어 있지 않았다. 상황은 힘들었고, 어떤 곳과의 연결도 없었으며, 그녀는 무엇을 해야 할지 모르는 상태였다.

이태리어로 보좌 주임 의사는 "도움"을 뜻하는 단어인 아유토라고 불린다. 나는 그녀에게 그녀 안에서 두 진영이 서로 싸우고 있다고 말한다. 한쪽 편은 분석의 담요가 더 이상 필요하지 않다는 생각과 관련된, 주 4회 분석을 포기하고 싶어 하는 마음이다. 그러나 그녀가 기침을 하고 감기에 걸린 것을 보면, 그것이 전부인 것 같지는 않다. 그녀가 이미 담요 없이 해나가는 것을 고려하고 있는 것일까? 동시에, 그녀는 많은 일을 했고 많은 것을 배웠으며, 손수레, 즉 그녀의 것들을 담는 장소를 갖고 있다. 그리고 만약 내가, 즉 주임 의사가 그녀의 획득물들을 인정하는 데 실패한다면, 그녀는 그것을 참을 수 없을 것이다.

하지만 나는 만족하지 않는다. 여전히 나를 걱정하게 만드는 것은 무엇인가? 회기의 수를 줄이는 것이 합리적인가? 종결은? 그럴 때가 왔나? 무언가 잘못된 것은 아닌가?

그녀의 계획이 ... 적절하다면 ... 나는 그것을 수용할 수 있을 것이다. 나는 그녀에게 "그 문제는 우리가 생각해보아야 할 것"이라는 취지로 말한다. 그러나 나는 그것에 대해 전혀 확신이 없다.

그녀는 다음 회기에 이십 분 늦게, 화가 난 상태로 눈물을 흘리며 온다. 주임 의사가 그녀를 신뢰하지 못해서 그녀의 동료인 신경과 전문의를 그의 보좌진으로 택할 것이 분명하다고 말한다. 그는 정신적 문제들에 대한 조사에는 관심이 없다. 그녀는 자신의 사례를 파비아에 있는 나이 들고 존경받는 주임 의사에게 성공적으로 제시하는 것에 여전히 얼마의 희망을 두고 있다.

그때 그녀는 꿈을 가져온다: 그 꿈은 심리치료 과목을 가르치고 있는 심리학자인 다니엘라에 관한 것인데, 그녀는 분석을 원하지 않는다. 그리고 서너 명의 영국인들이 신문을 읽고 있고 ... 그때 그녀는 그녀의 안경을 찾고 있다.

이제 나는 여러 조각들을 하나로 모을 수 있다고 느낀다: 그녀가 불평하는 거리; 엄마를 가까이 두고 싶은 아이들의 욕구; "나를 돕기 위해 누구를 선택할 것인가?"라는 문제; 로다나와 심리적 깊이를 탐구하고자 하는 그녀의 관심 대 "심층으로 들어가기를 원치 않는 유능한 신경 전문의로서의 다니엘라."

나는 그녀에게 꿈이 우리를 위해 몇몇 통로들을 열어준다고 말한다: "다니엘라"는 그녀가 분석에서 깊은 영역을 탐구하고 싶지 않고, 그래서 시간에 늦는다는 것을 말해주고; 그녀가 회기를 줄이고 싶어 하고 있고; 내가 즉각적으로 그녀의 편을 들지 않을까봐 화가 나있으며; 그녀는 감기와 영국인처럼 윗입술이 뻣뻣해지는 것으로 반응했고; 내가 예전의 주임 의사의 안경을 되찾아 사용함으로써 보좌진으로서 그녀를 선택할 수 있다고 느낀다. 그러므로 나는 그녀에게 주 3회 회기와 분석의 종료와 관련해서 다니엘라에게 찬성하지 않는다고 말한다.

분석가의 "아니오"는 사실상 담아주기 과정의 확장에 대한 한계 설정으로 작용한다. 이 사례에서, 그것은 분석가의 가혹함에 의해 부과된 한계가 아니라, 그 상황에서 새로운 사고를 생각해 낼 수 있는 분석가의 정신적 역량이 지닌 힘에 의해 부과된 한계이다. 분석가는 그와는 달리 이렇게 말했을 수도 있다: "당신은 주 4회 분석에 머물러야 합니다. 왜냐하면 그것이 정신분석의 규칙이 지시하는 것이니까요." 그러한 반응은 정통성 안으로 도피하는 반응일 것이고, 환자에게는 이해될 수 없는 것이기 쉽다. 대신에, 분석가는 환자의 꿈에 관해 꿈꿀 수 있는 자신의 역량에 기초해서, 불확실성 안에 충분히 오랜 기간 동안 머문 후에 그 자신의 "아니오"를 생성해낸다.

이 과정은 환자의 마음에 의해 받아들여지고, 그것에 더해서 환자의 역사 또한 다시 씌어지는 것으로 보인다: 주임 의사는 다니엘라가 아니라 그녀를 그의 보좌진으로 선택한다. 이렇게 해서, 다시 한 번, 환자는 분석가의 최상의 보좌진/돕는 자이고 동료이다.

주

1. 환자가 말하는 이태리 숙어의 의미는 문자적으로 "너는 주름을 만들지 않아"이고, 분석가의 이름 Ferro는 쇠를 의미한다. 따라서 그 말이 암시하는 것은 주름을 펴는 쇠이다.
2. "칼리메로"는 이태리 상업방송에 등장하는 땅딸막한, 아이 같은 만화 인물이다.

3. 보통 나는 환자에게 단순하게 내가 정해진 시간에 회기를 가질 수 없다고 말하고는, 환자가 연기해달라고 요청하기를 기다린다. 그리고 내 스케줄이 허락하는 한 그 요청을 받아주거나 맞추려고 애쓴다. 그러나 이 경우, 그녀가 가능하다면 회기의 계획을 다시 세우기를 원한다는 것을 내가 알고 있기 때문에, 내 자신이 연기를 제안했다.

참고문헌

Baranger M.e W.(1961-62). La situacion analitica como campo dinamico. In: *Problemas del campo analitico*. Kargieman, Buenos Aires, 1969, 128-164.

Barros, E.D.(2000). Affect and Pictographic Image: The Constitution of Meaning in Mental Life: International Journal of *Psychoanalysis 81*: 1087-1099.

Bion, W. R. (1962). *Learning from Experience*. London: Heinemann.

Faimberg, H. (2005). *The Telescoping Of Generations: Listening To The Narcissistic Links Between Generations*. London and New York, Routledge.

Ferro, A. (1992). *The Bipersonal Field: Experiences in Child Analysis*. Routledge, London, 1999.

Ferro, A. (2002). Some Implications of Bion's Thought: The Waking Dream and Narrative Derivatives; *International Journal of Psychoanalysis*, 83: 597-607.

Ferro, A. (2005). 'Commentary' on Field Theory by Madaleine

Baranger and on The confrontation between generations as a dynamic field by Luis Kancyper. *In Truth Reality and the Psychoanalyst* (Eds.), S. Lewkowicz and S. Flechner IPL London.

Ferro, A. (2006). Clinical implication of Bion's thought. *International Journal of Psychoanalysis*. 87:989-1003.

Ferro, A. (2009, in press). Transformations into dreams and characters of the psychoanalytic field, Opening lecture at the IPA Conference in Chicago, 2009.

Grotstein, J. S. (2007). A Beam of Intense Darkness. Karnac Books, London.

2장
정신분석의 치료적 작용

클라우디오 락스 아이지릭(Claudio Laks Eizirik)

프로이트(1912)가 분석가에게 "고요하게 떠있는 주의" 상태를 유지할 것을 추천했을 때, 그는 분석가가 어떤 편견도 없이, 그리고 기존의 어떤 가정을 확인하기 위한 체계적인 추구도 없이 마음속에 떠오르는 모든 것에 개방하는 것을 의미했다. 이런 입장의 채용은 미묘한, 지금은 신비롭기까지 한, 정신분석의 치료적 작용을 촉진할 수 있었다.

스트레이치는 1934년에 쓴 독창적인 글에서, 정신분석 치료의 최종 결과는 발달의 유아적 단계에 머물러 있는 환자의 전체 정신적 조직이 정상적인 성인 단계를 향해 발달적 진전을 계속할 수 있게 하는 것이라고 말했다. 그에 따르면, 주된 효과적인 변형은 환자의 초자아가 심원한 질적 수정을 거치는 것으로 이루어져 있고, 다른 변형들은 대부분 자동적으로 그것을 뒤따르는 것으로 되어 있다. 이러한 환자의 초자아의 수정은 변형을 가져오는 해석들을 통한 수많은 일련의 작은 발걸음들에 의해 발생하며, 그 해석들은 분석가가 환자의 이드-충동들의 대상이 되고 보조적인 초자아의 역할을 하는 것을 통해서 효과적이 된다. 그러나 스트레이치에 따르면, 변형을 가져오는 해석이 정신분석의 치료적 작용의 궁극적인 요인이라는 사실은 어떤 특정 환자의 치료 안에 있는 요인들로서의 많은 다른 절차들(암시, 확인, 해제반응 등과 같은)을 배제한다는 것을 의미하지는 않는다(Strachey, 1934).

그 후로 이 노선들과 다른 많은 노선들을 따라, 몇몇 저자들이 환자가 소통하는 것에 분석가가 더 가까이 다가갈 수 있고 그래서 정신적 변화를 산출하는 데 더 효과적으로 기능하는 방식들을 제안했다. 다양한 분석학파들로부터 온 이 모든 공헌들은 오늘날 치료적 작용에 목표가 맞추어진 분석 기법을 찾고자 하는 우리의 시도에 기여한다.

이 장에서, 나는 클라인과 후기-클라인학파 저자들의 공헌들을 요약할 것이고, 바란제이들과 다른 라틴 아메리카 저자들에 의해 제시된 견해들을 비교적 상세하게 제시한 다음에, 마지막으로 내가 생각하는 정신분석의 치료적 작용을 예시하기 위해 약간의 임상사례를 제시할 것이다.

멜라니 클라인은 1949년에 영국 정신분석학회에서 분석의 종결을 위한 기준을 다룬 짧은 기고문을 발표했는데, 그 기고문에서 그녀는 치료적 작용에 대한 그녀의 견해를 간접적으로 언급했다: "박해불안과 우울불안이 분석과정에서 충분히 줄어들었는가, 그리고 이 시점에서 출현하는 애도 상황을 만족스럽게 다룰 수 있을 만치 환자의 외부 세계와의 관계가 충분히 강화되었는가? 부정적 전이와 긍정적 전이 모두를 가능한 한 완전히 분석함으로써, 박해불안과 우울불안이 감소되고 환자가 점점 더 원시적 대상들의 상반되는 측면들 및 그것들을 향한 감정들을 종합해내고, 그 결과 내적 및 외적 세계에 대한 보다 현실적이고 안전한 태도를 확립하게 되었는가? 만약 이 과정들이 전이 상황 안에서 충분히 경험된다면, 분석가에 대한 이상화와 그에 의해 박해받는다는 감정이 감소되고; 환자는 분석의 종결에 의해 야기된 상실의 느낌을 보다 성공적으로 대처할 수 있고, 분석이 종결된 후에 그 자신이 수행해야 하는 애도 작업의 부분을 성공적으로 해낼 수 있을 것이다"(Klein, 1949, p. 204).

위의 인용문에서 볼 수 있듯이, 클라인에 따르면, 정신분석의 치료적 작용은 분석적 세팅을 엄격히 유지함으로써 전이를 가능한 한 순수하고 오염되지 않은 것으로 유지하는 것을 통해서 발생할 수 있다. 여기에는 분석가-환자 상호작용들에 초점이 맞추어진 전이에 대한 강조가 있고; 전이 상황은 분석의 시작부터 활동한다는 믿음이 있으며; 수동성과 침묵보다는 적극적인 수용성의 태도가 있고; 불안과 함께 방어에 대한 해석이 있으며; 치료적 변화의 요인으로서의 전이 해석에 주된 강조점이 있다(Segal, 1967).

보다 최근에, 후기-클라인학파 분석가들은 이러한 기본적 입장들을 완전히 바꾸지 않은 채, 정신적 삶을 이해하는 새로운 방식들을 발달시켰고, 그 결과 정신분석의 치료적 작용에 관한 새로운 이해를 발달시켰다. 예를 들면, 많은 저자들은 환자가 말하는 것에 비해 환자가 행동하는 것의 중요성을 논의했다. 그들 중 베티 죠셉(Betty Joseph)은 환자들이 아주 초기에 그들의 삶을 살았던 방식을 이해하는 출발점으로서, 그리고 분석 상황 안에서 환자들이, 클라인에 의해 처음 서술된 후로(1946), 비온의 담는 것/담기는 것 개념(1959)에 의해 그것의 유용성이 완전히 발달한 기제인, 투사적 동일시를 사용해서 그들의 대상들에게 적응하고 그

대상들을 통제하려는 시도를 이해하는 출발점으로서 이 대비를 강조했다.

죠셉의 목표는 진정한 이해의 선행조건인, 환자와 분석가 사이에 살아있는 직접적인 정서적 접촉이 발생하는 곳을 발견하는 것이다. 그녀는 회기 안에서 환자가 소통하는 것의 많은 부분이 말로 표현되는 것이 아니라, 행동을 수행하기 위한 말의 사용에서 표현되는 것, 즉 분석가에게 무엇을 하거나, 환자 자신에게 무언가를 하도록 분석가에게 미묘한 압력을 행사하기 위해 표현되는 것에 있다는 점을 강조한다. 분석적 과제는 특정한 것을 하거나 느끼게 하는 압력을 수용하고, 자신이 그것에 종속되어 있다는 사실을 성찰한 다음, 직접적인 행동에 대해서만 제한되고 정확한 해석을 하는 것이다. 그녀는 두 개 또는 그 이상의 상반되는 내용을 담은 해석을 피하고, 무의식적 환상의 신체적 표현과 개념화를 그녀가 "그럴듯한 해석"(plausible interpretation)이라고 부르는, 환자의 역사에서 알려진 사실과 너무 이르게 연결시키는 것을 피한다. 그녀가 그렇게 하는 이유는 그녀가 보기에 그럴 경우 환자와 분석가 모두는 직접적인 정서적 실재를 상실하고, 사실상 제3자인 환자에 관한 안전한 이론적 논의만이 남기 때문이다. 그녀의 방법은 특히 유아적 방어들의 반복, 즉 오래된 정신적 방어체계를 유지하고 회복하려고 시도함으로써 고통스런 정서적 직면을 피하게 하는 행동으로 분석가를 이끌고 싶어지는 유혹을 강조한다(Joseph, 1975, 1985; Spillius, 1988). 이런 노선에 따라 계속되는 분석적 작업은 담아주기를 배우는 것으로부터 치료적 낙담의 느낌을 건설적으로 사용하는 것에 이르기까지 치료적 한계를 수용하는 법을 보여준다. 이것은 느리지만 일관된 변화를 가져다줄 것이다. 이것이 정신분석의 치료적 작용을 개념화하는 그녀의 방식이다.

아르헨티나에서 분석을 받고 그곳에서 저명한 저자가 된 불란서 출신의 윌리 바란제이와 마델레인 바란제이는 몇몇 기고문들에서 정신분석의 치료적 작용에 빛을 줄 수 있는 두 개의 주요 개념들에 대한 생각들을 제시했는데, 그 중에서 주된 것은 "역동적 장으로서의 분석적 상황"(1961-2)이라는 논문이다. 역동적 장과 무의식적 환상에 대한 그들의 개념은 쿠르트 레빈의 게슈탈트 이론과 멜라니 클라인, 수작 아이작스 그리고 윌프레드 비온 등에 의해 제시된 당대의 다양한 사고의 흐름들이 합류함으로써 생겨난 것이다.

그들은 정신분석적 장의 상이한 측면들을 서술했다: 면담실의 물리적 환경이 지닌 특징들과 분석가와 환자 사이의 멀리 있음과 가까이 있음의 변동들의 결과로 발생하는 공간적 측면; 회기의 리듬과 길이 그리고 분석적 과정 안에서 발생하는 분리 또는 중단들에 의해서 드러나는 분석적 장의 시간적 차원; 그리고 세팅의 특징들, 즉 환자와 분석가가 떠맡게 되는 상이한 역할들로 인한 장의 기능적 형태.

그러나 그들의 관심의 주된 초점은 정신분석적 장의 무의식적인 역동에 대한 연구였다. 그들의 중심적인 가정은 분석의 퇴행적 상황이 개인적으로 고려된 환자 또는 분석가의 환상들과는 다른, 두-사람의(bi-personal) 또는 쌍의 기본적인 무의식적 환상인, 새로운 게슈탈트를 발생시킨다는 것이다. 그것이 움직이는 것이든 아니면 정지된 것이든 상관없이, 이 환상이 정신분석적 장의 역동 근저에 놓여있다. 이 개념은 투사적 동일시 기제에 대한 서술(Klein, 1946)과, 본능적(리비도적 및 파괴적) 충동들과 그 충동들에 대한 방어 기제들 모두를 구성하는, 정신적 삶의 전체성의 표현으로서의 무의식적 환상 구조에 대한 서술(Isaacs, 1948)에 영감을 받아 탄생한 것이다. 바란제이들은 정신분석적 장을 환자의 원시적 환상들이 연출되는 무대로 본다. 무의식적 환상들이 현재의 정신분석적 장 안으로 옮겨진다는 가정이, 장 안에 있는 모든 것과 모든 사건이 동시에 다른 어떤 것 또는 다른 것을 의미하는 것으로 이해될 수 있다는 의미에서, 장의 주된 특징들 중의 하나인 그것의 철저한 모호성의 뿌리에 놓여 있다. 그들의 접근은 분석가가 환자의 투사뿐만 아니라 환자와 분석가 사이에서 발생하는 과정들에 대해서도 이해할 필요가 있다고 강조한다는 점에서, 클라인과 아이작의 강조점과는 상당히 다르다. 이 공유된 무의식적 환상은, 비록 그것을 구조화하는 데 두 사람 모두의 충동들이 포함되기는 하나, 환자의(또는 분석가의) 본능적 충동에 의해 결정된 것으로 간주될 수 없는 새로운 구조인 것으로 보인다. 그것은 또한 두 내적 상황들의 총합으로 간주될 수도 없다. 그것은 둘 사이, 즉 회기 동안에 그들이 구성하는 연합 안에서 창조되는 것으로서, 그들 각자와는 근본적으로 다른 것이다 (Baranger and Baranger, 1961-2, p. 20, apud De Leon, 2002).

따라서 해석의 말들은 환자의 정신적 실재의 무의식적 내용을 드러낼 뿐만 아니라, "환자와 함께 행하는" 것의 한 형태이기도 하다. 해석은 근본적으로 분석가와의 지금 여기에서의 관계를 지향해야만 한다. 분석가의 주의는 과거의 사실에 대한 발견이나 재구성, 또는 유아적 발달의 고착지점들과 리비도적 단계들에 대한 퇴행적 재생이 아니라, 분석적 상황의 현재에 초점이 맞춰져야 한다.

분석가의 참여가 갖는 중요성은 바란제이들로 하여금 기법적 도구로서의 역전이의 역할을 검토하도록 이끌었다. 분석가는 환자의 자기의 다양한 측면들과 대상들의 저장소로서, 변동하는 다중적인 기능들을 떠맡는다. 따라서 그는 환자의 환상들의 전개를 이해하기 위해 자신의 역전이를 관찰해야만 한다. 마지막 개념화에서, 바란제이들은(1979, 1983) 분석적 비대칭을 유지하는 것의 중요성을 강조했다. 래커의 역-저항 개념을 중요하게 받아들임으로써, 그들은 환자의 저항과 분석가의 역-저항 사이의 연결이 만성적이 될 수 있다는 점을 보여주었다. 이것은 두 사람 모두에 의해 유지되는, 정신분석적 장 안에 성채가 형성되는 문제를 발생시킨다. 그들은 이 성채를 두 참여자 모두의 개인적 역사의 중요한 영역들을 암시하고, 각자에게 상투적인 상상속의 역할을 부여하는, 공유된 환상의 조합을 둘러싸고 만들어진 새로운 장치라고 정의했다(Baranger et al, 1983).

M. 바란제이는 분석적 경청의 태도—정신분석이 치료적으로 작용하는 방식의 중요한 부분인—가 물리적 및 자연과학적 실험자의 정신적 태도와 정면으로 반대된다고 제안했다(1993). 후자에서는 자신의 관찰과 실험을 자신이 훈련받은 학파이론의 일반적인 지식과 그가 과학의 진전을 발생시켰다고 간주하는 생각이나 발견 모두에 의존해 있는, 그의 기대들에 기초해서 수행된다. 그는 동일한 관찰내용을 조직하는 이전 개념들을 사용해서 그것들을 진실된 것이거나 거짓된 것으로 증명하기 위해 작업한다. 다른 한편, 정신분석가는 정확히 무의식의 출현의 특징이기를 희망하는, 예견되지 않은 것, 즉 놀라움으로 가는 길을 정신적으로 가로막고 있는 것이 존재한다는 것을 알고 있어야 한다.

그러나 M. 바란제이가 강조하듯이, 이 경청은 수동적이거나 순진한 형태의 경청이 아니다. 그것은 사실상 분석가의 완전한 경청 자료들에 의해 안내되는 것이고, 그 자료들 중에는 그의 발견들을 사용할 수 있는 암묵적인 틀을 제공하는 분석이론이 있다. M. 바란제이에 의하면, 분석가 각자는 그의 이론적 성향, 분석적 문헌에 대한 그의 지식, 그의 임상적 경험들—특히 그의 실패들—, 자신의 분석에서 배운 것, 그의 분석가와 슈퍼바이저들을 동일시한 것 외에도 그 시대에 정신분석 운동을 풍미하는 이론적 유행들로 구성되는 참조틀을 발달시킨다. 분석적 중립성에 대한 나 자신의 접근(Eizirik, 1993)은 또한 우리의 경청을 손상시킬 수도 있는 분석적 이론들에 대한 일정한 비판적 거리를 유지해야 하는, 힘들지만 불가피한 필요성을 강조한다.

분석가는 무엇에 경청하는가? M. 바란제이는 분석적 경청에 대한 정의를 제시하고, 그것이 무의식을 경청하려고 시도한다는 점에서 정신분석을 다른 종류의 심리치료와 구별한다. 다른 말로, 분석가는 그가 듣는 것이 아닌 다른 것을 듣는다. 그러나 드러난 내용 배후에 존재하는 잠재된 내용을 듣는다고 생각하는 것은 역동적인 어떤 것을 생명 없는 물건으로 만드는 일일 것이다. 무의식은 배후에 있는 것이 아니라 다른 곳에 있다. 마음의 구조에 대한 잘 알려진 공간적 은유를 채용하는 대신에, M. 바란제이는 분석가가 직면해야 할 일종의 수수께끼로서, 어딘가에 숨어 있는 무의식적 의미를 발견해야 할 필요성을 제안한다. 분석가의 경청은 따라서 새로운 중심, 즉 이 순간에 무의식을 발견하기 위해 환자의 담화의 중심을 해체하고 벗겨내는 것으로 이루어진다.

여기에는 세 가지 요인들이 포함되어 있는 것으로 간주된다: 1. 환자의 명백한 담화; 2. 전이/역전이를 포함하는, 장의 무의식적 형태(장의 무의식적 환상); 3. 이 시점에서 해석되어야만 하는, 피분석자 안의 무의식적인 어떤 것에 상응하는 것. 환자의 무의식이 스스로를 표현할 수 있고 분석가가 해석을 발견할 수 있는 것은 장의 무의식적 형태의 중재 덕택이다. 이것들이 W. 바란제이와 M. 바란제이에 의해 개념화된 정신분석의 작용 안에 포함된 주된 요소들이다.

나는 이제 현재는 불란서 분석가로 널리 알려져 있지만, 그보다 앞서 아르헨티나에서 작업할 때 이러한 생각들을 개념화하기 시작했던 헤이데 펨버그(Haydee Faimberg, 1996)에 의한 또 하나의 기고문을 다루어보겠다. 그녀는 분석적 경청의 기능을 단순히 지연된 행동이라기보다는 의미의 소급적 부여라고 스스로 정의한 소급성(nachtralichkeit)과 연결시키고, 그것들을 결합한 것으로부터 경청에 대한 경청이라는 개념을 이끌어냈다. 그녀는 각각 분석가, 환자 그리고 두 사람 모두에게 부과되는 세 개의 논리적 단계들을 포함하는, 해석과 함께 시간의 변증법적 관념을 제안한다. 따라서 환자는 그의 무의식적 동일시에 의해 지시된 입장에서 말하고 듣는데, 그 동일시는 또한 분석가의 해석들과 그의 침묵들을 재해석하게 만든다. 환자가 분석가의 해석에 의미를 재부여하는 것을 듣는 것을 통해서, 분석가는 환자의 무의식적 동일시들을 발견할 수 있고, 그럼으로써 환자와 함께 정신적 변화의 과정을 촉진시킨다. 펨버그는 듣는 것을 듣는 기능에 의해 분석가가 그의 해석이 맞는 것인지 또는 환자가 그의 재해석이 맞는 것인지에 관한 딜레마를 극복하는 것이 가능하다고 제안한다.

그리고 마지막으로, 나는 분석적 중립성의 문제에 나 자신이 기여한 것의 일부를 언급할 것이다. 왜냐하면 나는 그것이 분석적 치료적 작용이 그토록 어려운 주제임을 이해하는 데 도움을 줄 수 있다고 믿기 때문이다. 나는 1993년 이후로 계속된 논문들에서 분석적 중립성의 문제를 고려해왔고, 이 개념에 대한 최근의 비평들에도 불구하고, 우리가 일단 그 개념 안에 몇몇 요소들을 포함시킬 필요를 수용한다면, 그리고 또한 그것의 불가피한 모호성을 수용한다면, 그것이 여전히 중요한 도구로 사용될 수 있다고 주장해왔다. 내 견해에서 볼 때, 분석적 중립성은 행동주의적인 입장일 뿐만 아니라 정서적인 입장이며, 그 입장으로부터 분석가는 환자와의 관계에서 필요한 공감을 배제하지 않고서도 다음에 제시되는 특징들을 관찰하는 동시에, 그것들 각각과의 관

계에서 일정한 가능한 거리를 여전히 유지할 수 있다:

1. 환자의 재료와 그/그녀의 전이;
2. 역전이와 그/그녀 자신의 인격;
3. 그/그녀 자신의 가치들;
4. 외부 환경으로부터 오는 기대들과 압력들;
5. 정신분석 이론(이론들).

이 다섯 개의 요점들에 관한 계속되는 정신적 작업만이 분석가에게 도구인 동시에 목표로서의 분석적 중립성을 가질 수 있는 가능성을 허용한다는 점이 강조되어야만 한다.

이러한 입장은 자발성 또는 자연스러움의 부재를 암시하지 않는다. 대신에, 이 다섯 가지 측면들과 관련해서 어느 정도 가능한 거리를 유지하는 것의 중요성을 인식하는 것은 환자와 분석가 모두의 치료적 목적들에 도달하는 데 필요한, 환자의 내면세계와의 더 깊은 접촉과 소통을 증가시키도록 허용한다. "어느 정도 가능한 거리"라는 말은 고의적으로 모호한 표현이다. 그것은 거리를 두는 것의 필요성을 인정하면서도 그것이 상대적인 것임을 알고 있다. 동시에 "가능한"이라는 단어를 사용하는 이유는 가능하다면 우리의 통제 하에 두려고 시도하는, 내적 및 외적 영향들에 의해 끊임없이 위협받는 입장을 우리가 다루고 있다는 점을 강조하기 위해서이다.

환자가 제공하는 재료와 그의 전이는, 무엇보다도 분석적 과정의 장을 구성한다. 자유롭게 떠있는 주의는 우리가 환자의 자유 연상들과 회기와 과정에서 드러나는 그의 움직임을 따라가도록 허용해주는 도구이다. 분석적 훈련과정에서 개발된, 그리고 그 후의 삶과 전문가적 경험들에 뿌리를 두고 있는 모든 기법적이고 개인적인 도구들을 사용하여 경청할 때, 우리는 또한 관찰하는 과학자로서 행동한다. 과학적 태도가 다른 태도에 의해 대체된다고 가정하는 것은 실수라고 나는 생각한다. 관찰자의 주관적인 차원이, 다른 지식의 장들 안에서 발생하는 것과 마찬가지로, 그것에 덧붙여진다. 그러나 그것의 본질상, 가능한 객관성에 대한 추구는 여전히 계속된다.

환자에 의해 분석가 안에서 자극된 정서적 반응들의 뭉치로 간주되는, 역전이는 환자에 대한 관찰과 정보를 위한 하나의 도구로서 정신분석적 장에 주어진 가장 중요한 부가물들 중의 하나이다. 그러나 거기에는 그것의 건강한 측면들과 병리적 측면들 모두와 관련해서 분석가의 역전이와 그 자신의 인격 사이의 구별이 존재해야만 한다.

이 측면에 관해 생각하지 않는 모험은, 슈타이너(Steiner)의 경고와 일치하게(1992), 역전이가 환자에게 일어나는 것에 대한 충분한 증거라고 간주하는 유혹을 우리 안에서 불러일으킨다. 역전이의 적절한 활용 가능성은 개인적 분석이 도달할 수 있는 정도와 깊이 그리고 추후에 수행되는 자기-분석에 달려있다. 분석가의 개인적 문제들(또는 프로이트가 이미 1926년에 언급한, 그의 개인적 동등시)은 끊임없는 관심을 받을 만한 측면이다. 특히 로젠펠드(Rosenfeld, 1987)에 의해 강조된 자기애적 요소들은 진정한 분석적 중립성을 유지하는 데 잠재적으로 가장 해로운 것일 수 있음이 드러났다. 내 견해로는, 역전이는 또한 성별의 문제와 삶의 주기의 상이한 단계들과 관련된 질문들에 의해서도 영향을 받는다(Eizirik, 1995).

이것들이 정신분석이 치료적으로 작용할 수 있는 방식들을 고려함에 있어서 내가 중요하다고 생각하는 주된 요소들이다.

이제는 임상적 사례를 통해서 이런 생각들이 어떻게 우리에게 유용할 수 있는지를 살펴보자.

오십 대 초반의 한 여성 환자가 여러 해 동안 분석을 받으면서 중요한 정신적 변화를 성취했다. 그녀는 분석의 종결을 생각하고 있었는데, 그 생각은 정신분석적 장 안에 현존해 있었다.

다음은 여름휴가가 시작되기 한 주 전에 가졌던 월요일 회기에 관한 내용이다. 환자는 주말에 남편과 가졌던 긴 대화에 관해 이야기하는 것으로 회기를 시작했다. 그녀의 남편은 그 대화에서 그의 치료사에 대해 불평을 했고 치료를 끝내는 것을 생각하고 있다고 말했다. 그가 많은 정서적 문제들을 갖고 있다는 것을 의식적으로 알고 있음에도 불구하고, 그녀는 그의 생각에 찬성했고, 치료를 끝내는 것을 격려했으며 그가 치료 없이 살 수 있게 되는 것을 상상하면서 기뻐했다.

이 시점에서, 나는 속으로 생각했다: 그녀가 그의 실제 상황에 어떻게 그렇게 눈이 멀 수 있을까? 그러나 나는 그 말을 하지 않았다.

그녀는 계속해서 말하면서 그녀의 남편이 친구들과 관계 맺는 방식을 관찰했는데, 그가 얼마나 심하게 마치 무력한 아이처럼 말하고 행동하는지를 보면서 짜증이 났다고 말한다. 그때 그녀는 그를 맹렬하게 비난했다. 그 다음 날 점심시간에 이십대인 그들의 외아들이 외국에서 몇 개월을 보낼 거라는 계획을 말했을 때, 그녀의 남편은 그를 도울 수 없다고 말하면서 적대적으로 반응했다. 환자는 아들이 독립을 향한 그의 투쟁에서 성취한 것에 대해 감사하지 못하는 남편에게 극도로 화가 났다. 그녀는 남편이 아들과 더 차분하게 말하려고 시도하고 있는 바로 그 순간에, 다시금 남편을 맹렬히 비난했다.

나는 그녀에게 그녀가 남편이 치료를 더 필요로 한다는 사실을 보지 못한 것 때문에 그녀 자신에게 화가 나있고, 그녀 또한 그녀의 분석을 끝내는 것을 원하지만 지금이 적기인지 확신할 수 없다는 점에서, 남편 안에서 그녀 자신을 보고 있는 것일 수도 있다고 말했다.

그녀는 이 해석에 강렬하게 반응했는데, 이것은 그녀에게는 특이한 현상으로서, 점심시간에 있었던 논의에서 그녀가 보였던 것과 비슷한 것이었다. 나는 그녀에게 나에 대한 그녀의 태도와 다가오는 분석의 종결에 따른 아픔을 느끼는 것이 그녀에게 얼마나 힘든 것인지를 부인하기 위해 그녀가 시도하는 방식을 보여주려고 애쓰는 과정에서, 그녀와의 일종의 논쟁을 피할 수가 없었다.

최근 회기들에서 그녀가 실연했던 것을 반복하면서, 그녀는 이 해석에 대한 반응으로 그녀의 남편의 이름으로 나를 불렀다. 내가 그녀에게 이것은 실언이었음을 지적하고 그것이 무엇을 의미할 수 있겠느냐고 물었을 때, 그녀는 웃기 시작했고, 어쩌면 그녀가 나와 사랑에 빠졌는지도 모르겠다고 말했으며 이런 종류의 농담은 얼마 전만 해도 상상할 수 없는 것이었다고 덧붙였다. "그것이 다른 어떤 것을 의미할 수도 있을까요?" 나는 그녀에게 물었다. 그녀는 아마도 자신이 그녀의 남편이 나처럼 그녀의 말을 듣고 말할 수 있기를 바라는 것 같고, 그녀가 분석 회기들 안에서 느끼는 것처럼 남편과도 편하게 느끼기를 원하는 것 같다고 말했다.

이것은 우리로 하여금 나와 그녀의 분석에 대한 그녀의 깊은 헌신의 느낌, 그녀가 아이였을 때 그녀의 어머니에게 가졌던 느낌, 그리고 나를 상실하는 것과 그녀가 여러 해 동안 성취해온 모든 것을 상실하는 것에 대한 그녀의 두려움을 분석할 수 있도록 허용했다. 결국 투사적 동일시에 의해서, 그녀의 남편은 아이처럼 행동하고 있고, 그녀는 그녀 자신을, 어머니를 돌보기를 원하는 아들로서, 집을 떠날 수 있는 강한 사람으로서 보고 싶어 한다. 게다가, 나 또한 우리가 여름휴가를 앞두고 있다는 사실을 지적했는데, 그것은 버려진다는 느낌을 자극할 수 있는 것이었다. 동시에 그녀는 더 자유롭게 농담을 하고, 그녀의 삶을 즐길 수 있었고, 그녀가 나와의 사랑에 빠졌는지도 모르겠다고 말했을 때, 그녀는 위장된 방식으로 그녀의 분석에서 우리가 얼마나 많이 함께 작업할 수 있었는지를 표현하고 있었다.

    이 말 후에 그녀는 침묵했고, 약간 멀리 있는 것처럼 보였다. 명백히 논쟁하는 부부의 장면을 실연했던 이전의 활기찬 접촉은 이 순간에는 상실되고 없었다.

    펨버그가 제안한 경청에 대한 경청은 나의 해석의 초점을 환자가 분석을 끝낼 수도 있다는 가능성과 그러고 싶다는 소망에 맞추고 있다고 생각하도록 나를 이끌었다. 이것은 내가 원칙적으로 찬성하고 있으면서도, 동시에 유보하고 있는 것이었다. 이 두 번째 관점에서, 나는 내가 베티 죠셉이 그럴듯한 해석이라고 서술한 것, 즉 환자와 분석가 모두가 직접적인 정서적 실재를 상실하고 사실상 제3자인 환자에 관해 안전한 이론적 논의를 할 수 있는 위험을 다루고 있다는 인상을 받았다.

    내 마음 속에 떠오른 것은 여기에 무언가가 빠져있다는 생각이었다. 바란제이의 말처럼, 무의식은 다른 곳에 있을 수 있고, 내가 보았다고 상상하는 곳에 없을 수 있다. 사실, 분석의 종결은 고려되어야 할 가능성이었지만, 거기에는 다른 무언가가 있었다. 이것은 아마도 환자가 그녀 자신의 내적 약함과 외로운 아이―그녀가 자신의 남편에게서 보았던 것―와 갖는 관계였을 가능성이 높다.

    무엇이 이 새로운 가정으로 나를 인도했는가? 그녀가 자신의 남편의 이름으로 나를 불렀던 실언은 그를 무력한 아이로 제시한 직후에 발생했죠. 나는 지금 그녀가 내게 이렇게 말하고 있었다고 생각한다: "당신은 내가 당신을 사랑한다거나, 나의 남편이 당신처럼 나와 관계 맺기를 바란다고 생각할 수도 있을 거예요. 부분적으로 그럴 수도 있어요. 하지만 당신은 내가 엄마 없는 아이처럼 느낄 때 그리고 그것을 견딜 수 없다고 느낄 때, 정말로 나를 병들게 하고, 불안하게 하고, 절박하게 하는 것을 보지 못하고 있어요. 그것은 언젠가 분석이 끝날 것이기 때문도 여름휴가가 시작될 것이기 때문도 아니라, 그것이 내가 항상 느껴왔고 언젠가 내가 많은 방어들을 사용하지 않고서도 그것과 함께 살 수 있을지 알지 못하는 어떤 것이기 때문이에요. 이것이 정말로 나를 그토록 불안하고, 절박하고, 의심하고, 나 자신에 대해 그리고 내가 느끼는 방식과 다른 사람들과 관계하는 방식에 대해 확신을 갖지 못하게 하는 것입니다."

나는 이것의 얼마를 그녀에게 말하려고 시도했고, 이것은 명백히 우리에게 다시 친근한 느낌을 가져다주었다.

우리는 이것이 그녀의 감정들, 정신적 상태 그리고 의사소통에 대한 더 나은 이해라는 것을 어떻게 알 수 있는가? 내가 다음 회기들에서 그랬듯이, 우리는 뒤이어 발생하는 재료에 조심스런 주의를 기울이는 것을 통해서만 그것을 알 수 있다. 그때 나는 이 후자의 이해를 뒷받침해주는 얼마의 증거를 발견할 수 있었다. 더욱이 제안된 그럴듯한 해석 역시 역전이에 그 기원을 갖고 있었는데, 그 이유는 내가 그 회기 이후에 확인할 수 있었던 바, 환자에 대해 갖고 있던 나의 이중적인 느낌 때문이었다: 나는 그녀가 보다 견고한 정신적 변화를 성취하기도 전에 그녀가 분석을 끝내고 싶어 할 수 있다는 점을 걱정하고 있었고, 또한 많은 좋은 분석 시간들을 함께 보낸 환자를 잃게 될 것임을 느끼고 있었다. 이 느낌들이 이 순간에 나로 하여금 최상의 중립성의 자리를 유지하는 것을 힘들게 하고 있었다.

우리가 정신분석적 장 안에서 발생하는 것을 경청하는 것에 대한 경청 기능을 수행하도록 허용할 때에만, 우리는 환자와 그/그녀의 내적 실재를 확인하는 더 나은 방식을 가질 수 있다.

때로 우리는 다른 장들에서 오는 공헌들에 귀를 기울여야만 한다. 왜냐하면 그것들 또한 우리의 일상적인 작업에 유용할 수 있기 때문이다. 내가 이 논문을 쓰고 있을 때, 나는 필립 로스(Philip Roth)의 최근 소설인 "인간의 얼룩"(The Human Stain)을 읽고 있었는데, 다음과 같은 구절을 발견하고는 충격을 받았다. 그가 묘사하는 극적인 상황에 대한 단서들을 제안한 후에 그리고 화자가 주된 등장인물과 관계하는 감정이입적인 방식을 서술한 후에, 로스는 이렇게 말한다: "우리는 그녀가 알고 있다는 것을 어떻게 아는가? 나는 모른다. 나는 그것조차 알 수가 없다. 나는 알 수 없다. 그들이 죽었기 때문에, 아무도 알 수 없다. 더 낫건 더 나쁘건, 나는 자신들이 알고 있다고 생각하는 사람이면 누구나가 하는 것을 할 수 있을 뿐이다. 나는 상상한다. 나는 상상하도록 강요받는다. 그것이 어쩌다가 내가 먹고 살기 위해 하는 일이 되었다. 그것이 내 직업이다. 그것이 지금 내가 하는 모든 것이다"(2000, p. 213).

우리의 직업에서, 만약 우리가 관찰할 뿐만 아니라, 연속적인 투사적 및 내사적 동일시들을 통해서 동일시하고 상상하도록 우리 자신들을 허용한다면, 우리는 각 환자와 특정한 정신분석적 장을 건설할 수 있을 것이고, 그 장 안에서 우리는 그/그녀의 정신적 실재 안에서 발생하는 것에 분석적으로 경청하기 위해 우리의 최선을 다할 수 있을 것이다.

이 장에서 내가 제안한 것을 요약하자면, 나는 정신분석의 치료적 작용이 정신분석적 장으로 서술된 것 안에서 하나의 새로운 방식으로 다른 한 사람에 의해 경청되고 이해받는 고유한 경험에 달려 있다고 본다. 그 경험은 환자를 그/그녀 자신에 대한 새로운 이해를 획득하는 길로 이끌고, 따라서 환자는 정신적 고통의 감소를 경험하고 자신의 역량들을 보다 자유롭게 즐길 수 있게 된다. 이것이 통찰을 획득하는 방식이며, 그것은 이전에 제공되었던 어떤 경험들보다 더 새롭고 완전한 방식으로 이해받는 경험의 결과이다.

이것은 정신분석의 치료적 작용을 설명하는 여러 방식들 중의 하나일 뿐이지만, 종종 나로 하여금 우리의 불가능한 일에 계속적으로 매료되게 만드는 방식이기도 하다.

참고문헌

Baranger, M., Baranger, W. (1961-62). The Analytic Situation as a Dynamic Field. *Int. J. Psycho-Anal.*, 2008, 89: 795-826.

Baranger W. (1979). 'Proceso en espiral' y 'campo dinamico'. *Rev.Urug. Psicoanal.*, 59:17-32.

Baranger, M., Baranger, W., Mom, J. (1983). Process and Non-Process in Analytic Work. *Int. J. Psycho-Anal.*, 64:1-15.

Baranger, M. (1993). The Mind of the Analyst: From Listening to Interpretation. *Int. J. Psycho-Anal.*, 74:15-24.

Bion, W.R. (1959). Attacks on Linking. *Int. Psycho-Anal.*, 40:308-315.

De Leon, B. (2002). Libro Anual de Psicoànalysis XVI 217-238 San Paulo Escuta LTDA.

Eizirik, C.L. (1995). Contexto scio-economico e formao psicanalitica. *Rev. Psicanl. Porto Alegre*, 2:277-288.

Eizirik, C.L. (1993). Entre a escutaeainterpretaçàao: Um estudo evolutivo da neutralidade psicanalitica [From listening to interpretation: An evaluative study of psychoanalytic neutrality]. *Revista de Psicanàlise da SociedadePsicanalitica de Porto Alegre*, 1: 19-42.

Faimberg, H. (1996). 'Listening To Listening'. *Int. J. Psycho-Anal.*, 77:667-677.

Freud, S. (1912). Recommendations to physicians practicing psychoanalysis. TheStandard Edition of the Complete Psychological Works of Sigmund Freud, Volume XII (1911-1913): 109-120.

Freud, S. (1926). Inhibitions, Symptoms and Anxiety The Standard Edition of the Complete Psychological Works of Sigmund Freud, Volume XX (1925-1926): 87-178.

Isaacs, S. (1948). The Nature and Function of Phantasy. *Int. J. Psycho-Anal.*, 29:73-97.

Joseph, B. (1975). The Patient Difficult to Reach In: Psychic Equilibrium and Psychic Change: Selected Papers of Betty Joseph: Edited by Elizabeth Bott Spillius and Michael Feldman. New York:Tavistock/Routledge, 1989.

Joseph, B. (1985). Transference: The Total Situation. *Int. J. Psycho-Anal.*, 66:447-454.

Klein, M. (1946). Notes on Some Schizoid Mechanisms. *Int. J. Psycho-Anal*, 27:99-110.

Klein, M. (1950). On the Criteria for the Termination of an Analysis. *Int. J. Psycho-Anal.*, 31:204-204.

Rosenfeld, H. (1987). Impasse and Interpretation, *New Lib. of*

Psycho-Anal., 1:1-318. London:Tavistock.

Roth, P. (2000) The human stain, Vintage Books, New York.

Segal, H. (1967). Melanie Klein's technique In The Work of Hanna Segal New York: Jason Aronson, 1981 pp. 3-24 First published in Psycho-analytic Techniques ed. B. B. Wolman. New York: Basic Books.

Spillius, E. (1988). Melanie Klein Today, Vol. 1, *Mainly Theory*, London: Routledge.

Steiner, J. (1992). The Equilibrium Between the Paranoid-Schizoid and the Depressive Positions. *New Library of Psychoanalysis*, 14:46-58.

Strachey, J. (1934). The Nature of the Therapeutic Action of Psycho-Analysis. *Int. J. Psycho-Anal.*, 15:127-159.

3장
확장된 장의 개념

클라우디오 네리(Claudio Neri)

핵심 단어들: 장; 변형; 알파 기능;
이야기하기; 분석적 제3자

이 글은 두 부분으로 나뉘어져 있다. 첫 번째 부분은 장 개념을 어느 정도 비슷하기는 하지만 그것과 정확하게 일치하지는 않는 다른 개념들과 비교하는 데 초점이 맞추어져 있고 두 번째 부분은 알파 기능에 대한 논의에서 시작해서 "확장된 장"이라는 생각을 발달시키는 데 초점이 맞추어져 있다.

개념의 기원
M. 바란제이와 W. 바란제이, F. 코라오

정신분석 맥락 안에서 두 사람으로 구성된 장 개념을 도입한 최초의 작업들은 마델레인 바란제이와 윌리 바란제이에 의해서 수행되었다. 그 작업들은 게슈탈트 심리학과 멀로우 퐁티의 "상황 속의" 인간 심리학에서 가져온 개념들을 사용해서 클라인학파 정신분석학을 확장시키려는 시도였다(1964). "분석 상황의 구조적 특징들은 장 개념을 사용하여 서술될 필요가 있다. 분석 상황은 그 자체의 공간적 및 시간적 구조를 가지고 있고, 정해진 힘의 역동적 선들을 따라가게 되어 있다; 그것은 그것 자체의 발달 법칙들과 일반적 및 순간적인 목표들을 갖고 있다. 장은 우리의 직접적이고 구체적인 관찰 대상이다"(Baranger and Baranger, 1961). 바란제이들(1978)은 환자와 분석가 모두가 동일한 역동적 과정에, 즉 환자와 분석가가 산출해내고 그 안에 침잠하는 장에 참여한다는 사실을 인식했다. 장은 쌍을 이루고 있는 구성원들의 내적 상황들의 총합이 아니고, 한쪽 또는 다른 쪽을 흔쾌히 받아들일 수 있는 것도 아니다. 대신에, 그것은 독립적인 특질들과 역동들을 가진 제삼의 형태를 취한다. 그렇게 정의된 정신분석적 장은 세 개의 수준으로 이루어져 있다. 첫 번째 수준은 형식적 측면들과 기본적 계약(세팅)에 해당되고, 두 번째 수준은 드러난 내용과 언어적 상호작용의 역동적 측면들에 해당되며, 세 번째 수준은 두-사람(bi-personal)의 무의식적 환상과 관련된 통합과 통찰의 기능적 측면에 해당된다. 무의식적인 두-사람 환상은 바란제이들의 제안이 지닌 가장 독창적인 측면으로서, 클라인의 개념들과 장의 개념들을 결합해낸다: 그것은 사실상 분석적 쌍의 두 구성원들의 투사적 동일시의 중첩에 의해 만들어진다. 무의식적인 두-사람 환상은 분석의 구체적 대상이며, 그것의 목적은 장을 활성화하고 투사적 및 내사적 과정들이 스스로를 재가동하도록 허용하는 것이다. 그 과정들의 마비는 묵종을 야기한다.

클라인학파 이론에 단단히 묶여 있는 이 언급이 또한 바란제이들의 가장 오래된 공헌이라는 점이 이 글에서 점점 더 분명해질 것이다. 왜냐하면 그것은 장의 기제들, 장의 형성과정과 발달 과정들을 매우 구체적이고 강력한 방식으로 정의하고 있기 때문이다. 현재의 관점은 칼라 드 토폴리(Carla De Toffoli, 2005)가 관찰하듯이, 장 개념을 통해서 더 포착하기 어렵고 규정하기 힘든 요소들을 포착하는 가능성에 부가적인 가치를 두는 경향이 있다. 그녀는 "개인의 경계들을 능가하는, 알려진 범주들 안에 담겨질 수 없는, 일상적인 시-공간의 전체 범위를 넘어서는 일이 일어날 때 ... 그 경험이 상실되지 아니하고, 성찰되고 어떻게든 생각할 수 있는 것이 되게 하는 데 장 모델이 유용하게 사용될 수 있다"고 말한다.

코라오(1986)는 정신분석이 감각적이고 정서적인 경험들을 사고들과 의미들로 변형시키는 것을 통해서 사람들을 돕는 특화된 실천이라고 말한다. 그는 이 관점에 일치하는 장의 개념을 발달시킨다. "장은 ... 그것의 변형의 기초 위에서 서술될 수 있으며 ... 어떤 지각적, 사실적, 관찰적 관점에 의해서도 제한받지 않는 것으로 보인다. 하지만 그것은 눈에 보이지 않는 그리고 어떤 식으로든 공제될 수 있는 ... 궁극적인 현상학적 운동을 말한다" (Corrao, 1986, p. 120). 치료과정에 대한 그의 이론은 정신분석적 장(분석가, 환자 그리고 이론들을 포함하는)의 변형과 진화에 초점이 맞추어져 있다. 변형과 장의 개념에 가치를 부여하는 것은 기능적으로 반전이 가능한 것으로 간주되는, 주체와 대상 사이의 안정된 구별을 폐기하는 결과를 가져왔다.

이태리학파

장 개념을 그것과 유사한 개념들과 구별하는 작업으로 들어가기 전에, 나는 내가 발달시키려고 하는 담화의 한 측면을 명료화하고 싶다. 여러 해 동안 많은 심리치료사들과 분석가들의 공헌들을 통해서, 장에 대한 여러 정의들이 만들어졌다; 때로 이 정의들은 모순되고 양립하기 어려운 것이다. 따라서 나는 내가 말했던 최초의 정의를 반복하지는 않을 것이다. 대신에 나는 그것에 대한 재해석을 제공할 것이고 그것을 내가 가장 의미 있는 공헌이라고 생각하는 것들과 연결시킬 것이다. 더욱이, 나는 장의 완전하고 철저한 그림의 윤곽을 제시하기보다는 임상적 실제에서 주로 사용되는 측면들에만 초점을 맞출 것이다. 나는 또한 이 글이 주로 이 주제에 대한 활발한 논쟁에 불을 지핀 이태리 정신분석가들과 심리치료사들의 작업에 기초한 것임을 분명히 밝힌다 : Riolo(1986, 1997), Correale(1991), Di Chiara(1997), Gaburri(1997), Chianese(1997), Ferro(2003).

페데른(Federn)과 바이쓰(Weiss)에게서 시작해서 페로티(Perrotti), 무사티(Musatti) 그리고 세르바디오(Servadio)에 의해서 계속 이어진 오랜 전통 덕에 이태리 정신분석가들은 회기 안에서 매 순간 발생하는 것을 면밀히 관찰하도록 훈련 받아왔다. 특히, 감각들, 분위기들 그리고 신체 경험들이 수정되는 것을 관찰한다. 그들은 일관되게 환자와의 정서적 접촉을 추구하고, 치료적 관계를 지탱하고, 수정하고, 결정하는, 환자와 그들 사이의 작은 교류─침묵들, 몸짓들, 공간 안에서 발생하는 변화들 그리고 자세의 수정들─하나하나를 정확하게 추적한다. 나는 이 초점이 어떻게 최근의 연구들에서, 특히 보스턴 변화과정 연구 집단에 속한 정신분석가들의 연구(2005, p. 694)에서 재개되었는지를 간략하게 언급할 것이다.

지각들은 분석가의 마음 안에서 회기의 발달을 위한 유용한 관찰들로서 인지된다; 그러나 그것들은 관찰들로서가 아니라, 적절한 때에 환자와 공유될 수 있는(또는 없는), 이미지들, 환상들 그리고 이야기들로 변형된 것으로서 인지될 수도 있다. 주석, 변형 그리고 궁극적으로 의사소통은 해석과 겹치거나 해석을 대체하지 않는다. 대신에 그것은 그것의 위치와 중요성을 재정의하면서 해석과 나란히 존재한다. 그 결과 고전적 기법의 변화가 발생한다: 비언어적 요소들에서 발생하는 변형들(언어 외적인, 초-언어적인)에 대한 분석가의 수용성, 맥락에 대한 주의, 의심의 관용 등이 해석의 역량, 특히 해석적 조정 역량과 나란히 중요한 치료적 열쇠가 되었다(Ferro, 2005).

내가 서술하고 요약한 것과 나란히, 이태리에서 자라난 장 개념에 대한 관심은 내 생각에 국제적인 수준에서는 충분히 알려져 있지 않은 이 개념에 대한 독창적인 정교화를 결과로 가져왔다. 1994년에 리미니(Rimini)에서 열린 이태리 정신분석학회의 학술대회는 "분석가의 대답과 정신분석적 장의 변형"을 주제로 삼았다. 그러한 성찰의 중요한 결과 중의 하나는 두 가지 특별한 사실에 대한 증가된 인식이었다. 첫째, 장 개념은 우리가 그것을 포괄적인 정신분석적 이론으로 간주하는 것을 멈출 때에만, 더욱이 그것을 예컨대 전이와 역전이에 기초한 이론처럼, 다른 이론들 및 모델들과 함께 사용할 때에만 유용한 것이 된다는 것이다. 만약 장 개념이 이런 방식으로 사용된다면, 그것은 분석적 상황의 어떤 측면들을 더 잘 설명하고 보다 완전한 관점을 가질 수 있도록 허용할 것이다. 둘째, 장 개념이 실제에서 사용될 수 있는 완전한 것이 되기 위해서 그것은 확장되어야 하고 다른 개념들을 포함할 필요가 있다는 것이다. 내가 말하는 다른 개념들은, 잠시 후에 다룰 내용인, 알파 기능, 이야기 기능, O 안에서의 변형과 진화이다.

분위기

주된 주제—임상적 실제에서 장 개념의 사용을 위한 제안—에 대한 논의에 앞서, 나는 몇몇 예들을 사용하여 장 개념을 다른 유사 개념들과 구분할 것이다.

때로 장이라는 용어와 분위기라는 용어는 동의어로 사용된다. 그럼에도 불구하고 분위기와 장은 일치하지 않는다. 장이라는 용어는 분위기에 비해 훨씬 더 큰 복잡성을 갖고 있다. 장은 단순히 하나의 분위기가 아니라, 장에 의존해 있는 상호작용 기능들의 시리즈 전체를 가리킨다. 더 정확히 말해서, 장은 이 기능들(공감, 주의, 조율, 수용, 해석 등 ...)이 긍정적으로 작용하거나, 가로막히거나, 억제되거나, 전도되도록 허용하는 조건들의 앙상블이다. 이 점을 좀 더 설명하기 위해, 병원 환경에서 가져온 사례 하나를 예로 들어보겠다.

의사나 간호사가 그들의 교대근무를 시작할 때, 그들은 보통 "오늘 어때요?"라는 일반적인 질문을 주고받는다. 그들이 실제로 묻고 있는 것은 분위기가 아니라 병동의 전반적인 상황에 대한 것이다. 이 정보가 습득되고 나면, 응급 사항이나 특별한 사항들에 대한 보다 구체적인 질문들이 뒤따른다. 교대하는 의사가 묻는 질문들의 순서는 경험에서 배운 것과 일치한다: 즉 병동이 어떠한가에 따라, 즉 긴장, 혼돈, 경각심이 있는지에 따라 응급사항이나 복잡한 문제가 다른 방식으로 취급된다. 임상적 문제를 해결할 때, 우리는 유일하게 환자와 관련된 것이 아니라 상이한 병원의 직원들에 의해 수행되는 기능들, 그들 사이의 관계, 직원들과 환자들 사이의 관계 등, 다양한 변인들을 고려할 필요가 있다. 이 모든 것이 교대 근무를 시작하는 의사가 묻는 "오늘 어때요?"라는 간명한 질문에 요약되어 있다.

장은 병동과 분석적 상황이 작동하는 데 필요한 기능들의 앙상블을 뒷받침해준다는 점에서, 분위기와 다르다.

나는 장과 분위기 사이의 또 하나의 차이를 지적하고 싶다: 장은 마음이나 환경 안에서 동시적으로 또는 교대로 살아낼 수 있는 정신적 상태를 나타내는 반면, 분위기는 보통 환경에만 귀속되는 조건을 나타낸다.

유대

유대 개념은 피숑-리비에르(Pichon-Rivière)에 의해 도입되었고 그후 누구보다도 르네 케이즈(René Kaes)와 자닌 푸제(Janine Puget)에 의해 발달되었다.

유대라는 용어는, 최초의 정의에 따르면(Pichon-Rivière, 1979), "대상관계"와 "대인관계"를 동시에 가리키는 용어이다. 유대는 내적 수준과 외적 수준 모두에서 주체, 대상 그리고 그들 사이의 관계를 포함하는 복잡한 구조를 나타낸다. 예컨대, 우리는 형제들 및 자매들과 관련된 환상들이 있기 때문에, 또한 형제와 자매 사이에 존재하는 실제 대인관계 때문에 형제의 유대에 대해 말할 수 있다. 즉, 거기에는 항상 내적 측면과 외적 측면이라는 두 측면이 있다.

케이즈(R. Kaes, 1993, 1994)와 푸제(J. Puget, Berenstein, 1997)는 유대에 의해 연결되어 있는 주체들을 각각 독립되어 있고 다른 특별한 무의식적인 정신적 실재로서 서술한다. 에벌린 그랜존(Evelyn, Granjon)에 따르면, 장 개념은 유대 개념보다 더 넓고 더 구조화된 개념이다. 유대의 효과들은 장 안에서 스스로를 드러내지만; 장은 그런 효과들과 융합하지도 않고 그것들을 산출하지도 않는다.

우리는 안나 마리아 니콜로(Anna Maria Nicolo, 2002, p. 186)의 정의에서 장과 유대 사이의 더 큰 평행을 발견한다: " ... 유대는 우리의 임상적 작업이 포함될 수 있고, 환자와 분석가의 내면세계에서 오는 모든 등장인물들이 그 안에서 움직이는, 관계적 배경을 구성한다. 그것은 분석적 무대의 관계적 시나리오를 형성한다. 특정한 상황 안에 있는 그 시나리오는 ... 움직일 수 있고 변할 수 있으며, 이야기의 정서적 발달에 특별한 영향을 미치지 않는다. 대조적으로, 다른 상황들에서 그것은 이야기 자체와 등장인물들 사이의 대화들을 뒤덮는 지배적인 요소를 나타낸다."

세팅

내가 앞에서 언급했듯이, M. 바란제이와 W. 바란제이는 세팅이 장의 구성물들 중의 하나라고 간주한다. 나는 그들의 견해에 동의하지 않으며, 그 두 개념들을 분리된 것으로 유지하는 것이 더 유용하다고 생각한다. 다른 말로, 나는 형식적 측면들을 강조하는 것에 동의하지 않는데, 그것은 장이 "분석가와 환자 사이에서 스스로를 창조하고, 그럼으로써 분석의 발달을 허용하는 진정되고 적합한 구조를 구성한다"(Ferro, 1990, p. XV)고 보기 때문이다.

내가 생각하는 장은 세팅과 일치하지 않으며, 세팅과는 달리 비교적 불변하는 것이 아니다. 세팅의 형태(configuration)는 시간 안에서 안정되어 있는 요소들과 매순간 변할 수 있는 다른 요소들로 이루어져 있다. 이 변화들은 환자, 분석가 그리고 그들의 관계의 질에 영향을 미칠 수 있다. 세팅의 상대적인 유동성과 탄력성은 장의 속성들과 연결되어 있다. 나는 장 개념을 고려하는 나의 방식이 블레거(J. Bleger, 1966, 1970)의 방식과 유용하게 병렬될 수 있다고 생각한다. 블레거에 따르면, 분석적 상황은 과정(역동적 세팅)을 구성하는 측면들, 우리가 해석하는 현상(1967, p. 237) 그리고 틀, 즉 "비-과정"(제도적 세팅)을 검토함으로써 연구될 수 있다. 제도적 세팅은 관계의 보다 안정된 측면들(장소, 시간, 분석료의 지불 등 ...)을 포함하고 있고, 그것은 인격의 정신증적 측면들을 위한 저장소로서 작용한다.

제도적 세팅은 그것이 변하지 않고 남아 있는 한 "말이 없고," 분석적 과정을 위한 배경으로 작용하며, 공생적 형태의 유대를 보장한다. 더욱이, 블레거는 하나의 흥미로운 관찰을 제시한다: 제도적 세팅 안에서 정체성의 "변하지 않는" 부분은 일반적으로 저장되고 정신증적 부분과 교류하지 않지만, 그것은 또한 보다 성숙한 정체성의 기초로 작용하는 얼마의 요소들을 갖고 있다.

　블레거의 설명은 쌍 또는 집단 안에 현존하는 생각들, 감정들과 정서들의 초-개인적인 저수지로서의 장의 개념에 어느 정도 깊이를 더해준다. 개인들은 더 이상 단일한 참여자의 것에 일치하는 것도 아니고, 그들의 관계에 일치하는 것도 아니라, 그 둘 모두를 조건화하는 상이한 요소들로 구성된 혼합물이 만들어질 때까지, 내적 정서들, 감정들 그리고 심지어 자기의 분열된 부분들(Perrotti, 1983)을 저장하는 것을 통해서 장의 형성에 기여한다.

분석적 관계

　로우월드(1960, 1960a)는 관계를 둘 또는 그 이상의 사람들이 교류하는 고도로 발달된 정신적 대화 그리고 상호작용의 형태로 보았다. 관계는 다양한 수준들에서 동시적으로 발생한다; 그 용어의 의미가 지닌 본질적인 핵심은 정신적 활동의 중심들 안에서 발생하는, 고도로 조직화되고 비교적 자율적인 개인들 사이의 상호작용을 가리킨다. 설령 관계 안에 참여한 자들이 비교적 자율적이라고 해도, 그들은 동시에 관계에 속한 정동적, 사회적 그리고 문화적 장 안에 머물러 있으며, 따라서 그들의 발달과 보존을 위해 서로에게 의존한다. 다른 말로, 장은 개인들에게 그리고 발생하는 관계들에게 양분을 주고 지원해준다. 반면에, 다른 상황들에서 장은 비워내고 마비시킬 수도 있다.

밋첼(S. Mitchell, 1988)은 로우월드와 비슷한 방식으로 정신적 삶에 대한 연구는 독립된 실체로 그리고 욕동 욕망들의 변천을 포함하고 있는 개인들이 아니라, 그 개인들이 태어나고 접촉을 확립하고 자신을 표현하기 위해 투쟁하는 장의 상호작용에 초점이 맞추어져야 한다고 본다. 분석적 탐구는 이 관계들에 참여하고, 관찰하며, 그 관계들과 그것들의 내적 표상들을 발견하고 변형시키는 작업을 의미한다.

나는 "관계"와 "장"이 일반적 조건들이 변화할 때 각각의 기능들이 변동하는 하나의 체계를 형성한다고 본다.

더 정확히 말해서, 나는 개인들(분석가와 피분석자)이 분석 안에 현존하는 활동과 조직 그리고 의도성의 원천임을 확실히 인정하고 싶다. 관계는 그러한 활동이 살아나는 맥락이고 장은 관계의 기본적 차원이다. 우연히 나는 앨리스와 마이클 발린트(Alice and Michael Balint)가 1939년에 출간한 분석가의 정서적 반응에 대한 논문에서 비슷한 생각을 표현했던 일을 기억한다. 분석적 상황은 "무균의" 장이 아니라, 두 참여자들과 그들의 특별한 관계와 연결되어 있고, 고도로 특수한 분위기에 젖어있는 "이중으로 개인적인" 장이다.

하나의 특별한 장의 형태가 스스로를 드러낼 때도 있다. 그것은 관계의 기본적 차원으로서가 아니라, 더 이상 존재하지 않거나 관계를 확립하기 이전에 관계 대신 존재하는 어떤 것으로서 자체를 드러낸다. 나는 장의 활성화가 관계를 대체하는 상황을 강조하기 위해 임상에서 가져온 간략한 사례 이야기를 해보겠다.

지난 2년 간, 사십대 남자인 로베르토는 집밖으로 나오지 않고 있다. 그는 자신을 보러온 의사와 간호사들에게 자신이 라디오 마리아(Radio Maria)에 의해 발생한 전기자장

(electromagnetic field)에 사로잡혀 있다고 말한다. 로베르토는 수차례에 걸쳐 "라디오 마리아 장"에 오염된 집을 정화하기 위해 경찰을 불렀지만, 소용이 없었다. 심리치료와 약물을 병행하는 정신건강 센터의 직원들은 자장(magnetic field)이 환자와 몇 해 전에 죽은 환자의 어머니 사이의 특별한 연합을 나타낸다고 가정했다. 그의 어머니와 관계의 잔여물은 "라디오 마리아 장"에서 자체를 드러내고 있다.

"라디오 마리아 장"에 의해 야기된 전기자장의 이미지는 갇혀 있는 마음 상태와 신체적 조건 모두를 나타낸다.[1]

공유된 공간

공유된 공간이라는 생각은 최근에 등장한 흥미로운 사고의 흐름이다. 케이즈(R. Kaes, 2003)는 정신분석적 모델들의 일반적인 변화의 산물로서 그리고 "열린" 정신적 공간(꿈의, 정신분석의)을 상호-주관적 공간과의 관계 안에 두는 새로운 도구들의 도입에 따른 산물로서, 이 생각을 제시한다. 내 생각에, 케이즈의 가장 흥미로운 개념은 "구멍이 있고 이상한 그리고 때로는 불안을 야기하는 공간"으로 간주되는, 공유된, 꿈과 같은 공간이라는 생각이다(Kaes, 2002). 이 공간이 창조되기 위해서는 참여하고 있는 개인들이 공통의 퇴행과정을 거쳐야만 한다. 그러나 케이즈가 옳게 경고하듯이, "둘 또는 그 이상의 개인들에게 공유되는 퇴행 개념은 일정한 명암법을 사용해서 관리할 필요가 있다. 왜냐하면 이 경우, 그것은 빛과, 퇴행 및 탈인격화의 어둠이 반전될 수 있는 유형에 관한 것이기 때문이다. 퇴행과 탈인격화는 그것 자체만으로 이 공간을 창조하는 데 충분하지 않다:" 공유된 퇴행 개념은 ... 한 사람 이상에 속하는 어떤 것에 참여하는 것을 가리킨다. 이것을 공유하는 것은 그것이 자동적으로 이루어지는 것을 의미하지 않는다(Kaes, 2002). 공유는 개인들, 그들의 정신적 장치들과 꿈의 공간들을 관계 안에 두는, 개인 간의 그리고 개인적 장치-위에 있는 것의 활성화에 의해 가능해진다.

공유된 집단 공간은 "분석적 공간"(Viderman, 1970)과 유사하게 삶이 발생하고 교환들이 발달하는 일종의 장소—동시에 상상적이고 실제적인 것 모두의—이다(Rouchy, 1998). 케이즈의 모델은 본질적으로 치료동맹과 무의식적 계약에 기초해 있다; 그것의 주된 참조 틀은 프로이트학파의 초심리학에 있다.

"공유된 공간"은 장의 개념과 일치하지 않는다. 내가 보기에 장의 개념은, 이제 곧 보게 되겠지만, 비온의 "O" 안에서의 진화라는 개념에 단단히 묶여 있다.

장과 전이

전이와의 관계에서 장의 위치를 말하는 것은 쉬운 일이 아니다. 「분기점」(Caesura)에서 비온은 장과 전이 사이의 거리는 처음에 보이는 것만큼 크지 않다고 가정한다: "의식적 사고와 자동적으로 적절히 유지되는 감정의 양(quanta) 및 파동(waves) 사이에는 전이와 역전이의 인상적인 분기점에 포함되어 있다고 생각되는 것보다 더 많은 연속성이 존재한다."

비온의 제안은 암시적인 것이고, 전적으로 확실한 선언이 아니다. 장과 전이는 심하게 중첩되고 그것을 구별하는 것은 어렵다. 그러나 우리는 장에 속한 특정 현상들이 전이와 뚜렷이 구별될 수 있을 뿐만 아니라, 전이는 사실상 장의 기능을 방해한다고 말할 수 있다. 나는 내가 "이태리학파"에 대한 언급을 마무리하면서 지적했듯이(Neri, 1988), 그 두 개념을 분리해서 보는 것을 선호한다.

나는 "춤추는 꿈"이라고 이름 붙인 단락에서 이 문제로 되돌아올 것이다.

제3자

장의 몇 가지 구체적인 특징들을 지적해보겠다. 장은 분석가와 피분석자(또는 심리치료사와 집단 구성원들)의 친척-같은 연결과 혼혈의 산물이다. 이 문장의 단어들은 주의 깊게 선택되었다. "산물"이라는 단어는 장이 그것을 구성하고 있는 개인들의 속성과 다른 속성을 갖고 있으며, 또한 그들의 속성들의 총합과도 다르다는 사실을 말해준다. "친척-같은"이라는 단어는 장이 비교적 안정된 어떤 것을 창조해내면서, 어떤 회기 또는 회기의 어떤 시점에서 모습을 드러내는 일시적인 사건들을 창조해내면서, 다정함과 공감의 합류에 의해 창조된다는 사실을 말해준다. "혼혈"이라는 단어는 분석가와 피분석자 사이의 친화성뿐만 아니라, 장의 창조에 기여하는 성격 특질들과 정동적 및 문화적 요소들을 가리킨다. 나는 "혼혈"이라는 용어를 관용, 개방성 그리고 요약하는 능력의 표현으로, 즉 긍정적인 의미로 사용하고 있음을 강조하고 싶다.

  쌍 또는 집단은 장을 산출하는 동시에 그것에 의해 영향을 받는다. 이 정의는 "장," "제3자," 그리고 "분석적 제3자" 사이의 근접성을 강조한다. 앙드레 그린(Andre Green, 2005)은 다음과 같이 말한다: "관계를 확립하기 위한 필수적이고 만족스러운 조건은 두 가지이다. 이 단순한 확인은 일치성을 밑바닥에 깔고 있는 모든 이론들 중에서 쌍에 대한 이론에 생명력 있는 이론으로서의 위치를 부여한다." [우리는 한 걸음 더 나아가 이 두 사람 관계 안에 갇혀 있는 것에는 아무런 관심도 없다고 덧붙일 수 있다]; 이러한 생각과 관련해서 옥덴(T. Ogden)은 분석적 제3자 개념을 생각해냈는데, 그것은 회기 동안에 발생하는 현상들을 이해하기 위한 것이었다.

  옥덴(T. H. Ogden, 1997, 1999)은 상호주관적인 분석적 제3자를 분석가와 환자가 몽상 상태들을 교환한 결과라고 정의한다. 그 상태 안에서 분석적 과정은 "분석가나 피분석자 누구에게도 종속되지 않는, 그러면서도 분석적 쌍에 의해 무의식적으로 생성되는, 제3의 주체에게 자신의 분리된 개별성의 일부를 넘겨주는 일에 참여한다"(Ogden, 1997). 한편으로, 이 제3자가 두 구성원들의 무의식적 교환의 산물이라면, 다른 한편으로, 그것은 있는 그대로의 환자와 분석가를 정의한다; 다른 말로, 분석가, 피분석자 그리고 분석적 과정은 이것 바깥에 존재하지 않는다. 이 "제3자"는 참여자들의 개인적인 주체성들과의 변증법적인 긴장 안에 있다; 이것은 진화 안에서 계속되는 경험과 일치한다. 이것은 쌍의 각 구성원에 따라 다를 수 있고, 따라서 분석적 관계 안에 있는 비대칭을 반영할 수 있다.

마델레인 바란제이와 윌리 바란제이는 이 현상의 공모적이고 병리적인 측면을 "성채" 또는 "요새"라는 명칭과 함께 탁월하게 서술했다. "성채"는 "분석가와 환자 사이의 무의식적인 연결의 결과로서, 장 안에서 드러나는 분석적 과정의 속도를 늦추거나 마비시키는, 움직이지 않는 구조를 말한다."

이 문제를 바라보는 또 하나의 방식은 밋첼(1997, p. 128)의 진술에서 발견된다: "분석가는 그의 환자와 함께 이해하려고 애쓰는 것에 참여하고, 불가피하게 항상 정확하게 그것을 공동-창조한다." 이 개념을 베조리와 페로(Bezoari and Ferro, 1992, p. 401)에 의해 도입된, 쌍의 분석적 산물로 ... 즉 첫 번째 수준의 공유된 상징화로 정의되는 기능적 집합으로 간주하는 것이 유용하다. 기능적 집합은 정서적 교환의 가장 깊은 수준에서 발생하는 것을 끌어 모으고 표현하기 위해 분석적 쌍이 수행하는 변형과정의 결과이며, "기능적 집합의 정교화는 단일한 관점을 가진 평면적인 인물들로부터 홀로그램들, 즉 다중-주체적 공간 안에서 형태를 갖는, 그리고 최소한 두 개의 빛의 원천에 의해 홀로그램이 산출된다는 점에서 상이한 관점들을 동시적으로 유지할 수 있는, 삼차원적 이미지로의 전환과 일치한다"(Bezoari, Ferro, 1997, p. 142).

장 안에서의 변화들

장의 특징들은 자발적인 진화를 통해 변할 수 있다. 그것들은 또한 동일한 공간의 관계적 상황을 공유하는 사람들에 의해 (본의 아니게, 알지 못하게, 또는 의도적으로) 수정될 수 있다.

솔 벨로우(Saul Bellow, 1997)는 내가 아래에서 인용하는 문단에서 "퍼뜨리기," "흩어놓기," "뿌리기"와 같은 용어들을 사용하는데, 그는 이 단어들이 암시하듯이, 둘 또는 그 이상의 사람들 사이에 존재하는 심리학적 장의 변화는 다른 사람 안에 직접적으로 투자하는 데보다는 공유된 매개물을 수정하는 데 사용될 수 있다고 제안한다:

"맷지는 팔짱을 낀 채 서성거렸다. 그녀는 극도로 초조했다. 그녀는 유리문들 사이를 지나 긴 거실로 들어갔고, 마치 소파와 가구들, 그리고 페르샤 카펫을 검사하기라도 하듯이 그녀 자신의 무언가를 그것들 안에 집어넣고 있었다. 성적인 어떤 것일까? 범죄와 관련된 어떤 것일까? 그녀는 그녀 자신의 중요성을 주장했다. 그녀는 사람들이 그것을 망각하도록 내버려두지 않을 기세였다. 그녀는 그것을 퍼뜨렸고, 흩어놓았고, 뿌렸다. 그녀는 아무것도 아닌 것을 위해 시간을 낭비하지 않았다. 내가 그녀를 만났을 때, 그녀는 장 이론 안에서 생각하도록 나를 이끌었다. 그 이론은 내가 학생 시절에 등록한 적이 있는, 심리학적 장 이론이었는데, 그것은 중력과 닮은, 정신적 영향력 아래에 있는 정신적 영역의 속성들과 관련된 것이었다."

이런 유형의 현상을 설명하기 위해, 바란제이들은 (내가 앞에서 암시했듯이) 투사적 동일시를 언급하지만, 나는 기본적인 신체적이고 정신적인 기능들의 동시성에, 그리고 그러한 동시성의 해체와 변경에 초점을 맞추는 것을 선호한다.

정신분석적 장의 특징들은 또한 환자의 마음 안에서 발생하는 정신적 상태들을 고려할 때 변한다. 장의 특징들의 변화는 환자의 언어적 및 비언어적 의사소통, 연상들 그리고 꿈들과 함께, 회기 동안에 그리고 관계들, 환상들 및 기억들로 이루어진 그의 세계를 탐구하는 전체 분석기간 동안에 환자가 택하는 노선이 어떤 것인지를 분석가에게 말해준다. 아래의 문장은 라이자드 카푸친스키(Ryszard Kapuscinski)의 책에서 가져온 것으로서, 그것은 장의 특징들이 어떻게 변할 수 있는지, 그리고 그 결과 일정 범위 내에서 사람들의 실제 경험들에 어떻게 영향을 미치는지를 직접적으로 지적한다.「태양의 그림자」(The Shadow of the Sun, 1998, p. 108)에서 카푸친스키는 라고스의 섬과 도시를 택시를 타고 돌아본 여행에 대해 서술한다:

"내가 묵고 있는 아파트는 라고스 섬 마을 한복판에 위치해 있었다. 이 섬은 한때 노예선들이 머물렀다 가는 곳이었고, 도시의 이러한 수치스럽고 어두운 기원들은 그 섬의 분위기 안에 초조하고 격한 어떤 것에 대한 흔적을 남겨 놓았다. 사람들은 그것을 끊임없이 의식하게 된다. 예를 들면, 내가 택시를 타고 가면서 운전사와 이야기를 하고 있는데, 갑자기 그가 말없이 불안한 표정으로 거리를 살필 때, 내가 궁금해져서 '무슨 일이에요?' 라고 물으면, 그는 낮은 목소리로 '아주 나쁜 곳이죠' 라고 대답한다. 우리는 계속 길을 가고, 긴장이 풀린 그는 다시금 조용한 담화를 이어간다. 얼마 후에, 우리는 길가를 따라 걷고 있는 한 무리의 남자들을 발견하는데(그 도시에는 인도가 따로 없다), 그들을 본 택시 기사는 다시 한 번 말이 없어지고, 살피고, 가속 페달을 밟는다. '무슨 일이 있어요?' 하고 내가 물으면, 그는 '아주 나쁜 사람들이에요' 라고 대답한다. 1킬로미터를 더 가서야 우리는 우리의 담화를 재개할 수 있도록 충분히 진정될 수 있었다.

그 기사의 뇌리에 각인된 것은 경찰서 벽면에 걸려 있는 것들과 닮은 도시의 지도임이 분명하다. 그 지도에는 작고 다중적인 경고등들이 끊임없이 반짝이고 진동하면서 위험지역들과 공격지점들 그리고 다른 범죄현장들에 대한 신호를 보내고 있다. 이 경고등들은 특히 내가 살고 있는 지역인 시내 한복판에 집중되어 있다."

그것은 마치 끔찍스런 기억들(지금은 배경으로 물러나 있는)이 지역(노예 운전사의 섬인, 라고스)과 실체적인 장의 부정성—분위기를 휘젓는 초조하고 격한 어떤 것—에 묶여 있는 것처럼 보인다. 이 "장의 부정성"은 정신적 상태들의 앙상블(장-장소-저장고의 상이한 지점들에 일치하는)로 구성된다; 그것들 각각은 운전사와 카푸친스키의 지각들과 실제 경험들 모두에 스며들 수 있다: 당신이 도시의 특징 지역에 간다면, 당신은 변형되고, 위험에 처하게 되며, 따라서 약간 그늘진 등장인물이 된다.

철도 은유

카푸친스키의 책은 프로이트(1913-14)가 환자를 기차 여행자로, 그리고 분석가를 철도 전문가로 비유했던 유명한 유비를 생각나게 한다. 환자-여행자는 자유롭게 연상하면서 그의 정서 상태들을 서술하는데, 마치 그 상태들이 창문을 통해 바라보는 변화하는 풍경의 다른 장면들인 것처럼 그렇게 한다. 그러나 그는 그 여정 전체의 의미는 말할 것도 없이, 그가 서술하는 것의 의미를 알지 못한다. 대신에 분석가-철도 전문가는 전체 연상의 통로를 따라갈 수 있을 뿐만 아니라 또한 그것에 의미를 부여할 수 있다.

선택된 이미지들의 유사성 외에도, 프로이트가 말하는 것과 카푸친스키의 작업 사이에는 본질적인 차이들이 있다. 첫 번째 차이는 프로이트가 말하는 것은 분석가가 환상들-풍경들에 직접적으로 접근할 수 있는 방법이 없다는 사실과 관련되어 있다; 분석가는 환자가 그에게 말하는 것을 통해서 간접적으로만 그것들을 알 수 있다. 카푸친스키의 경우, 택시 기사가 말한 것은 유일한 정보의 원천이 아니다. 카푸친스키 자신 역시 그들이 도시의 다른 지역들을 지나갈 때 분위기들과 감각들의 변화를 지각한다. 두 번째 차이는 프로이트가 작은 방 안에 있는 두 사람의 예를 사용해서 본질적으로 무의식적인 환상들을 의식적이고 의미 있는 의사소통들로 변형시키기 위해 환자와 분석가가 행하는 특별한 "협력 작업"(tandem work)을 서술하는 것을 목표로 하고 있는 반면, 카푸친스키는 도시의 다양한 지역을 여행하는 것이 어떻게 사고들, 환상들 그리고 두 사람 사이의 무드와 의사소통의 변화를 야기하는지를 강조하고 싶어 한다는 점이다.

알파 기능

심리치료사는 어떻게 정신분석적 장 안에서 발생하는 부정적인, 구속하는, 또는 심지어 도착적인 특징들을 수정할 수 있을까?

이 질문에 부분적으로나마 대답하기 위해서는 장 개념을

"알파 기능" 개념과 병렬시키는 것을 통해 "정서들을 이야기들로 용해시키는 것"이 필요하다. 알파 개념과의 밀접한 연결을 통해서 장 개념 자체의 변화가 가능해지며, 그 결과 내가 확장된 장 개념으로 정의하고자 하는 것이 발생한다.

알파 기능은 감각적 경험들, 긴장 그리고 정서들 안에서 변형을 일으키는 능력을 말한다. 보다 일반적으로 말해서, 그것은 개인의 마음과 인격을 자극하고 압력을 가하는 모든 외적 및 내적 요소들 안에서 작용하는 변형적 능력을 가리킨다. 아이의 알파 기능이 구조화 되는 것은 아이 스스로의 발달에 의한 것이 아니라, 어머니 또는 아이를 돌보는 다른 사람의 알파 기능에 의한 것이다. 먼저, 어머니는 그녀 자신의 알파 기능을 통해 아직 미성숙한 아이가 신진대사할 수 없는 감각적 느낌들을 "소화한다." 그 다음에, 아이—어머니의 기능에 의지하고 있는—는 자신의 알파 기능을 구조화하고 활성화한다.

회기 동안에 치료사의 알파 기능이 작용하는 방식들의 일부는 몽상에 대한 언급에 의해 명료화될 수 있다. 불란서어의 일반적인 용법에 따르면, 몽상이라는 단어는 이완되고 꿈꾸는 것 같은 상태, 가볍고 목적 없는 백일몽 상태를 의미한다. 분석 상황에 적용될 때, 몽상은 "환자의 전-언어적 또는 언어적 의사소통들을 인식하는 분석가의 능력, 그에 따른 정교화 활동에 의해 수반되는 수용 능력을 가리킨다"(Di Chiara, 1992).

정서들 ⇔ 이야기들

"정서를 이야기로 용해시킨다"는 말은 어떤 감정이나 실제 경험이 표현될 수 있는 가능성에 커다란 중요성을 부여하는, 이론적 및 기법적 접근을 가리킨다. 이 접근—표현의 중요성을 강조하는—은 이해 및 의미 부여와 동등하다(Baruzzi, 1981). 이 접근을 따라 작업함에 있어서, 변형이라는 생각은 중심적인 것이고, 대부분 해석의 중요성을 흡수한다.

여기에서 이야기 개념은, 예컨대, 이야기 기능의 구조주의와 상대주의와 관련된 측면들을 주로 강조했던 로이 셰이퍼(Roy Schafer)와 같은 미국의 정신분석가들에 의해 사용된 방식과 매우 다른 방식으로 사용되었다. 셰이퍼(1983, 1992)는 분석과정 동안에 서서히 산출되는 "삶의 이야기들"(tales of life), 분석가의 참조 틀로서의 이론들, 해석 그리고 분석적 관계 자체를 허구적이고, 바뀔 수 있고, 변형될 수 있는 등장인물들을 가진 구조들이나 이야기적 공연들로 간주하는 것이 가능하다고 생각한다.

내가 제시하는 관점에서, 이야기에 대한 평가는 어떤 것을 이해하게 하고 그것에 형태를 줌으로써, 암묵적인 방식으로만 또는 정서적 수준에서만 현존하는 그것을 표현될 수 있고 생각될 수 있는 것으로 만드는 가능성과 연결되어 있다. "정서들을 이야기로 용해시킨다"는 것은 과도하게 농축된 정서들과 실제 경험들이 말들, 장면들 그리고 이야기들로 표현되는 것을 통해 변형이 일어나는 것을 의미한다. 내가 말하는, 말로 옮겨놓기는 고전적 해석과 일치하지 않으며, 오히려 그것의 전조 또는 대체물에 해당한다. 그것은 어느 정도 자유연상과 유사한 측면들(자발성, 직접성, 전의식적 차원과의 근접성)을 특징으로 갖고 있다; 그것은 또한 이야기 형태와 이미지들에 의해 특징지어진다.

"정서를 이야기로 용해시킨다"는 생각은 또한 "정서⇔이야기"로 바꾸어 표현할 수 있다. 이 주석(정서⇔이야기)은 정서들의 표현을 결과로서 갖는 변형을 강조할 뿐만 아니라, 상호적 작용을 강조한다. 그것은 이야기가 그 순간까지 흩어져 있거나 단순히 긴장들로 지각되어오던 정서들로 하여금 표면으로 떠오르도록 허용하는 능력을 갖고 있다는 점을 강조한다(Corrao, 1992; Neri, 2004, 2007).

정서들과 감정들은 보통 사고들과 같은 수준에 속한 것으로 간주되지 않는다; 즉 조직과 지향성의 요인들과 같은 수준에 존재하지 않는다. 그러나 나는 새로운 종류의 감정들이 표면으로 떠오르고 표현되는 것이 지식, 변화 그리고 분석에서 수행되는 전체적인 재조직화 과정에서 근본적인 요소라고 생각한다. 보스턴 변화과정 연구집단(2005)이 관찰했듯이, "우리는 정서들과 감정들이 인간의 상호작용들에서 출현하는 가장 중요하고 복잡한 산물들이라고 말할 수 있다."

춤추는 꿈

이러한 이론적이고 기법적인 접근 노선을 따를 경우, 꿈은 해독되지 않은 본문으로서가 아니라, 정서들과 실제 경험들이 최초로 표현되고 담겨지는 형태로서 간주된다. 그것들은 회기 안에서의 꿈-말하기와 환자와 분석가 사이의 대화를 통해서 계속해서 변형을 거칠 것이다(Friedman, 2002). 이 지점에서 나는 하나의 임상사례를 통해서 이것을 설명해보겠다.

니노: "꿈속에서 나는 다른 사람들과 방에 있었는데, 그들은 내가 일하는 정신건강 센터의 동료들이었어요. 나는 단지 분위기를 띄우기 위해서 건강센터의 심리학자인 아나리타와 춤을 추기 시작했죠. 춤은 점점 더 빨라졌고 강렬해졌어요. 아나리타는 웃기 시작했어요. 결국 나도 그녀와 함께 웃었어요. 웃음은 더 심해졌고, 결국 우리는 바닥에 쓰러졌어요."

니노는 몇 가지 연상들을 덧붙였다.

니노: "여러 해 동안 아나리타와 나는 긍정적인 관계를 가져 왔어요. 우리는 심각한 환자집단을 함께 운영했고, 매우 긍정적인 결과들을 산출했어요. 그 후에 나는 센터에서 '문화 집단'이라는 두 번째 집단을 시작했어요. 같은 시기에 아나리타는 음악치료 집단을 시작했어요. 아나리타의 집단은 몇 가지 기법적인 문제들로 인해 잘 되지 않았어요. 그녀는 서서히 내가 사용하는 것과 동일한 방법을 사용해서 그 집단을 내가 운영하는 집단과 쌍둥이가 될 정도로 변형시켰어요."

환자의 이야기를 들으면서, 나는 아나리타와의 그의 관계가 성적인 것이라기보다는 함께 잘 지내고, 서로 조화를 이루고 지원해주는 것임을 이해한다.

니노: (계속해서) "현재 아나리타와 나의 관계는 변했어요. 여전히 강한 존경이 남아있기는 하지만, 일종의 의심의 불똥이 우리 사이에 튄 것 같아요. 그 관계는 여전히 강렬한 것이기는 해도, 우정이라기보다는 경미한 갈등 쪽으로 옮겨가고 있어요. 나는 올해 '문화 집단'을 계속하지 않기로 결정했어요. 작년에 운영했

던 집단은 매우 풍부했고 생산적이었죠. 하지만 올해는 집단이 작업할 수 있는 중심적인 아이디어를 상실하고 말았어요."

나는 니노가 잘 진행해오던 집단의 운영을 계속하지 않는다면, 커다란 장애물을 나타내는 무언가가 있었고 지금도 있는 것이 분명하다고 생각한다.

니노: (계속 말을 이어가지만, 담화의 이 부분을 끝내고는 일단 침묵한다). "센터의 상황은 일반적으로 갈등적이에요. 소송이 발생했고, 주임 의사와 외래 담당자 사이에 폭력적이고 파괴적인 대립이 생겼어요. 갈등은 확산되었고, 센터 자체가 해결할 수 있는 범위를 넘어섰어요. 그것에는 시장, 지역 정치가 그리고 시의 다른 거물들이 관련되어 있어요."

두 개의 가능한 개입 유형들이 마음속에 떠오른다. 첫 번째 유형은 꿈과 연상들을 전이와의 관련 속에 두는 것이다. 이 관점에서 본다면, 그 꿈은 환자-니노와 나-아나리타 사이의 성애적 의미를 지닌 관계를 나타낼 것이다. 분석적 관계의 과도한 따뜻함은 환자의 자기 구조의 안정성을 위협하는 효과를 발휘했을 수 있고 분석의 붕괴로 인도할 수 있을 것이다("웃음은 더 심하게 계속되었고, 우리는 땅에 넘어졌어요"). 다른 수준에서, 성애적 전이는 점진적으로 환자와 분석가-아나리타 사이의 긍정적인 관계 안으로 확산되는 박해적 전이와의 연결을 발견할 것이다. 전이의 이 두 번째 측면은 지금까지 비교적 멀리 유지되어왔다. 지금 그것은 분열되어 주임 의사-분석가와 환자-외래 병동의 책임자 사이의 관계로 나타난 두 번째 장면에 투사되고 있다.

나는 꿈과 연상에 대한 이런 생각들에 대해 완전히 확신하지 못한다. 그것은 니노와 아나리타의 관계를 성적인 것이라기보다는 조화로운 것으로 보는 나의 지각과 대조된다. 더욱이, 회기의 분위기 안에서 나는 어떤 성애적 느낌 그리고/또는 박해감을 지각하지 않는다. 그보다는 고통, 불안 그리고 몰두의 느낌을 지각한다. 유쾌함 또는 어쩌면 흥분을 도입하고 있는(내가 보기에), 그 춤은 고통, 불안 그리고 몰두의 느낌들과 맞서고 수정하는 하나의 방식인 것처럼 보인다.

두 번째 개입은, 꿈이 보다 완전하고 상세한 표현을 찾고 있는 정서들의 담기와 표현의 첫 형태라는 생각과 일치하게, 니노가 실제로 그의 삶을 나와 공유하고 싶어 한다는 생각에 의해 안내 받았을 수 있다. 이 생각은 나-분석가를 꿈속의 등장인물들 중의 하나로서가 아니라 꿈과 이야기를 듣는 자로서 본다. 그러므로 나는 꿈을 읽는 이 두 번째 방식을 선택하고 성애적 의미를 강조하기보다는 조심스럽게 흥분에 대한 신호를 보내는 것으로 개입한다.

네리 박사: "거기에는 점점 커지는 흥분이 있는 것 같네요."

니노: "왜 흥분에 대해 이야기하시죠? 내가 건강센터에서 느끼는 것은 오히려 지루함, 참여할 수 없음인데요."

네리 박사: "꿈이 증가하는 흥분을 보여줘요. 웃음이 아나리타와 당신을 바닥으로 끌어내려요."

니노는 침묵한다. 그는 경직되고 불편해 보인다. 그는 아마도 내가 어떤 맥락을 제시함으로써 그 꿈을 배치시켜주기를 기다리고 있는 듯하다. 인지적이고 정서적인 변형의 발생을 위해서는 맥락의 확인이 일반적으로 필수적인 요소이다.

나는 주임 의사와 외래 클리닉 책임자 사이의 갈등이 센터 전체로 확산되는 위험을 직면하는 것이 니노에게는 고통스러운 일이라고 생각한다. 몇 해 전에, 그가 일하고 있는 센터에 화재가 났었고, 그로 인해 그는 직업을 바꾸고 가까운 다른 지역으로 이사해야만 했었다.

나는 환자가 그 꿈에 대한 연상에서 말한 것과 관련해서 가능한 한 충분히 개입하기로 결정했다.

네리 박사: "나는 그 꿈이 당신이 일하고 있는 센터의 현 상황을 보여주고 있고, 그 상황에서 당신이 어떻게 살아가는지를 말해주고 있다고 생각해요."

니노: (조용히 울기 시작하면서) "꿈속에서는 점점 더 강렬해지는 웃음이 있지만, 나는 그것이 그 반대를 말한다고 생각해요: 점점 더 강렬해지는 울음 말이에요."

나는 갑자기 모습을 드러낸 니노의 고통에 강하게 접촉하는 것을 느낀다. 그가 열정을 투자한 것이 무너질 수도 있다는 사실로 인해 그는 매우 고통스러워 하고 있다. 나는 그 사건에서 그가 맡은 역할을 좀 더 잘 이해하면 그가 도움을 받을 수 있을 거라고 생각한다.

네리 박사: "그 꿈은 또한 센터에서 당신과 당신의 동료가 수행한 기능들을 보여주네요."

니노: "실제로, 아나리타와 내가 센터에서 핵심 인물이에요. 만약 이미 갈등적이 된 우리의 관계가 결국 깨진다면, 센터는 더 이상 같은 곳이 될 수 없을 거예요."

회기의 종결이 가까운 이 시점에서 나는 상황의 심각성이나 니노가 고통으로부터 거리를 두고 있는 것을 폄하하지 않고, 환자로 하여금 덜 억눌린 기분으로 회기를 떠날 수 있게 허용하는 효과적인 조치를 취하면서, 다시 한 번 개입하는 것이 적절하다고 생각한다. 한 영화에서 본 적이 있는 춤추는 장면이 생각난다: 그 춤은 재앙이 임박한 배의 무도장 안에서 일어났다. 영화의 주인공과 함께 춤을 추는 아름답고 날씬한 여배우의 이미지가 생각난다.

네리 박사: "그것은 타이타닉 호에서 있었던 댄스 파티와 비슷하군요."
니노: (영화 이미지에 대한 나의 암시적 언급에 안도감을 느낀 것처럼, 다시 한 번 명료한 목소리로 말하기 시작한다). "몇 가지 일들은 잘 되고 있어요 ... 아마도 나는 센터에서 나 자신의 위치를 이런 식으로 지킬 수 있을 것 같아요 ..."

막혀 있는 상태에서 "방향 없는 상태"로 그리고 의사소통을 재개하는 상태로 이동하는 움직임이 있다.

타이타닉 호의 무도장에서 진행되는 춤에 관한 이 마지막 개입은 이야기적 요소의 삽입이 회기 동안 장의 정동적 질을 조절하는 기능을 갖는다는 사실을 보여준다. 나는 치료적 작업의 이 측면에 대해 숙고하고자 한다. 이것은 "연상적-이야기적 개입"에 의해서만이 아니라, 다른 개입의 형태들에 의해서도 수행될 수 있을 것이다.

나는 짧은 사례 두 개를 더 제시해보겠다. 그 둘 모두는 회기가 의사소통에서의 썰렁함, 불편함 그리고 어려움에 의해 지배되는 상황을 나타낸다. 이 사례들에서 "비의사소통"(non communication)을 해석하는 것으로는 충분하지 않다. 그보다는 해석이 가능하고 유용한 것이 되기 위해 먼저 그것을 변형시키는 것이 필요하다. 첫 번째 사례는 정신분석가의 실제 경험의 관점에서 본 상황을 고려한다.

> 몇몇 회기들 동안 내 안이나 나와 어떤 환자, 즉 나와 관계를 맺을 수 있는 가능성과 자신이 경험하는 것을 멀리 두는 환자들 사이에는 일종의 자성(磁性)을 띤 보호막이 활성화되었다. 이 보호막의 활성화는 상실되었다고 느끼는 환자 안에서 하나의 반응을 자극한다: 그는 주지적(logorrheic)이 되든지 아니면 마음을 닫는다. 나는 또한 보호막을 활동적인 것으로 유지하기 위한 무의식적 노력으로 인해 피곤해진다.
> 그러나 만약 내가 무엇이 일어나고 있는지에 대한 이해를 포기하고 나의 생각들과 환상들을 완전히 떠나보내는 데 성공한다면, 나는 더 가까워진다고 느끼고 더 나아진다고 느낄 것이다. 그때 나는 어떤 담화나 정신 상태도 기쁘게 수용할 수 있고 환자와 함께 작업을 재개할 수 있다.[2]

이런 방식의 진행은 비온의 제안들(기억 없이, 욕망 없이, 이해 없이)을 따르는, 분석가의 정신적 상태의 조절 과정으로 간주될 수 있다. 더 나아가 그것은 또한 분석가가 제3의 주체와 그 주체가 갖는 자신과 환자 사이의 의사소통을 고쳐 말하는 능력에 일시적으로 의존할 수 있는 가능성으로 간주될 수 있다.

자유롭게 변동하는 대화

두 번째 임상적 예는 상황 자체는 내가 방금 서술한 것과 유사한 것이지만, 이번에는 그것을 환자의 관점에서 바라본다는 특징을 갖고 있다. 여기에서 접촉은 짧고 자유롭게 변동하는 대화, 즉 일종의 담소를 통해 재개된다(Strozier, 2001).

회기의 어떤 시점에서 환자는 아무것도 말할 수 없는 고통스런 상태에 있다. 그는 침묵하고 있고, 그의 고통은 눈에 보일 정도로 증가한다.
나는 환자가 무의미하게 애쓰고 있다는 것을 이해한다. 그래서 나는 침묵과 어려움의 시간/공간을 별로 중요하지 않은 이야기로 채운다. 어떤 때에는 환자에게 친숙하고 갈등적이지 않은 주제에 대해 질문을 한다(예를 들면, 그날 저녁이나 주말 계획과 같은).
또는 지난 몇 주 동안에 있었던 일에 대해 언급하거나 그것을 요약한다. 또 다른 때에는 전체 그림을 재구성하기 위한 짧은 이야기를 제안할 것이다. 어쨌든 나는 항상 이야기적 요소들이고, 하나의 목소리이다.
이 개입들은 유사한 것이 아니다. 그것들은 실제로 내가 정신분석가로서 작업을 시작했을 때 했던 저항에 대한 해석과는 상반되는 것이다.
분위기가 침체되고 말하는 것이 불가능한 상황에 도달했을 때, 더 이상 기다리는 것은 도움이 되지 않는다; 사실상 그것은 줄다리기로 이끌 수 있다. 해석은 종종 생산적이지 못하다. 환자가 다시 한 번 담화를 수용하도록 허용하는 "회화"(conversation)를 재도입하는 것이 유용하다. 많은 경우들에서, 나는 나의 말들이 그리고 그것들이 표현하는 것을 조용히 수용해주는 것이 과도한 당혹스러움과 두려움을 용해시킨다는 사실을 주목해왔다. 그럴 때 회기의 분위기는 곧 다시 따뜻한 것이 된다. 조금씩 분석가와 환자는 접촉과, 공유된 방향의 섬들을 창조해낸다. 이렇게 해서 분석적 작업은 재개될 수 있다.

언어와 장의 구조화

심리치료사는 어떻게 정신분석에 호의적인 장의 특징들을 확립하는 일과 그것을 지속적으로 유지하는 일을 촉진할 수 있는가?

코헛(Kohut, 1984)과 앙지외(Anzieu, 1975)는 환자의 인격의 떠오르는 파편화된 측면에 대한 정동적 투자의 중요성을 강조했다 (또한 Neri, 1998, 2005를 보라). 그들은 또한 분석가가 개인적 및 제도적인 초자아와 관련해서 충분히 자율적이어야 한다고 지적했다.

이태리 정신분석가들은 "이해의 한계들에 대한 포용"에 특별한 관심을 가졌다. 그러한 포용(tolerance)의 특별한 형태가 바로 포화되지 않은 해석이다. 포용—매 회기마다 적극적이고 끈질기게 실행되는—은 "존재의 그림자들"의 활동을 잠시 중지하도록 허용하고, 따라서 그것들 자체의 모호성을 유지하게 한다. 이것이 다시금 지금껏 들려지지 않은 생각들과 새로운 의미의 추구로 하여금 표면에 떠오르도록 허용한다(Gaburri, 1998). 내가 말하는 포용은 운명론, 체념 또는 거리두기로 오해되어서는 안 된다; 그것은 사실상 일어나고 있는 일에 의미를 부여하기 위해 내적 및 외적 현실로부터 오는 명시적이거나 암시적인 요구들에 매달리는 경향과는 대조를 이룬다. 의미와 정의(定意)를 제공하고자 하는 욕동은 강력한 욕구와의 연결에서 힘을 얻는다. 즉, 제도적 초자아와 "자동적 순응주의"는 그것의 힘을 무리의 일부로 존재하는 모든 사람의 특징인 "결합가"에서 얻으며, 그것은 다시금 "기본적 가정"(basic assumption)에 따라 개인을 다른 사람들과 묶는다. 만약 분석가가 압력을 행사하고 제왕적이 될 수 있는 이런 유형의 요구들을 고수한다면, 그는 겉보기에 견고한 진실을 산출하고 예측 가능성을 보장하는 피상적인 시나리오들을 구성할 것이지만, 그것은 결국 피분석자와 자기 자신을 막다른 골목으로 인도하게 될 것이다.

분석가의 언어

나는 회기 안에서 정신분석가가 개입할 때 사용하는 언어에 대해 한마디 덧붙이고 싶다. 나는 이것에 대해 어린아이들과 작업하는 심리치료사들과의 접촉에서 많은 것을 배웠다. 많은 아동 치료사들은 놀이와 놀이장면에 발달에 대한 언어적 해석을 제공하기보다는 등장인물을 추가하고 게임의 변화를 제안함으로써, 게임의 요소를 이동시키는 것을 통해 게임에 직접적으로 개입하는 것을 선호한다. 예를 들면, 그들은 아이에게 "네가 코끼리, 사자 그리고 작은 원숭이와 함께 하는 게임은 항상 같은 결과에 도달하네. 아빠-사자와 엄마-원숭이가 모든 것을 파괴하잖아; 그래서 작은 원숭이는 무너진 집에 혼자 남아 있어"라고 말하지 않는다. 대신에 그들은 다른 한 등장인물을 추가하거나 놀이 장면의 다른 가능한 단계를 제안한다: "작은 원숭이 친구인 작은 사자가 오고 있네. (여기에 둘 거야) 자, 그 작은 사자가 도움을 줄 수 있을지 기다려보자"(Lugones, 2005).

성인 환자와 작업하는 분석가 역시 피분석자가 회기에서 사용하는 언어를 사용할 수 있다. 따라서 그는 그의 관찰들과 해석들을 환자가 말하고 있는 것에 대해 언급하는 초-담화(meta-discourse)로서가 아니라, 그 담화 안으로 직접 들어가는 것으로서 제시할 수 있다. 안토니노 페로(2005)는 같은 맥락에서 "공동-이야기를 통한 변형"과 "대화를 통한 협력"에 대해 말한다.

이런 유형들의 개입이 성공하기 위해서 심리치료사는 첫째로 환자의 언어세계와, 환자가 싫어하는 사람들, 사물들, 사실들, 생각들과 감정들의 세계에 흥미를 갖고 참여해야만 한다. 둘째로, 분석가는 피분석자의 담화를 정신분석적 언어로 번역해서는 안 되며 그것을 피분석자의 언어로 재번역해야 한다; 그는 단순히 피분석자와 담화를 나누어야 한다. 정신분석가의 언어는 치료자의 마음의 그림자 안에 잠시 머무를 뿐이다. 비록 그것이 어떤 식으로든 그의 말들 속에 현존할 것이기는 하지만 말이다.

나선형으로 진행되는 대화

임상적 설명으로 들어가기 전에, 나는 언어의 이러한 사용이 분석가가 대화와 경청을 존중하는 특별한 관점의 차용을 요구한다는 점을 강조하고 싶다. 루치아나 니씸 모미글리아노(Luciana

Nissim Momigliano(1992, pp. 28-29)는 다음과 같이 말한다: "정신분석은 분석적 쌍을 형성하는 두 사람이 그 둘 중의 어느 누구도 다른 한 사람 없이는 그 상황 안에 있지 않을 정도로 동일한 역동적 과정에 참여하고 있는 영역이며, 이것이 두-사람 장(bi-personal field)이 갖는 의미(M. 바란제이와 W. 바란제이의 중요한 작업에 의해서 새롭게 시작된 주장)이다. 비록 그 안에서 그 두 사람의 역할은 비대칭적이지만, ... 그러한 생각은 회기 안에서 대화의 발달이 발생한다는 생각과 일치한다." 랑스(Langs, Stone, 1980)는 정신분석적 대화가, 그것이 사건들의 연쇄로 구성되었다는 점에서, 나선형의 형태로 진행된다고 제안하는데, 이것은 다음과 같이 서술될 수 있다: "의사소통이 발생하고(보통은 환자로부터, 보다 드물게는 분석가로부터 오는), 해석을 위한 말의 형성/개입(일반적으로 분석가에 의해서 그리고 보다 드물게는 환자에 의해서)이 이루어지면, 하나의 새로운 의사소통, 즉 하나의 대답이 뒤따른다. 이제 우리는 우리가 해석을 통해 제안한 것들에 대한 확인/수용 또는 거절의 의식적 및 무의식적 측면들 안에서 이 대답을 듣는 데 익숙해 있다. 그러나 우리는 각각의 의사소통이 이전의 것과 단단히 연결되어 있는 의사소통 고리의 이 측면을 고려하는 데 충분히 훈련되어 있지 않다. 분석가가 이 관점을 수용한다는 것은, 소위 자유연상의 많은 부분이 전통적으로 분석가에 대한 전이라고 불리는 것과 분석가의 역전이를 활성화시키는 환자의 내면세계의 특징적 요소들뿐만 아니라, 관계의 현실성 안에서 분석가에게 주어지는 메시지와 그의 개입들 및 침묵들 모두에서 오는 간접적인 파생물들을 통해 표현되는 것들을 포함한다는 사실을 분석가가 알고 있다는 것을 의미한다."

레나토의 분석의 한 단편

레나토는 두 주에 한 번 분석을 받기 위해 두 시간에 걸쳐 기차나 자동차 여행을 한다. 그는 종종 회기 전부를 그가 아는 다양한 주제들과 문제들에 관해 설명하는 데 사용한다. 때로 그의 설명들은 매우 상세한데도, 결코 지루하지 않다.

여러 해를 지나면서, 그의 이러한 방식은 많은 생각들을 불러일으켰다. 나는 우리의 관계가 레나토가 몇 해 전에 죽은 그의 아버지와 가졌던 친밀했던 관계의 재판일 수 있다고 생각했다. 나는 그가 어떤 측면에서 심한 고독감을 느끼고 있다고 생각했다. 레나토는 단순히 그와 함께 시간을 보내고, 그가 알고 있고 공유하기를 원하는 이야기를 들어줄 누군가를 만나기 위해서 분석에 오고 있었다.

레나토의 삶은 차츰 개선되었다. 내 생각에, 심리치료는 비록 레나토가 자신의 문제들의 본성과 뿌리를 인식했다는 점에서 얼마나 나아졌는지는 말할 수 없지만, 이 개선에 기여한 것은 분명했다. 대부분의 정신분석 이론들은 환자들의 삶에서 발생하는 변화들을 특별히 의미 있는 전이 관계의 순간들 안에서 피분석자와 분석가 사이의 공유된 언어적 이해(해석의 형태로 소통된)의 결과라고 설명한다. 나는 이해에 그리고 말을 통한 표현에 그토록 배타적인 중요성을 부여하고 싶지는 않다. 내 생각에, 변화는 무의식을 의식화하는 데 따른 결과도 아니고, 반드시 언어를 통해 무언가를 이해하는 것을 필요로 하지도 않는다. 변화는 환자와 분석가 사이에서 발생하는 미세한 교환들을 통해서 점진적으로 성취될 수 있다. 어떤 경우들에서 이 변화들은 표현될 필요조차도 없고, 다만 근접성(contiguity)을 통해서 환자의 삶 안으로 옮겨진다. 변화는 또한 분석가의 사용 가능성과, 내면으로 옮겨지는 과정의 발생을 허용하는 호의적인 장의 조건들 덕택에 성취될 수 있다. 즉, 최초에 자기대상에 의해 수행되었던 기능들을 흡수하고 변형시켜 내적 구조 안으로 들이는 것을 허용하는 과정이 있었다(Kohut, 1971, 1984).

레나토는 이제 그의 관계에서의 적절한 정동적 조절과, 자신의 감정들 및 환상들과의 개선된 접촉으로 인해 혼자서도 확실히 잘 지낼 수 있게 되었다.

그럼에도 불구하고, 레나토는 여전히 회기에 와서 어떤 때에는 매우 특별한 그리고 다른 때에는 특별하지 않은 설명을 계속하고 있다.

오늘 그가 말하고 있는 것은 그의 일상생활, 즉 빨래에 관한 것이다. 그는 설거지를 하는 데 아주 뜨거운 물, 또는 끓는 물을 사용하는 것은 쓸모없고 역효과가 나는 일이라고 설명한다.

호기심이 생긴 나는 그에게 또 다른 설명을 청한다.

레나토는 비누 효소는 사십도에 활성화되기 때문에 더 높은 온도는 필요치 않다고 명료화해준다.

나는 그것을 알지 못했고, 그것은 주목할 만한 가치가 있는 정보라고 말한다.

환자는 계속해서 말한다: "만약 끓는 물에 접시를 넣는다면, 그것은 제거하기 아주 힘든 막을 만들어내요."

나는 "다음에 접시 닦을 때에는 그것을 잊지 말아야 겠어요"라는 말로 감사를 표한다.

그날 저녁 집에 돌아와서 나는 이 대화를 돌이켜 생각해본다. 또한 환자가 자신에 관해 아주 조심스레 접근해 달라고 요청했던 것을 기억한다. 내 말들은 그에게 안도감을 주고 협력하고자 하는 의지를 끌어내기보다는, 그를 불태우고 방어적 반응을 야기할 수도 있었다. 내가 그에게 "다음에 접시 닦을 때에는 그것을 잊지 말아야 겠어요"라고 말했을 때, 나는 이미 그에게 회기 안에서 첫 번째 자발적인 찬동을 제공했다. 이제 중요한 것은 회기 동안에 일어난 일을 환자에게 설명해주기보다는 나의 개입 방식을 적절히 조절하는 것이다.

지난 수년 간 나는 레나토의 언어를 이해하는 법을 배웠다. 그의 언어는 그가 매우 단순한 것을 말할 때조차도 유창하고, 본질적이고 진지하며 정동적 요청들이 풍부한 언어였다. 레나토 역시 그의 언어가 지닌 위대한 표현적 잠재력을 발견했다. 우리 자신의 의사소통 방식(심리치료사-환자의 직렬 언어)이 창조되었는데, 그것은 내 편에서의 많은 경청과 레나토 편에서의 많은 설명들로 이루어졌다.

이 작업은 분석적 장을 변형시켰고, 그것을 일상생활의 장과 비슷하게 새로운 속성들을 지니고 있으면서도 여전히 분석적 상황에 속한 다른 특별하고 소중한 것들을 간직하는 것으로 유지시켰다(Malamoud, 1994).

레나토는 분석에서 자신이 수용 받는다고 느꼈다. 어떤 점에서 그는 또한 나의 가정생활에 참여하는 자(아들)로서 받아들여졌다. 때로 내가 나의 가족들과 저녁식사를 할 때, 나는 "접시를 닦을 때 ... 또는 음식을 보관할 때 ... 어떻게 해야 하는지 알아요?"라고 나의 가족들에게 묻기도 한다.

레나토는 또한 정신분석적 장 안에 존재하는, 긴 그리고 항구적인 경험을 했다. 그 장은 그의 원가족의 장들과는 매우 다른 특징들을 가진 것이었다.

이 경험을 하는 동안 내내, 그는 자신의 아동기와 가족 경험과 관련해서 대부분 판단하지 않았고, 그것들 모두를 더 큰 관점 안에 두었으며, 동정심과 따뜻함을 갖고 바라볼 수 있었다.

집단적 환상들과 신화들

나는 잠시 정신분석을 제쳐두고 집단 심리치료에 대해 한 가지만 언급하겠다. 정신분석에 비해 장이 집단 심리치료와 갖는 관계의 근본적인 차이는 집단 심리치료 안에서 장은 분석가와 다수의 사람들 그리고 특별한 집단에 속한 특정 현상들에 의해 공동-창조된다는 사실에 있다. 그 현상들은 스스로를 드러내는, 하나의 전체성으로서 존재한다(원시적 정신성, 기본적 가정들 그리고 작업 집단). 집단의 장 안에서, 감정들, 환상들 그리고 사고들은 전통적 세팅(두 사람의)에서 발생하는 것들에 비해 다른 반향을 얻는다. 메시아적이고 묵시론적인 집단적 환상들과 신화들(에덴, 바벨탑, 우르 신화 등)이 그것에 강한 영향을 끼친다. 이 말은 그것들이 두 사람 세팅에서 활동하지 않는다는 말이 아니라, 집단이라는 세팅에서 보다 명백한 방식으로 드러난다는 말이다. 나는 비온의 관찰을 기억하는 것이 유용하다고 생각한다: "발생하고 있는 모든 것은 동일한 것으로 남아있지만, 관점의 변화는 아주 다른 현상들을 초래한다."

나는 이 글의 첫 번째 부분에서 서술한 것과 유사한, 가로막힌 의사소통의 초기 상황을 강조하는 짧은 임상사례를 예로 들어보겠다. 여기에서는 회기 안에 존재하는 장의 특징들을 명료화하는 데 도움을 주는 집단 분석가의 개입들과 집단 구성원들에 의해 이루어진 개입들을 제시하는 것으로 한정할 것이다.

회기 초기에 두 개의 꿈이 제시되었다: 첫 번째 꿈은 칼롯타의 꿈인데, 거기에는 성적이고 박해적인 장면들, 부드러움, 흥분 그리고 고독의 감정들의 혼합물이 있었다. 두 번째 꿈은 바르톨로의 꿈인데, 길고 왜곡된 것이었다. 그는 긴장 상태를 서술했고 그것은 낙담과 체념의 느낌들로 인도했다.

발레리아: "바르톨로가 그의 꿈 이야기를 하고 있을 때 나는 좀 더 잘 듣기 위해 몸을 앞으로 숙였어요. 그럼에도 불구하고, 나는 그가 하는 말을 알아들을 수 없었어요. 그것은 마치 내가 집단 안에서 일어나고 있는 것과의 접촉을 잃어버린 것 같았어요: 무언가를 자극하는 게 아무것도 없었어요."

마리넬라: (이 순간까지는 침묵 속에 머물러 있던). "나는 집단이 나를 정말로 기분 좋게 만들어주기 때문에 회기에 왔어요. 그런데 나는 로마 바깥에서 와요. 나는 지쳤어요. 여기 오기 위해 정말 애썼어요."

바르톨로: "오늘은 나도 노력했어요. 나의 모든 의지력을 사용해서 이곳에 왔어요. 왜냐하면 그것이 중요하다는 것을 알기 때문이에요."

발레리아: "그건 나에게도 매우 힘들었어요."

칼롯타: "나는 정반대로 아침부터 이곳에 올 시간을 손꼽아 기다렸어요."

네리 박사: "발레리아는 바르톨로의 꿈에 주의를 기울이려고 시도했지만, 그렇게 할 수 없었어요. 아마도 그녀는 무언가에 의해 방해받은 것 같아요. 결국, 그녀는 집단 안에서 일어나고 있는 일을 이해하려는 시도를 포기했고 그것으로부터 거리를 두었어요. 마리넬라, 바르톨로 그리고 심지어 발레리아까지도 회기에 오는 것의 중요성을 안다고 말하지만, 그들은 또한 그것이 무척 힘든 일이라고 말해요. 대조적으로, 칼롯타는 회기에 오고 싶다는 충동을 느껴요. 그것은 마치 두 개의 다른 시리즈의 감정들이, 즉

흥미와 두려움이 충동하고 있는 것 같아요. 흥미를 자극하는 것이 지금은 지난 여러 달 또는 여러 주들 동안에 느껴졌던 것보다 더 가까운 것으로 지각되고 있어요. 새로운 감정들과 사고들이 출현하고 지각되는 것이 가능할 수도 있겠어요."

마리사: "나는 지금까지 여러 해 동안 성 까밀로 병원의 분만실에서 야간 근무를 해왔어요. 거기에서 종종 동이 트기 전의 세상을 보았죠. 성 까밀로 병원의 분만실에는 콜리 알바니가 내려다보이는 커다란 창문이 있는데, 그곳에서는 일출 직전의 어둑어둑하고 자줏빛을 띤 세상을 볼 수 있어요. 일출은 핑크빛이고 아름다워요. 다른 한편, 여명은 불안을 자극하죠. 그럼에도 불구하고 그 여명에도 아름다운 것이 있어요. 일출로만 이루어진 삶은 따분하고 거짓될 거예요. 왜냐하면 삶이 완전한 것이 되기 위해서는 여명을 위한 공간도 있어야만 하니까요."

마리사가 제안하는 집단의 장의 표상은 탄생(분만실)을 강조한다. 우리 자신에게 탄생을 허용하는 것이 심리치료의 주된 목표들 중의 하나이다. 그 표상은 또한 우리가 고통과 아픔(여명을 위한 공간도 있어야만 한다)을 견뎌야만 하는 이유를 설명해준다; 그것은 또한 진화적인 축(여명과 일출로 이어지는; 탄생)을 강조한다.

집단 구성원들은 그녀의 개입을 맥락에 대한 유용하고 섬세한 조율이라고 간주한다. 회기의 마지막 부분과 이어지는 회기들에서, 집단의 장에 가까이 끌려오는 것과의 접촉을 되찾고, 사물들과 그들이 경험하고 있는 감정들에게 이름을 주는 것에 적극적으로 집중하는 일이 발생한다.

O 안에서의 진화

위의 임상적 장면에서 나는 두 번의 개입을 했는데, 그것은 마음이 끌리는 동시에 무섭게 느껴지는 어떤 현존에 대한 언급이었다. 나는 지금 그 개입들의 토대를 이루고 있는 가정들과 생각들에 관해 설명하고자 한다.

우리는 때로 직접적으로 관찰할 수 없는 어떤 존재를 그것이 야기하는 효과를 통해서 느끼는 것이 가능하다. 예컨대, 아인슈타인은 굴절된 빛의 힘에 기초해서 천체의 존재를 증명했다(Rushdie, 2005). 같은 방식으로, 직접적으로 관찰될 수는 없지만, 회기 동안에 집단 구성원들이 말하고, 느끼고, 행동하는 데 영향을 미치는—기록이 가능한—분석적 장 안의 활동적인 핵의 존재(당기고 미는)를 증명하는 것이 가능하다.

여러 명의 집단 심리치료사들이 주제의 핵(thematic nucleus), 즉 전의식 수준에서 활성화되는 집단 구성원들이 말하는 공동 환상들이 존재한다는 점을 강조한 바 있다. 나는 두 개의 다른 수준에서 작용하는 두 개의 핵을 인식하는 것이 가능하다고 본다. 첫 번째 것은 주제에 그리고 회기의 전의식적 환상들에 해당하는 것(말해진 것)으로서, 앎의 과정(비온이 "K 안에서의 변형"이라고 부른)을 통해 정교화될 수 있는 것이고, 두 번째 것은 강렬하지만 형태 없는 환상들로 구성된 것이다. 이 두 번째 수준의 핵은 직접적으로는 알 수 없지만, 비온(1970)이 "O 안에서의 변형"이라고 정의한, 알려지지 않은 것을 통해서 진화한다.

집단 구성원들이 이 형태 없는 핵과 접촉할 수 있고 그것의 진화에 참여할 수 있는 것이 매우 중요한데, 그 이유는 그것이 해석을 통한 이해만큼이나 변형적이고 치료적인 잠재력을 갖고 있는 풍부한 경험이기 때문이다.

집단 구성원들이 "O와의 조화로운 관계 안으로 들어가는" 가능성은 일련의 요인들에 의해 선호된다.

회기 동안에, 치료사는 필수적으로 초점적 요소와 조화를 이루고 그 요소가 집단 안에서 자체의 형태를 갖도록 촉진해야 한다.

초점의 개별화는 집단 구성원들과 그들의 개입들을 전체적인 의미의 표현으로 간주하는 관점에 의해 촉진되는데, 그러한 관점은 우리가 분리하고 분류하는 사고 양태를 포기할 때 그리고 공시적(共時的)인 관점을 받아들일 때에만 접근할 수 있다. 이전 작업들(1995, 2004)에서 나는 그것을 "별의 모양을 한 배열을 찾기"(searching the star shaped disposition)라고 불렀는데, 그것은 분석가로 하여금 "중심적 핵" 또는 "초점적 요소"—이것과 함께 모든 요소들이 관계 안에 있는—의 현존을 개별화함으로써 동질적이지 않고 느슨하게 조직화된 재료를 지각하고 그것을 의미 있는 것으로 만들 수 있도록 허용한다(Benjamin, 1933). 분석가가 "별의 배열"을 찾아갈 때, 그는 시간보다 공간을 더 중요하게 생각하는 경향이 있다. 더 정확히 말해서, 그는 회기의 요소들을 공시성 안에서 이해하는 경향이 있다. 내가 사용하는 이 용어는, 융(Jung, 1946)이 정의했듯이, "사건들의 일치를 ... 단순한 우연 이상의 의미를 담고 있는" 본질적인 것으로 보는, 인과율과 반대되는 관점을 나타낸다.

결론

나는 앞의 단락에서 집단들과의 임상적 실제를 강조하는 이론적 논의들을 불러일으키기 위한 목적으로 장 개념의 개요를 작성했다. 나는 이 작업이 장의 새로운 개념이나 심지어 모델을 정의하기 위한 시도가 아니라는 점을 강조하기 위해 "견해"라는 용어를 사용한다. 실제로, 임상적 실제에서 환자와 가졌던 나의 노력들은 이 장의 개념에 다시 전도(傳導)될 수 있는 일련의 요소들을 인식하고, 모으고, 언명하기 위한 것이었다.[3]

요약

이 논문은 하나의 중요한 주제에 대한 비교의 용어들을 다시 제안하기 위한 시도이다: 장 개념의 임상적 사용. 이 글의 첫 부분에서, 나는 장의 개념을 그것과 매우 밀접하게 묶여 있으면서도 겹치지는 않는 다른 개념들과 구별했다: 분위기, 유대, 관계와 전이. 두 번째 부분에서, 나는 장에 대한 생각을 몽상 개념 그리고 정서들을 이야기들로 용해하는 능력에 대한 개념과 합류시키는 데 따른, 확장된 장의 개념을 제시했다.

주

1. 나는 이 환자에 대해 말해주고 나의 글에서 사용할 수 있도록 허락해준 Giorgio Campoli와 USL "Roma A" in Via Boemondo의 동료들에게 감사를 표한다.
2. 나는 이 사례와 그 다음 사례를 나의 글에서 이미 발표한 바 있다(Neri, 2003).

3. 일종의 특별한 주로서, 나는 좀 더 역사적인 정보를 얻는 데 관심이 있는 사람들을 위해 몇 마디 덧붙이고 싶다. 장 개념은 1950년대 이후로 집단에 대한 연구와 경험들에 기초해서 심리학 안에 도입되기 시작했다. 나중에 장에 대한 생각은 정신분석적 사고 안에 자리를 잡았다. 주요 저자들은 Kurt Lewin, Enrique Pichon-Riviere, Sigmund H. Foulkes, Wilfred R. Bion 등이다. 레빈 (1951)은 사회적이고 심리학적인 영역 안에서 장의 개념을 정의하면서, 그것을 "우리" 감정, 공동의 동기들과 목표들로서 자체를 드러내는 그리고 개인이 그것과 하나가 되는 일종의 집단 정체성을 암시하는, 집단 안에 일관성과 소속감의 느낌을 산출할 수 있는 역동적 전체성이라고 말한다. 레빈(1948, p. 125)에 의해 표현된 장에 대한 생각은 상호의존적 연결이라는 정의와 연결되어 있다는 점에서 특별히 흥미롭다: "장 요소들이 꼭 비슷해야할 필요는 없지만, 일단 상호의존적인 유대가 확립되고 나면, 이것은 유사성에 기초한 유대보다 더 강한 것이 될 것이다." 이것이 의미하는 바는 장의 요소들 중의 하나의 변화는 다른 모든 것들의 상태에 영향을 미칠 수밖에 없다는 것이다. 거의 비슷한 시기에 이 저자들은, 비록 장의 개념을 명백하게 포함시키지는 않았지만, 실질적으로 유사한 비전 위에서 집단에 대한 연구를 수행했다. 풀크스는 정신분석적 이론에 기초한 동시에 전적으로 집단에 속한 요소들, 즉 "진정한 심리학적 실체," "무드, 반응, 정신, 분위기를 가진 살아있는 유기체"로 보이는 것(Foulkes, 1948, p. 131)에 초점을 맞춘 집단 심리치료의 모델을 발달시켰다(Foulkes, 1964, p. 77). 풀크스의 접근의 핵심적인 요점은 관계적이고 사회적인 의미 안에 있는 연결망의 개념인데, 이 연결망에서 개인은 하나의 매듭을 나타낸다; 집단의 연결망 안에서 발생하는 어떤 유형의 의사소통이나 사건도 풀크스가 모체(matrix)라고 정의한 공동

의 하부층(substrate) 덕에 의미를 획득한다. 모체는 참조틀을 위한 그림, 즉 "복잡한 반응들과 의사소통들이 발생하는 무의식적인 이해의 기초"를 구성한다(Foulkes, 1964). 비온은 장이라는 용어를 사용하는데, 집단의 정신성, 작업 집단 그리고 기본적 가정들에 대한 그의 가설은 집단의 세력들, 정동들, 표상들 그리고 행동들의 앙상블을 서술한다. 그 앙상블 안에서 개인들 각자의 산물들과 실제 경험들은 그것들을 개별화시킨 개인적인 원천으로부터 거리를 확보하는데, 이때 그것들은 개인들 각자로부터 자율적인 일종의 공통의 매개물 안으로 수렴된다. 로페즈 코르보(Lopez Corvo, 2006)가 말하듯이, 「집단에서의 경험」(1961)에 담긴 공헌들 외에도, 「숙고」(1992)에서 제안된 "베타 공간"이라는 비온의 생각은 유용한 것으로서, 그 자신의 이론적 설명을 완성시킨다. 베타 공간은 "알파 요소들의 군집들"을 포함하는 영역과 관련해서, "사고 없음"과 "생각할 수 없는" 사고들의 "공간"이다(Bion, 1992, p. 314). 피숑-리비에르(Enrique Pichon-Riviere, 1955-1972)의 공헌은 주로 "심리학적 장"과 "작용적 집단"(operative group)의 개념들로 이루어져 있다. 그에 따르면 심리학적 장은 다섯 부류의 요소들을 포함하는 복잡한 전체성을 나타낸다: 대인관계적 맥락(계속적으로 상호작용하는 인간적 및 물리적인 상황들과 요인들의 환경 또는 틀); 다양한 의사소통의 형태들을 포함하는, 자발적이거나 자극된 관찰 가능한 행동; 외적 행동이나 언어적 의사소통을 통해 의사를 교환하는 실제 경험; 객관적인 신체적 변화들; 주체의 활동들이 만들어내는 산물들의 변화. 피숑-리비에르는 마치 이 요소들이 특정한 순간, 즉 어떤 상황의 "지금 여기"에서 마치 "전체를 형성하지 않는 것 인양," 임의적이고 거의 현실적이지 못한 구분으로부터 시작해서 그것들의 측면을 한 번에 하나씩만 설명할 수 있다는 점을 강조한다(Pichon-Riviere, 1979). 심리학적—그리고 정신분석적—연구의 주요 목적은 "특정한 상황의, 일어나고 있는 것의 지금 여기이다." 작용적 집단은 참여자들이 공유된 내적 표상들과 통합을 성취하도록 돕고, 암시적 또는 명시적인 과제를 제안함으로써, 그 집단의 질을 구성하는, 시공간적인 불변의 요소들에 의해 하나가 된 사람들의 앙상블로 정의된다(Pichon-Riviere, 1955-1972). 이 과제는, 표면적 수준과 심층적 수준 모두에서, 사람들의 앙상블을 집단으로 변형시키는 요소로서, 그것은 피송-리비에르의 관점에서 볼 때, 진화적 잠재력(과거로부터 미래로, 퇴행에서 진전으로)을 갖고 있다

참고문헌

Anzieu, D. (1975). *La psicoanalisi ancora. In Psicoanalizzare*, Borla, Roma. 2002.

Balint, A. & Balint, M. (1939). On transference and countertransference. *Int. J. Psycho-Anal.*, 20:223-30.

Baranger, W. & Baranger, M. (1978). Patologia de la transferencia y controtransferencia en el psicoanalisis actual:el campo perverso. *Revista de Psicoanàlisis*, 35:1101.

Baranger, W., Baranger, M. & Mom, J. M. (1983). Process and Non Process in Analytic Work. *Int. J. Psychoanalysis.*, 64:1-15.

Baranger, W., Baranger, M. & Mom, J. M. (1988). *The Infantile Psychic Trauma from Us to Freud:Pure Trauma*, Retroactivity and Reconstruction.

Baruzzi, A. (1981). *Bion sull'esprimersi. Riv. Psicoanal.*, 27(3-4):136-147.

Bellow, S. (1997). *The Actual*. New York:Viking Press. p.53.

Benjamin, W. (1933). On the Mimetic Faculty. In: W. Benjamin (Ed.), *Reflections*. New York, NY: Schocken.

Bezoari, M. & Ferro, A. (1992). L' oscillazione significati-affetti nella coppia analitica al lavoro [The Oscillation of Meanings-Affects in the Analytic Couple at Work], *Riv. Pscioanal.*, 38: 381-403.

Bezoari, M. & Ferro, A. (1997). The dream within a field theory: Functional aggregates and narrations. In *Journal of Melanie Klein and Objects Relations*, 17(2): 333-348, 1999.

Bion, W. R. (1961). *Experiences in Groups*. London: Tavistock Publications.

Bion, W. R. (1970). *Attention and Interpretation*. London: Tavistock Publications. (Reprinted London: Karnac Books 1984). Reprinted in Seven Servants (1977e).

Bion, W. R. (1977b). *Two Papers: The Grid and Caesura*. Rio de Janeiro: Imago Editora. [Reprinted London: Karnac Books 1989].

Bion, W. R. (1992). *Cogitations* (Edited by F. Bion) London: Karnac Books.

Bleger, J. (1966). Psychoanalysis of the Psychoanalytic Frame. *International Journal of Psychoanalysis*, 48: 511-519.

Bleger, J. (1967). *Simbiosis y ambiguedad. Estudio Psicoanalitico*. Buenos Aires: Paidos, 1978.

Bleger, J. (1970). El grupo como institucion y et group en las instituciones. In *Temas de Psicologia*. Buenos Aires: Nueva Vision, 1971.

Boston Change Process Study Group (2005). The "something more" than interpretation revisited: sloppiness and co-creativity in the psychoanalytic encounter. *JAPA*, 53(3): 693-731.

Chianese, D. (1997). *Constructions and the Analytic Field*. History, Scenes and Destiny. Routledge, 2007.

Corrao, F. (1986). *Il concetto di campo come modello teorico*. In Orme, vol. II, Milano: Raffaello Cortina, 1998.

Corrao, F, (1992). *Modelli psicoanalitici: mito, passione, memoria*. Roma-Bari: Laterza.

Correale, A. (1991). *Il campo istituzionale*, Roma: Borla.

De Toffoli, C. (2005). *Lo Psicoanalista ed il Campo Psichico*.

Di Chiara, G. (1992). *Tre fattori fondamentali della esperienza psicoanalitica: l'incontro, il racconto e il commiato*. In: Robutti A. e Nissim L. (a cura di), Antologia, Milano: Cortina.

Di Chiara, G. (1997). *La formazione e le evoluzioni del campo psicoanalitico*. In: Gaburri E. (a cura di), Emozione e Interpretazione, Torino, Bollati: Boringhieri.

Ferro, A. (2003). *Seeds of Illness, Seeds of Recovery. The Genesis of Suffering and the Role of Psychoanalysis*. London: Routledge, 2004.

Ferro, A. (2005). Réflexions à propos de l'interprétation. *Bulletin de la FEP*, 59:44-46.

Foulkes, S. H. (1948). *Introduction to Group Analytic Psychotherapy*. London:Maresfield.

Foulkes, S. H. (1964). *Therapeutic Group Analysis*. London: Allen and Unwin, reprinted London: Karnac, 1984.

Freud, S. (1913-14). *On beginning the treatment*. SE. London: Hogarth Press.

Friedman, R. (2002). Dream-telling as a Request for Containment in Group Therapy—The Royal Road through the Others. In: Neri C.,

Friedman R., Pines M. (Eds.,) *Dreams in Group Psychotherapy: Theory and Technique*. London:Jessica Kingsley.

Gaburri, E. (1997). *Emozione e interpretazione*. Torino: Boringhieri.

Gaburri, E. (1998). *Il Campo gruppale e la "non cosa"*. In: Rugi G., Gaburri E. (Eds.), Campo gruppale, Roma: Borla.

Granjon Evelyn (2005). *La notion elargie de champs. Son emploi en psychotherapie de groupe*. Discussion on the paper of Claudio Neri, presented at the EFPP congress, Metz 2-4 December 2005.

Green, A. (2005). *Key Ideas for Contemporary Psychoanalysis: Misrecognition and Recognition of the Unconscious*. Hove & New York: Brunner-Routledge.

Jung, C.G. (1950). *Foreword*. In: Wilhelm, R. & Baynes, C., 1967. *The I Ching or Book of Changes*. 3rd. ed., Bollingen Series XIX. Princeton NJ:Princeton University Press (1st ed. 1950).

Kaes, R. (1993). *Le groupe et le sujet du groupe: Élements pour une theorie psychoanalytique du groupe*. Paris: Dunod.

Kaes, R. (1994). *La parole et le lien: Processus associatifs et travail psychique dans les groupes*. Paris:Dunod.

Kaes, R. (2002). *La polyphonie du rêve dans L'experience onirique commune et partagee*. Paris: Dunod.

Kaes, R. (2003). *La polyphonie du reve dans l'espace onirique commun e partage*. Unpublished text.

Kapuscinski, R. (1998). *The Shadow of the Sun*. London: Penguin Books. 2001.

Kohut, H. (1971). *The Analysis of the Self*. New York: International Universities Press.

Kohut, H. (1984). *How Does Analysis Cure?* In: A. Goldberg and P.

Stepansky (Eds.), Chicago: University of Chicago Press.

Langs, R. & Stone, L. (1980). *The Therapeutic Experience and its Setting. A Clinical Dialogue.* New York: Aronson. Modifications in technique. The Psychotherapeutic Project, 2/3, 1981, 215-253 (quoted according to Nissim Momigliano L. (1992).

Lewin, K. (1948). *Resolving Social Conflicts.* New York: Harper and Bros.

Lewin, K. (1951). *Field Theory in Social Science; Selected papers.* D. Cartwright (Ed.), New York: Harper and Row.

Loewald, H. (1960). On the therapeutic action of psycho-analysis. *Int. J. Psycho-Anal.*, 41:16-33.

Lopez-Corvo, R. E. (2005). *The Dictionary of the Work of W. R. Bion.* Karnac Books Uno spazio per il futuro.

Lugones, M. (2005). In: Lugones, M., Algini, M. L. (a cura di), Paura del futuro. *Quaderni di psicoterapia infantile,* 50.

Malamoud, M. (1994). *La Danse de pierres Etudes sur la scene sacrificielle dans l' Inde ancienne.* Paris: Le Seuil, 2005.

Merlau-Ponty, M. (1964). *The Visible and the Invisible.* Evaston, Ill.: Northwestern University press, 1968.

Mitchell, S. (1988). *Relational concepts in psychoanalysis.* Cambridge, MA: Harvard University Press.

Mitchell, S. (1997). *Influence and Autonomy in Psychoanalysis.* Hillsdale NJ: The Analytic Press.

Neri, C. (1987). *L'impatto del pensiero sull' individuo e sul gruppo. In: Neri, C.* et al. (a cura di), Letture Bioniane, Roma, Borla.

Neri, C. (1988). *Champ de l'experience groupale: un homologue ou un analogue du transfert dans le situation de la cure?* Revue de psychoterapie Psychanalytique de Groupe, n. 12-13.

Neri, C. (1995[20047]). *Gruppo*. Roma:Borla.

Neri, C. (1998). *Eustokhia* e Sincronicita. In: Rugi G., Gaburri E. (Eds.), Il campo gruppale. L' istituzione, la mente del terapeuta e gli scenari del gruppo. Borla, Roma.

Neri, C. (2003). Presentazione. In: Gaburri, E., Ambrosiano, L. (Eds.), *Ululare con i Lupi*. Torino: Boringheiri.

Neri, C. (2003a). Free Associations, Free Flowing Discussions and Group Thought. *Group Analysis*, 36(3):345-357.

Neri, C. (1995[20057]). *Group*. London: Jessica Kingsley. 1998.

Neri, C. (2005). What is the function of faith and trust in psychoanalysis? *Int. J. Psycho-Anal.*, 86:79-90.

Neri. C. (2007), Des pensees sans penseur, In: Bokanowski T., Guignard F. (sous la direction de), *Actualite de la pensee de Bion*, Paris: Editions In Press.

Nicolo, A. M. (2002). Interpretare il legame nella coppia analitica. In: Berti Ceroni, G. (Ed.), (2005), *Come cura la psicoanalisi*? Milano: Franco Angeli.

Nissim Momigliano, L. (1984). Two people talking in a room: an investigation on the analytic dialogue. In: Nissim Momigliano, L., Robutti, A. (Eds.), *Shared Experience: The Psychoanalytic Dialogue*. London: Karnac Books, 1992.

Ogden, T. H. (1997). *Reverie and Interpretation, Sensing Something Human*. New York: Rowman and Littlefield Pub Inc.

Ogden, T. H. (1999). The Analytic Third: An Overview. In: Mitchell S., Aron L. (Eds,), *Relational Psychoanalysis*: The Emergence of a Tradition. Hillsdale, NJ: Analytic Press.

Perrotti, P. (1983). *Eclissi dell'Io nel gruppo terapeutico.* In: La processualita nel gruppo, Roma: Bulzoni.

Pichon-Riviere, E. (1955-1972). *Del psicoanalisis a la psicologia social.* Buenos Aires: Galerna.

Pichon-Riviere, E. (1979). *Teoria del vinculo.* Buenos Aires, Ediciones Nueva Vision.

Puget, J. & Berenstein, I. (1997). *Lo vincular: clinica y tecnica psicoanalitica*, Buenos Aires: Paidos.

Riolo, F. (1986). Dei soggetti del campo: un discorso sui limiti. *Gruppo e Funzione Analitica, VII(3)*: 195-203.

Riolo, F. (1997). Il modello di campo in psicoanalisi. In: E. Gaburri (Ed.), *Emozione e interpretazione*, Torino: Boringheiri.

Searle, J. R. (1992). *The Rediscovery of the Mind.* Cambridge MA: The MIT Press.

Rouchy, J. C. (1998). *Le Groupe, espace analytique. Clinique et theorie.* Ramonville Saint-Agne: Editions Eres.

Rushdie, S. (2005). *Shalimar the Clown.* London: Jonathan Cape.

Schafer, R. (1983). *The Analytic Attitude.* New York:Basic Books.

Schafer, R. (1992). *Retelling a Life.* New York:Basic Books.

Strozier, C. B. (2001). *Heinz Kohut. The Making of a Psychoanalyst.* New York: Farrar, Straus and Giroux.

Viderman, S. (1970). *La construction de l'espace analytique.* Paris: Gallimard.

4장

역동적 장으로서의 청소년기

루이스 칸시퍼(Luis Kancyper)

"간략히 말해서, 청소년기가 제 목소리를 내고 적극적이 되는 것은 흥분되는 일이다. 하지만 오늘의 세계로 하여금 자신들의 목소리를 듣게 만들려고 하는 청소년의 투쟁은 응답되고 직면되는 것을 통해 그것에 현실성을 제공할 필요가 있다.
직면은 인격적이어야 한다.
청소년들이 삶과 생동감을 갖기 위해서는 성인들을 필요로 한다.
직면은 비-보복적이고, 앙심을 품지 않은 것이어야 하고, 그것 자체의 힘을 갖고 담아주는 것이어야 한다.
… 젊은이로 하여금 사회를 바꾸고 세상을 신선하게 바라보는 법을 성인들에게 가르치게 하라. 자라나는 소년 소녀의 도전이 있는 곳에 그 도전을 받아주는 성인이 있게 하

라. 그것이 꼭 기분 좋은 일일 필요는 없다. 무의식적 환상 안에서 이것은 삶과 죽음의 문제들이다."

D.W. 위니캇(1972)

도입

세대들 사이의 대결은 정체성 획득에서 필수적인 과정이다.

그것의 주된 조건은 대극들 사이에 존재하는 차이의 긴장을 허용하면서, 서로의 반대편에 서는 것이 적이 되는 것이 아님을 인정하는, 너무 부드럽거나 독단적이지 않은 타자의 현존이다.

이 긴장의 호가 없다면, 우리의 생애 전체에 걸쳐 있으면서도 청소년기에 가장 두드러지게 드러나는 동일시, 탈동일시 그리고 재-동일시의 변증법들―오이디푸스 콤플렉스의 극복과 성적 발달의 결과, 부모들을 정신적으로 떠나보내는 것에서 특징적으로 드러나는―은 마비되고 만다.

오이디푸스 콤플렉스에 접근하는 과정에서 부모들이 필요한 만큼이나 오이디푸스 콤플렉스를 떠나보내는 과정에서도 그들은 마찬가지로 중요하다. 그래야 자녀는 근친상간적 대상이나 부친살해적 성적 대상들을 선택하지 않을 수 있고, 부모의 명령을 넘어 새로운 직업적 흥미들에 접근할 수 있다.

이것이 많은 사람들이 결승지점에 도달하기 전에 포기하는 길고 힘들고 고통스런 과정이다.

돌토(F. Dolto)는 청소년기가 힘, 삶의 약속들, 팽창으로 가득한 움직임의 시기이며, 아무런 문제도 없는 청소년기나 고통 없는 청소년기란 존재하지 않는다고 지적한다. 그것은 아마도 삶에서 가장 고통스런 시기인 동시에 기쁨을 가장 강렬하게 느끼는 시기이기도 하다(Dolto, 1985). 그것은 청소년의 부모들에게도 가장 강렬한 비탄, 불안 그리고 기쁨을 느끼는 시기이다. 이 시기에 부모들은 폐경과 노화의 경험에 더해, 그들 자신들의 오래된 청소년기가 비극적으로 다시 활성화되고 표현되는 문제로 인해 복잡한 정신적 작업을 수행해야만 한다.

부모에 의해 자녀에게 투자된 불멸성과 완전성에 대한 자기애적 욕망들, 즉 자신이 만든 산물들에 절대적이고 전지적인 힘을 행사하기 위해 조물주 자신의 이미지를 따라 타자를 만드는 환상들과 관련된, 자신이 만든 상(像)에 반한 피그말리온의 욕망들(Kancyper, 1991a)은 애도되어야 마땅하지만, 그것들을 포기하는 것은 불안을 야기한다. 더욱이, 부모들은 성을 꽃피우며 자라나는 자녀와 늙어가는 자신들 사이에서 드러나는 힘의 차이를 인정해야만 한다.

부모들은 자신들의 영혼 안에 다양한 정도로 몸을 숨기고 있는 나르시서스, 피그말리온 그리고 오이디푸스를 탈신화하기 위해 그리고 자신의 자식을 잡아먹는 크로노스 역시 해체하기 위해 여러 개의 전선들에서 동시에 전투를 수행해야한다.

시간의 화살을 되돌릴 수 없음을 인정한다는 것은 우리의 자녀들을 삼키는 행위인, 그들을 부모의 전유물로 삼는 행위를 최종적으로 포기하는 것만큼이나 고통스럽고 복잡한 과제가 아닐 수 없다.

그러나 청소년의 아버지가 자신의 청소년기를 떠나보낼 수 없다면, 그 결과 아버지의 기능을 수행할 수 없다면, 어떤 일이 일어나는가? 또는 그가 복잡하고 다중적인 인과론에 의해 특징지어지는, 이 모든 애도과정들을 통과할 수 없다면, 어떤 일이 일어나는가?

그때 세대들 간의 차이는 희미해지고 오이디푸스적 경쟁은 비극적인 자기애적 투쟁이 되고 만다. 거기에는 직면 대신에 도발, 회피 또는 세대간의 간격에 대한 부정이 확립되고, 정체성의 확립과정이 방해받을 것이다.

세대들 간의 대결과 역동적 장

세대들 간의 대결은 전체적으로 상호주관적 관계의 산물로 간주될 필요가 있다. 그 관계 안에서 부모들과 자녀들은 서로를 정의하는데, 그것은 그들이 하나의 역동적인 장 안에 참여하고 있기 때문이다.

장은 멜로디가 그것의 음표들의 총합과 다른 것처럼, 그것의 부분들의 총합과는 다른 구조를 갖고 있고, 구성원들 각자의 무의식에 뿌리를 둔 기본적인 무의식적 환상을 산물로서 발생시킨다(Baranger, 1992).

그런데 역동적 장 개념을 세대들 간의 대결 행위에 대한 서술에 도입하는 이유는 무엇인가?

장 개념은 게슈탈트 심리학과 쿠르트 레빈의 작업 안에서 먼저 모습을 드러냈고, 나중에 멀로우 퐁티에 의해 다시 이론화되었다. 그것은 "상황 속에 있는" 인간의 심리학을 확립하기 위한 목적으로 이루어졌다. 이 말은 인간이 정신적 사실들을 주목하고 이해하는 일은, 상호주관적 관계들의 맥락 안에 있는 그것들의 의미를 통해서만 가능하다는 것을 의미한다.

M. 바란제이(1961-2)와 W. 바란제이 및 그들의 동료들(1978)은 이 개념을 수용해서 분석적 상황을 두 사람으로-구성된 장으로 보기 시작했다.

"분석적 장은 구성원들 각자 안에서 관찰될 수 있는 것과도 다르고 그들 각자가 기여하는 것의 총합과도 다른, 고유한 현상을 발생시키는, 환자와 분석가가 공유한 토대이다."

이 관점에서 볼 때, 연구대상은 환자도 아니고 환자와 분석가의 상호작용도 아닌, 고유한 현상들과 병리들을 만들어내는 자로서의 분석상황의 장이다.

따라서 우리의 목표는 거의 무의식적으로 진행되는, 이 장 안에서 발생하는 움직임을 드러내는 것이며, 이것이 우리의 임상적 및 이론적 설명의 출발점이다(Baranger, 1961-62).

이 글에서, 나는 장의 개념을 분석적 상황을 넘어 부모들과 자녀들 그리고 형제자매들 사이에서 일어나는 대결의 역동에로 확장할 것이다.

우리가 대결행동을 고립된 개인들의 행동으로 이해하려고 한다면, 우리는 부모-자녀와 형제자매 관계를 제대로 서술하거나 이해할 수 없다. 우리는 그 관계의 역동들이 구성원 서로의 상호작용의 결과이고, 양편 모두가 동일한 역동적 과정 안에서 상호적 원인으로 작용하는 하나의 구조화된 전체임을 인정해야 한다.

이 견해는 이 문제와 관련된 점증하는 복잡성을 더 잘 이해할 수 있는 가능성을 제공해준다: 즉 세대간의 상호엮임 안에서 나타나는 전진적 및 퇴보적 현상들과, 그런 현상들이 내적 주관성(intrasubjectivity), 상호주관성(intersubjectivity) 그리고 구성원들 각자의 정신적 대리자들(agencies)의 구조화-탈구조화에 미치는 영향력을 더 잘 이해할 수 있게 된다.

세대간 대결의 장이 갖는 기능성은 부모의 기능들과 자식의 기능들 사이에 철저한 비대칭을 요구한다. 그러나 부모와 자녀는 모두 서로 다른 복잡한 정신적 극복과정들을 거쳐야만 한다.

1. 자기애적, 오이디푸스적 그리고 피그말리온적 차원의 애도과정(Kancyper, 1995).
2. 늙어가는 부모 세대가 불멸성과 전능성을 점진적으로 상실한다는 사실과, 가족, 기관 그리고 사회 안에서 이전의 확실성과 지배적인 관계에 대해 의문을 품기 시작하는 새로운 세대의 증가하는 힘에 대한 인정을 포함해서, 시간을 되돌릴 수 없다는 사실에 대한 애도.
3. 자녀가 가진 훌륭한 부모 이미지와, 부모의 이상들을 충족시켜줄 수 있는 훌륭한 자녀 이미지의 점진적인 탈이상화(Kancyper, 1985).
4. 부모들과 자녀들 모두 안에서 일어나는 동일시 및 의미화를 재조직하는 과정들.

장의 개념은 세대 대결이 갖고 있는 많은 문제들을 부모들과 자녀들 모두가 다양한 정도로 그리고 상호보완적으로 참여하고 있는 구조에 속한 병리의 표현으로 볼 수 있게 한다.

세대간의 역동적인 장은, 한편으로, 불멸성, 전능성, 이상화 그리고 또 다른 나(double)의 환상적 형태들과 함께, 대칭적이지 않은 부모와 자식의 자기애적 체계들에서 오는 영향력들에 의존해 있고, 다른 한편으로, 오이디푸스 콤플렉스에 속한 근친상간적, 부친살해적 그리고 친자살해적 환상들에, 그리고 형제 콤플렉스에 속한 비밀스런 축출과 결사(結社) 환상들에 의존해 있다. 나는 형제 콤플렉스가 단순히 오이디푸스 콤플렉스에 따른 결과가 아니라, 그것 자체의 특수성과 신경증의 마디 콤플렉스(nodular complex of neurosis)를 갖고 있는 것으로 인식할 수도 그렇지 않을 수도 있다는 점을 강조하고 싶다(Winnicott, 1993).

우리는 세대간 및 형제간 대결의 역동적 장 안에서 발생하는 상이한 왜곡들을 다섯 가지 지배적인 특징에 따라 구별할 수 있다: a) 침체형 b) 부정형 c) 마비형 d) 도치형 e) 세대간 엮임에 대한 회피형(Baranger, 1992).

이 상이한 역동적 장들은 자녀의 특수성들과 부모의 특징들 사이에서 드러나는 동시적인 상호작용에 의해 조건화된다:

a) "모든 것을 하는" b) "어른이면서 청소년 같은" c) 권위주의적인 d) 부드러운 e) 부모와 경쟁하는 f) "눈이 먼" g) 노예처럼 행동하는.

세대간 및 형제간 대결 안의 역동적 장의 병리

나는 세대간 또는 형제간 대결의 발달을 허용하는, 부모와 자녀, 또는 형제자매들 사이에서 창조된 구조에 "장"이라는 용어를 부여한다.

이 장은 형식적, 역동적 그리고 기능적인 세 개의 측면들을 포함한다.

Ⅰ. 형식적 측면 또는 게임의 규칙(반대편들 간의 긴장을 허용하는 분화된 타자의 현존).

Ⅱ. 역동적 측면: 상이한 진화적 단계들에 내재된 상이한 변화

들과 갈등들이 나타나기 시작하면서 발생하는 부모-자녀 및 형제 관계들의 진화.

  Ⅲ. 세대간 및 형제자매 간을 대조하는 기능의 드러남과 진화 뿐만 아니라, 서로의 차이를 인식하도록 허용하는 장의 역동의 기능적 측면.

  제대로 작용하지 않는 역동적 장은 대결과정이 마비되었거나 부분적으로 다른 것에 의해 대체됨으로써 정체성 형성과정을 방해하고 있을 것이다.
  참여자들 사이의 유사성, 차이 그리고 상보성에 대한 가정을 지지하는, 대결 행위의 주된 목적을 밀쳐내고 대결을 구조화하는 목적이 본질적인 활동이 될 때, 세대간 및 형제간 대결의 장 안에는 왜곡이 발생한다.
  이것은 유사-개별화로 인도하는 부정적 반항을 통해 부모-자녀 또는 형제 사이의 왜곡된 성향들을 만족시키는 방식으로 대결이 사용되고 처리됨으로써 발생한다.
  가피학적 또는 관음-노출증적 장 안에 있는 왜곡된 성향은 종종 부모들과 자녀들에 의해 또는 형제자매들 사이에서 주지화된다(예컨대, 피학적, 자기-희생적 만족을 억누르기 위해 포용과 이타주의를 내세우는 이론을 보라; 또는 해방시키는 자발성과 투명성에 대한 주장이 실은 왜곡된 노출증적 만족을 숨기고 있는 것일 수 있다는 다른 이론을 보라; 이 둘 모두는 "성채"를 공고화하는 이론적 접근들에 의해 지지받는다).
  "성채"는 과정을 방해하거나 마비시키는 역할을 하는 움직이지 않는 구조이다.
  이 구조는 간접적인 효과들에 의해서만 자체를 드러내기 때문에 참여자들 중 누구도 그것을 알지 못한다: 이것은 노출되어서는 안 되는 유대를 보호할 필요가 있는 양쪽 참여자들의 공모에 기초해 있다. 이 상황은 장의 부분적 결정화(crystallization)에서, 즉 참여자들의 역사들의 중요한 측면들이 포함된, 그리고 각자에게 정형화된 상상적 역할을 부여하는 공유된 환상적 내용물로 만들어진 새로운 형성물에서 모습을 드러낸다.

때로 이 성채는 과정이 명백하게 스스로의 길을 가는 동안 정지되고 낯선 것으로 남는다. 다른 때에는 성채가 장을 완전히 침범하고 과정의 모든 기능성을 제거함에 따라 장 전체가 병리적이 된다(Baranger et al, 1978).

나는 바란제이가 말하는 장 개념이 단순히 피분석자의 전이 및 분석가의 역전이와 동등한 것으로 잘못 이해되는 경향이 있다고 생각한다. 그것은 단순히 전이와 역전이에 해당하는 것이 아니다; 장은 고유한 환상적 전체, 즉 기본적인 무의식적 환상을 창조한다. 이 개념은 분석가들 사이에서 많은 저항을 불러일으키는 것으로 보인다. 그렇다면 이 환상은 어떤 점에서 다른 환상들과 다른가?

이 환상은 장의 상황과 그것을 통해 발생하는 사건들에 의해 창조되는 분석적 과정 안에서 출현한다. 그것은 무의식적 의사소통의 결과물도 아니고, 투사적 및 내사적 동일시들의 상호직조의 결과물도 아니다. 그것은 이 동일시들이 발생하는 조건이다. 이 기본적인 무의식적 환상은 고유한 산물이고, 장 안에서 발생하는 것이며, 그것의 역동들은 장을 통해서 구조화된다. 그것은 구성원들 각자의 개인적 역사의 중요한 측면들을 포함하고 있고, 각자는 정형화된 상상적 역할을 떠맡는다.

이 환상은 그것이 구성원들 각자의 무의식 안에 뿌리를 두고 있음에도 불구하고, 장의 상황 바깥에서는 존재하지 않는다.

구성원들 각자의 정신적 기능과 내적-주관적 역사는 이 장의 무의식적 환상에서 출발해서 그 모습을 펼쳐 보이기 시작할 수 있다.

여기에는 상호주관성으로부터 내적 주관성으로의 이동이 발생한다. 다시 말해, "지금 여기"로부터 과거와 미래로 옮겨가는 이동이 발생한다. 즉 명백한 무시간적 요소로부터 재표의화가 이루어지는 시간성으로의 움직임이 발생하는 것이다.

장의 무의식적 환상이 지닌 지위를 인정하는 것은 몇 가지 장애물들을 극복하는 데 달려 있다:

a. 이 개념은 분석가의 자기애와 권력에 새로운 상처를 입힌다. 왜냐하면 분석가는 전능과 자족의 환상을 상실하기 때문이다. 타자 또는 타자들과의 관계 안에서 환상이 창조되고 그 안에서 장의 상황이 "날개를 펴기" 때문에, 자율적으로 발생하는 장은 개인들에게 영향력을 행사한다. 마치 합리적이고 의식적인 통제로부터 자유로운 상태에서 자체의 규칙들과 정신역동들을 가지고 있는 무의식처럼 말이다.

b. 안정되고 장기적인 모든 관계 안에 이 개념이 존재한다는 것을 수용하는 것은 불가피하게 더 많은 복잡한 작업을 요한다. 분석가는 그를 부당하게 소외시키고 좌절시키는, 상황을 수동적으로 관찰하는 자로서의 입장을 유지할 수는 없다. 그보다 그는 그의 입장을 바꿀 것을 요구받는다. 분석가는 또한 그 자신의 보완적 연쇄들에 의해 조건화된 정신적 기능을 통해서, 관계에 영양분을 주거나 관계를 파괴하는 숙명들의 결과에 비대칭적인 수준에서 참여한다.

c. 투사들과 투사적 동일시들의 급류가 다른 사람들에게로 향하는 자동적인 경향성을 포기하거나 자기 자신에게로 되돌아오게 하기 위해서는, 그리고 결국 장의 참여자들 각자가 상호주관

적 환상을 산출하는 데 참여한다는 사실을 인정하기 위해서는, 과외의 정신적 작업이 요구된다. 여기에서 환상은 고유한 것이고 특정한 장의 상황에서 생겨난 것이다.

이 개념의 비옥한 성질은 새로운 길을 열어준다: 타자성(otherness)의 공고화와 상호 관련되어 있는 하나됨(oneness)의 도래; 그것은 다른 사람의 역사와 마찬가지로 참여자 자신의 역사를 개정할 뿐만 아니라, 참여자들 사이의 유사성, 차이 그리고 상보성의 요소들을 인정하도록 허용한다(Kancyper, 1995).

자기애와 가피학증

부모와 자녀들 사이의 가피학적 관계들은 대결과 확인(confirmation)이 도발 행동에 의해 대체되는 왜곡된 역동적 장을 발생시킨다.

이 도발은 장의 참여자들의 분리-개별화 과정을 방해할 뿐만 아니라, 세대들 간의 상호보완적 지원을 가로막고 결국 그들을 죽음으로 인도하는, 반항에 갇히게 한다.

이 관계들은 양-방향으로 움직인다.

대다수의 사례들에서 가학적 극단의 강조점은 자녀의 생물학적, 신체적 그리고 사회적 의존에 의해 조건화된, 권위주의적 부모들의 비대칭적인 통제적 관계의 실행, 사용 그리고 남용에 있다. 하지만 다른 사례들에서는 자녀들 자신들이, 그들의 실제 나이와는 상관없이, 집안에서 부모에 대한 폭군들로서 행동하는데,

이때 부모들은 궁극적으로 가학적 상보성의 관계 안에 있는 그들의 주인-자녀들의 노예들이 된다.

나는 부모들 중에는 자신들의 가피학적이고 자기애적인 욕동들을 충족시키는 세 부류의 부모들이 존재한다고 보고 그들에 대해 서술해보겠다.

임상적 관점에서 볼 때, 그들은 각각 현저한 차이들을 보인다. 자기애의 역동, 피학적 요소, 그리고 자녀들과 함께 그들이 구성하는 상이한 장의 종류에 따라, 나는 그들을 다음의 세 종류로 분류한다: 노예 같은 부모, 눈이 먼 부모, 그리고 모든 것을-행하는-죽음을-부인하는 부모.

노예 같은 부모

노예 같은 부모들은 특별한 방식으로 그들 자신의 피학적인 징벌 요구들을 충족시키며, 비극적인 영웅의 희생이라는 논리가 지배하는 자신들의 이상을 충족시키는 것을 통해서 자기애적 이득을 얻는다.

그들은 무제한의 이타주의를 칭송하는 이데올로기로 무장한 채 어떤 것도 감내하고, 자신들의 무제한적인 봉사를 합리화하지만, 실상은 그들의 부모-자녀 관계에서 고통을 즐기고 있음을 숨기고 있는, 만성적으로 고통을 받는 자기를 인정하고 싶지 않은 사람들이다. 그들은 자신들이 더 많이 고통 받을수록 자신들 앞에서와 다른 사람들 앞에서 자신들이 더 좋은 부모라고 느낀다: 피학증적인 부모의 이차적인 자기애적 습득.

이들 노예 같은 부모들은 보통 프로이트가 "애도와 멜랑콜리"에서 서술한 우울증 환자처럼 자신들은 보잘 것 없는 존재라는 망상에 의해 고통 받는다. 그들은 스스로 자녀들에게서 어떤 존경이나 배려를 받을 만한 가치가 없는 존재라고 간주한다. 그들은 몇 가지 두드러진 빚에 시달리는데, 그것이 한편으로, 이 죄책감에 짓눌린 부모들을 강박적인 보상행동으로 내몰고, 다른 한편으로, 그들의 자녀들은 종종 상보적으로 이 "실패한 부모들"의 불안과 죄책감을 이용해서 자기-희생적인 부모들을 학대하는 가족의 처형자와 약탈자의 역할을 떠맡는다.

"노예 같은 부모들"은 그들 자녀들의 가학증을 통해서 "매 맞는 자녀-부모" 경험에서 유래한 그들 자신들의 피학적 환상들을 도덕적으로 그리고/또는 성애적으로 실현시킨다.

그들은 엄격한 의례행동들을 수행하는 무조건적인 노예들로서 행동한다: 그들은 자신들의 대단한 자녀들의 마음에 들기 위해 그리고 학대를 벌기 위해 자녀들에게 굴종하고, 정중하게 대하며, 다양한 선물들을 갖다 바친다: 그들의 왕자들과 공주들은 저택에 살면서 아무런 의무도 없이 모든 특권을 누린다. 여기에는 왜곡된 가피학적 장이라는 병리적인 역동적 장이 발생한다.

"눈이 머는" 부모들

"눈이 머는" 부모들은 자녀들과 함께 또 다른 종류의 병리적 장을 구성한다. 그들은 자녀들과, 부모와 자녀의 자기애적 공모의 부산물로 드러나는 "침묵의 협정"을 맺는다.

그들 사이에는 말하지 않고, 듣지 않고, 보지 않기 위한 하나의 동맹이 확립된다. 이 역동적 장의 주된 기제는 무관심이 아니라 적극적인 기제로서의 알지 못함이다.

여기에서 드러나는 현상은 죄책감보다는 종종 각 참여자들의 심각한 증상들에서 표현되는 불안이다.

노예 같은 부모와 "눈이 먼" 부모 모두는 그들의 자녀들 앞에서 재갈이 물려져 있다는 점에서는 같지만, 그들 사이에는 세대 간의 대결 행동과 관련된 두드러진 차이점이 있다.

전자에서는 건강한 대결이 왜곡된 장의 각 참여자들을 굴복시키고 학대하고 반항하는 도발 행동에 의해 대체되는(도라의 사례, Freud, 1901) 반면, 후자에서는 대결 행동의 마비가 발견된다.

"눈이 먼" 부모들과 자녀들에 의해 형성된 역동적 장에서, 두 사람이 공유하는 기본적 환상은 "도망과 회피"이다(예를 들면, "나는 아무 말도 하지 않아요. 만약 내가 무슨 말을 한다면 나는 자제력을 잃거나, 그를 때리거나, 죽이거나, 아니면 그에 대한 보복으로 그가 나를 죽일 테니까요"). 자녀들은 이런 부모의 억제를 그들 편에서의 무관심으로 경험하는 반면에, 그 침묵의 장벽을 깰 수 없는 부모들은 종종 불안을 경험한다. 이런 경우, 거기에는 세대간의 대결을 마비시키는 극단적인 회피의 장이 확립될 수 있다.

프로이트가 1920년에 서술했던 여성 동성애자의 사례를 생각해보자. 청소년기에 그녀는 그녀의 어머니와 형제를 위해 철수했고 그녀의 아버지로부터 "돌아섰다." 그녀는 그들과 대결하는 대신에 보복행동을 사용해서—그리고 가피학증을 통해서—아버지에게 도발하고 자기애적으로 자신의 딸과 경쟁하는 "눈-먼" 어머니로부터 달아나려고 시도했다.

그들 사이에 형성된 것은 특정한 장의 현상 그리고 각 참여자들의 무지 안에 뿌리를 두고 있는 두-사람이 공유한 환상, 즉 "누군가를 위해 철수하는" 환상이었다고 말할 수 있다.

"우리가 고려하고 있는 그 소녀는 어쨌든 그녀의 어머니에 대해 애정을 느낄만한 이유가 거의 없었다. 아직 젊은 그녀의 어머니는 빠르게 발달하는 그녀의 딸을 불편한 경쟁자로 보았다; 그녀는 딸을 희생시키면서 아들들을 편애했고, 딸의 독립성을 제한했으며, 딸이 아빠와 가깝게 지내는 것을 특별히 엄격하게 제한했다. 그녀에게 처음부터 더 친절한 엄마에 대한 갈망이 있었다는 것은 충분히 알만한 일이었다.
그녀의 어머니는 남자들의 관심과 칭송에 여전히 높은 가치를 두고 있었다. 따라서 만약 그 소녀가 동성애자가 되어 남자들을 버리고 어머니에게로 향한다면(다른 말로, 그녀의 어머니를 얻기 위해 물러선다면), 그것은 그녀가 지금까지 자신의 어머니를 싫어하게 만드는 데 부분적으로 책임이 있는 어떤 것을 제거하는 행동일 것이다"(Freud, 1920).

동일한 사례에 대한 글의 다른 단락에서 프로이트는 다음과 같이 지적한다:

"그녀의 어머니는 자신을 위해 딸이 물러선 것을 감사하게 여기기라도 하듯이 딸의 동성애를 수용했고; 그녀의 아버지는 마치 자신에 대한 의도적 복수를 알아차리기라도 한 것처럼 격노했다.
극도의 증오와 비참한 심정으로, 그녀는 자신의 아버지와 모든 남성들에게서 등을 돌렸다.
이 극적인 반전 이후에 그녀는 자신의 여성됨을 맹세코 부인했고 그녀의 리비도를 위한 또 다른 목표를 추구했다"(Freud, 1920).

프로이트는 이 논문의 각주에서 청소년의 정체성을 세우는 데 세대간 및 형제간 대결이 본질적인 역할을 한다는 점을 지적한다. 한편으로 부모와 대결하는 대신에 그리고 다른 한편으로 형제자매와 대결하는 대신에 "누군가를 위해 철수하는 선택"이 성애적 선택일 뿐만 아니라, 직업적 흥미의 영역과도 관련된, 마음의 매우 복잡한 상태들을 드러낸다고 그는 말한다.

"누군가를 위해서 물러서는 것은 전에는 동성애의 원인이나 일반적인 리비도 고착의 기제로 언급되지 않았다는 점에서, 나는 여기에서 특별히 흥미로운 분석적 관찰을 또 하나 제시하겠다. 나는 한 때 두 명의 쌍둥이 형제를 알고 있었는데, 그 둘 모두는 강한 리비도 충동을 갖고 있었다. 그들 중 하나는 여성들과의 관계에서 성공적이었고, 여러 명의 여인들 및 소녀들과 연애를 했다. 다른 하나는 처음에는 같은 길을 갔지만, 그의 형제들의 여자들과 얽히는 것이 불쾌해지기 시작했고, 그들 사이의 유사성으로 인해 친밀한 상황에서 오해받는 것이 싫어졌다; 그래서 그는 동성애자가 됨으로써 그 어려움으로부터 벗어났다. 그는 여성들을 떠나 그의 형제들에게로 향했고, 그의 형제들을 위해 물러섰다. 또 다른 경우에, 나는 명백히 양성적 기질을 가진 젊은 남자 예술가를 치료했는데, 그의 동성애적 성향은 그의 직업에서의 장애와 함께 전면에 등장했다. 그는 여성들과 일 모두로부터 도망쳤다. 그를 그 둘 모두에로 다시 데려올 수 있었던 분석은 실제로 포기와 관련된 그 장애의 가장 강력한 동기가 그의 아버지에 대한 두려움이었음을 보여주었다. 그의 상상 속에서 모든 여성들은 그의 아버지에게 속해 있었고, 그래서 그는 그의 아버지와의 갈등으로부터 물러서기 위해 남자에게 굴복하는 것에서 도피처를 찾았다. 동성애적 대상-선택에 대한 그러한 동기는 결코 드물지 않다; 원시 시대 동안에 모든 여성들은 아버지와 원시 부족의 수장의 소유물로 가정되었다.

쌍둥이가 아닌 형제들과 자매들 사이에서 이 물러섬은 성애적 선택에서와 마찬가지로 다른 영역들에서 커다란 부분을 차지한다. 예컨대, 손위 형제가 음악을 전공하고 그것으로 인해 칭송을 받는다; 음악적으로 더 많은 재능을 가진 동생은 음악을 좋아함에도 불구하고 음악공부를 포기하고 아무리 설득해도 다시는 악기에 손을 대지 않는다. 이것은 매우 자주 일어나는 일에 대한 하나의 예일 뿐이다. 이러한 물러섬으로 인도하는 동기에 대한 연구는 경쟁심의 문제를 보여주기보다는 마음의 매우 복잡한 상태들을 보여준다"(Freud, 1920).

이 사례에서 우리는 장의 역동 안에 병리가 있음을 볼 수 있다: 보복적으로 아버지에게 도발하는 것(아버지로부터 등을 돌리는) 그리고 어머니 아버지와 함께 "눈이 먼 성채"가 되는 것(누군가를 위해 물러서는)을 통해 장이 왜곡되는 상황.

동성애 어머니와 그녀의 딸 사이에 맺어진 침묵의 협정은 세대간 직면 행동을 막는 장애물이었다. 그것은 어머니의 특정한 특성들과 딸의 무의식 안에 있는 상응하는 측면들에서 유래한다.

여기에는 두 사람 모두가 참여하는 알지 못함의 영역이 창조되는데, 그 영역 안에서 그들은 마치 딸에게 일어나고 있는 일을 보지 않기로 동의한 것처럼 행동한다. 그들 사이에는 하나의 "연결"이, 즉 상호주관적인 "눈 먼 성채"가 창조되었다고 말할 수 있다. 내가 앞에서 언급했듯이, 바란제이에 의해 서술된 성채 개념이 설령 인위적인 것이고 분석적 기법의 부산물이라고 해도, 그것은 또한 부모와 그들의 자녀들 그리고 형제자매들 사이에 존재하는 두-사람이 참여하는 장으로 확장될 수 있다.

"모든 것을-행하는-죽음을-부인하는" 부모들(Kancyper, 1994)

"모든 것을-행하는" 부모들은 동시에 자기애적 및 피학적 차원들에 위치해 있다. 그들은 그들 자신들의 인격의 이상적 대리자들 앞에서, 즉 "이상적 자아-자아 이상-초자아" 앞에서 만성적인 채무자로서 살아간다. 그들은 그들의 자녀들 앞에서 희생하는 태도를 받아들인다: 그들은 어떤 갈등도 해소할 수 있는 마술적인 물질로서 자신들을 제공하지만, 동시에 그들은 다른 사람 안에서 진정한 욕망의 발생과 발달을 가로막고, 취소하며, 더 나아가 위험을 감지하기 위한 신호-정서라는 불안의 본질적 기능을 취소시킨다.

이 불안의 신호는 마치 그것이 내적 및 외적 현실들을 지각하는 특화된 감각기관 인양 자아에 의해 사용되는 장치이다; 이 기능은 각 개인에 의해 사용되고 발달될 필요가 있다. 그러나 "모든 것을-행하는" 부모들은 자녀들의 이름으로 이 기능을 대신 떠맡고, 외적 및 내적 세계의 긴장들을 측정하도록 허용하는 상징적 사고 기능과도 유사한, 위험을 경고하고 조직하는 이 경종 체계를 그들에게서 박탈한다.

이런 부모들은 겉으로 보이는 전능성 이면에 불확실성에 대한 상상적 상황, 질병, 사고, 납치 또는 죽음 등의 파국적인 사건들로 인해 자녀들에게서 버림받을 수 있다는 잠재적인 위험에서 유래하는, 그들 자신들의 심각한 불안을 숨기고 있다. 역할들이 상호 교환되기 때문에, 이런 부모의 자녀들은 종종 자녀들의 폭정에 굴복해 스스로 거지들이 되는, 그들의 전능한 부모의 드러나거나 숨은 불안들과 죄책감들을 정확하게 이용하여 그들의 부모들을 학대한다.

"모든 것을-행하는" 부모들은 또한 "죽음을 부인하는" 사람들이다. 왜냐하면 그들은 그들의 세계관을 거세-죽음으로부터 자신들을 보호하기 위한 도피, 통제 그리고 공격 기제들의 방어적 토대 위에 건설하기 때문이다; 그 이유는 이런 가족 환경에서는 불안과 죄책감이 가족 구성원들의 정신적 삶의 중심적인 축들을 이루고 있기 때문이다. 그들은 고통 받지 않으려고 끊임없는 확인을 통해 그들 자신들을 구하려고 노력한다. 그러나 그들은 불변하는 양의 고통을 통해 존재 권리를 위한 대가를 지불함으로써, "나는 고통 받는다, 고로 존재한다"의 상태가 된다; 그들은 쾌락을 추구하기보다는 불쾌를 피하는 것을 선호하지만, 고통 받는 것을 멈출 수는 없다(Kancyper, 2000).

그것은 정확하게 니르바나 원리를 특징짓는 완전한 긴장의 결여로부터 그들을 보호해주는, 기이한 불안의 작용에 의해 발생한, 치욕(mortification)에서 유래하는 불확실성의 긴장이다. 시인의 말로, 그것은 "죽은 삶, 살아 있는 죽음"이다.

"모든 것을-행하는-죽음을-부인하는" 부모들은 그들의 자녀들과 중독적인 관계들을 발생시키고, 기이한 불안과 힘 사이의 연결 덕택에 스스로를 유지하는 보복적 진자운동을 창조함으로써 서로를 노예로 만든다.

이런 부모들이 그들의 권력을 휘두르는 방식들 중의 하나는 물질적, 언어적 그리고 정동적 선물들을 사용해서 "마법"을 걸고 매혹시키는 기술인데, 이것은 그들의 자녀-대상들이 결코 그들을 떠나지 않고 무조건적으로 머무르는 것을 보장받기 위한 것인 동시에, 그들 자신들의 불안에서 유래하는 위협들을 중화시키기 위한 것이다.

"모든 것을-행하는-죽음을-부인하는" 부모들은 그들의 자녀들을 완벽하게 돕는 것을 통해서 그들의 모든 운명(아낭케, Ananke)을 충족시키는 신들의 위치에 스스로를 둔다. 그들은 남근적 자리에 위치하고, 그들의 자녀를, 거울-같은(mirror-like) 그리고 굉장한 타자의 존재를 보증하기 위해 항상 거기에 있는, 무력한 항-불안 대상으로 간주한다. 그런 아버지가 자신이 하는 일에서 반영을 받을 경우, 그는 조물주로서의 전능성을 드러냄으로써 피그말리온적 아버지가 된다. 이러한 불안이 반복될 때, "모든 것을-행하는" 부모들은 비록 그들 자신들과 다른 사람들의 눈에는 "거의 신적인" 존재로 보이지만, 실상은 요구적인 자녀들에게 무조건적으로 복종하는 집안의 노예들로 변한다.

이 점에서 "모든 것을-행하는-죽음을-부인하는" 부모들은 앞에서 서술된 다른 부모들과 다르다. 왜냐하면 그들은 처음부터 이상적-자아, 전능한 부모들의 자리를 차지하기 때문이다: 그들은 "마술적으로 갈등 없는 세상을 제공하면서, 유아의 자기애적 완전함을 실제로는 매우 즐겁지 않은 세상과, 본질적으로 자기애적 행복감과 조화를 이룰 수 없는 파괴적이고 자기-파괴적인 욕동들을 결합하려고 애쓰는 세 명의 동방박사들"(Three Wise Men)과도 같다.

"모든 것을-행하는" 부모들은 그들이 다른 모든 사람 위에 있다고 느낄 필요가 너무 강한 나머지 그들의 피학적인 행동으로 인한 고통과 불쾌함의 비싼 대가를 부정할 수 있는데, 이것은 그들의 자녀들과의 관계 안에 있는 자기애의 남근적 논리를 계속 유지하기 위해서이다. 나는 "모든 것을-행하는-죽음을-부인하는" 부모들과 그들의 자녀들 사이의 자기애적 및 죽음 본능적 요소의 관계에 "부모의 자기애의 피학적 차원"이라는 용어를 사용할 것을 제안하고, "노예 같고" "눈이 먼" 부모들과 그들의 자녀들 사이의 관계에 "부모의 자기애의 가피학적 차원"이라는 용어를 사용할 것을 제안한다(Kancyper, 1998).

굴복에서 세대간 직면으로. 침묵하는 아버지들

베조리와 페로(Bezoari and Ferro)는 바란제이들에 의해 서술된 분석적 장을 조직하는 무의식적 환상과 관련해서 두 가지를 지적한다: 1) 그것은 고전적인 무의식 환상 개념으로(수잔 아이작스가 말하는), 즉 개인의 본능적 삶의 표현으로 환원될 수 없는 두-사람(bi-personal) 환상이고; 2) 분석가와 피분석자 모두가 참여하는 투사적 동일시들의 뭉치들이 상호 엮여져서 형성되는 무의식적인 두-사람 환상이다(Bezoari, 1990).

"이 급진적인 두-사람 모델, 즉 투사적 동일시의 모델을 받아들이는 것은 전이와 역전이 역동 개념에 중요한 변화를 산출한다. 바란제이들에 의하면, 고전적으로 전이-신경증으로 생각되던 것은 전이-역전이 신경증(또는 정신증), 즉 쌍의 기능으로서의 장 개념 안에서 고려되어야 한다. 환자의 병리는 그 자체로서 장 안으로 들어오는 것이 아니라, 분석가와의 관계 안에서만 장 안으로 들어오며, 그때 분석가는 다시금 분석 작업의 목표가 될 그 장의 병리를 구성하는 데 적극적으로 기여한다"(Ferro, 2001, 2002).

같은 생각의 연장선에서, 우리는 성장하는 자녀와 늙어가는 부모들 모두의 애도과정들과 동일시들의 재배열 및 재표의화를 포함하여, 역동적 장으로서의 세대간 직면 과정 안에 있는 걸림돌들을 연구할 수 있다. 장의 현상은 그들 사이, 즉 자녀와 부모들 사이에서만 창조될 수 있다. 은유적으로 말해서, 이 상호작용하는 요소들 사이에 침전물이 형성되고, 장 역동의 차단 또는 마비가 발생한다.

나는 이제 재키와 그녀의 십대 딸 사이에서 발생한 "눈 먼 침묵"을 예시하기 위해 임상적 사례를 제시해보겠다.

임상적 사례: "눈이 먼" 성채

재키는 49세 된 성공한 전문가요 매력적이고 우아한 여성이다. 이 가족 이야기에서 신체적인 "미학"은 중요한 의미를 갖는다. 그녀의 딸인 낸시는 18세인데, 지적으로는 탁월하지만 20킬로나 과체중 상태이다.

내가 인용하려고 하는 회기들은 재키의 정신분석 세 번째 해에 속한 것으로서, 그녀의 딸이 친절하게 초청했던 재즈댄스 쇼에 참석한 직후에 가졌던 것이다. 그때 그녀는 딸에 대해 심한 거절감과 수치심을 느꼈는데, 그것은 그녀의 해결되지 않은 자기애적 및 오이디푸스적 갈등뿐만 아니라 그녀 자신의 청소년기 경험에서 온 것이었다.

—나는 엄마 연기를 해요—나는 엄마가 아니에요—나는 모든 역할들을 연기하니까요. 나는 온갖 몸짓들을 흉내내요. 나는 티-타임 세레모니를 연기할 뿐, 차를 마시지는 않아요. 다른 사람들을 위해 온갖 것을 하는 게이샤들처럼요. 그들이 정말로 그 일에 몰입하는지는 모르겠어요.
나는 가끔 낸시에게서 이런 것을 느껴요. 나는 그저 이런 저런 것들을 하지만, 무언가 좀 더 창자에서 나오는 것이 결여되어 있다고 느껴요.
어젯밤, 무대 위에 있는 그녀를 본 후에 나는 잠을 이룰 수가 없었어요.
나는 불안한 상태로 침대에 있었고, 위에 통증을 느꼈어요. 나는 그녀에게 가까이 다가갈 수 없을 것 같아요. 그녀의 체중과 관련된 미적인 느낌이 나 자신보다 더 강해요. 나는 낸시와 지적으로만 유대를 맺을 수 있을 것 같아요. 나는 지적으로는 매우 좋은 엄마지만, 그녀의 몸에 대해서는 아무것도 할 수가 없어요. 그녀의 몸과 내 몸 사이에는 양립할 수 없는 무언가가 있어요. 이것은 낸시가 일종의 폭발을 거치면서 발생했어요. 그녀의 젖가슴이 갑자기 적정 범위를 벗어날 정도로 커졌고, 그녀는 점점 더 뚱뚱해지기 시작했거든요. (휴지)
나는 또한 후안과 나 사이에 무언가가 있다고 생각해요: 우리는 매우 예쁘고 완벽한 소녀를 기대했지만, 그녀는 우리가 꿈꾸던 아기가 아니었고 지금 우리는 그녀의 체중에 부담을 느끼고 있어요.
그녀의 초과 킬로들이 완전함에 대한 생각을 파괴하는데, 그것이 내가 가장 가슴 아프게 여기는 거예요.
나로 하여금 죄책감을 느끼게 하는 것은 그녀의 초과 킬로들이 아니라 내가 갖고 있는 완전함에 대한 생각이에요.
나는 완전함에 대한 나 자신의 생각을 거절하는데, 그것이 나를 화나게 만들어요.

분석가: 당신은 완벽한 엄마와 완벽한 딸에 대한 생각을 떠나보낼 수 없군요.

―내 머릿속에는 완전한 엄마는 이래야 한다는 생각이 자리 잡고 있어요. 내가 바라는 천상의 엄마와 실제 나로서의 엄마 사이에는 나락이 있어요. 그것은 그녀와 나 자신 모두에게 아픔을 줘요. 나는 한 번도 그녀를 위해 거기에 있어준 적이 없는 엄마에요.

분석가: 당신의 아픔은 부분적으로 당신의 딸에 대해 느끼는 거절감과, 지난주에 당신이 기억해냈듯이, 당신이 사춘기 소녀였을 때 당신의 어머니가 당신에게 느꼈던 거절감에서 유래한 것 같아요.

―전적으로요. 같은 역사를 반복한다는 게 상처가 돼요. 그것은 일종의 막다른 골목이에요―같은 길을 반복해서 간다는 것 말이에요.
나는 나 자신의 엄마가 내게 했던 것과 다른 방식으로 할 수가 없어요. 그것은 끔찍스러워요. 그것은 마치 운명의 장 난처럼 느껴져요. 모르겠어요 … 그것이 피할 수 없는 어떤 것인지.

나는 그녀의 비만이 나를 향하고 있고, 내게 바쳐진 거라고 생각해요. 나에 대한 반항 말이에요. 만약 내가 신체적 외양에 그토록 신경을 쓰지 않았더라면, 문제가 그렇게 심각해지지는 않았을 거예요.

나는 우리가 계속해서 눈이 먼 상태로 지낼 수는 없다고 생각해요. 나에게는 책임이 있고, 후안에게도 그건 마찬가지에요. 그러나 내 생각에 그는 반대편 극단으로 치닫고 있어요. 그는 낸시에게 일어나는 일로 인해 정말로 화가 나 있지만 그것이 지나가게 내버려둬요. 반면에 나는 극도로 비판적인 눈으로가 아니고는 그녀를 바라볼 수가 없어요. 하지만 나는 이것에 대해 그녀에게 아무 말도 하지 않아요.

분석가: 그 말은 당신의 남편, 딸 그리고 당신 자신 사이에 침묵의 협정이 있다는 거네요. 말과 관련해서는 침묵하기로 되어 있지만, 시선과 관련해서는 그렇지 않네요.

—시선과 관련해서 나는 나의 엄마와 똑같아요. 끔찍스럽지만, 그건 사실이에요.

청소년과 청소년 부모들의 재표의화

아동기 동안에 침묵을 강요당한 것은 일반적으로 청소년
기 동안에 울부짖음으로 나타난다.

칸시퍼(1998)

청소년기 동안에는 일차적 과정들의 특정한 병인적 결과들이 뒤늦게 모습을 드러내는 경향이 있다. 외상을 형성하지 않은 상태로—병인적 효과들을 산출하지 않았다는 의미에서—정신 안에 머물러 있는 아동기 경험들, 인상들 그리고 회상적 흔적들은 이 단계 동안에 재표의화된다. 청소년기는 유기체적 성숙, 욕동의 증가, 정신적 대리자들(agencies)의 재구조화 그리고 사회로부터의 새로운 요구 등과 함께 성적 발달이 재개되는 시기이다.

청소년기의 이 새로운 사건들은 왜곡된 시간 안에 존재하는 유아기 경험의 윤곽들과 연결되고 정신적 요소들의 지연된 표현을 허용한다.

우리는 아동기 동안에 잠재되어 있다가 청소년기 동안에 자체를 드러내는 지연된 행동만이 아니라, 현재에서 과거로 소급하는 인과관계도 다루고 있다. 소급성(Nachtraglichkeit)의 도입은 프로이트가 미래와 과거가 현재를 구조화하도록 서로를 조건화하는, 변증법적인 인과성의 견해를 받아들이기 위해 과거-현재의 방향량(vector)을 따라 기계적 인과론과 선형적 시간성을 포기했음을 말해준다.

이와 관련해서 우리는 프로이트의 관점이 발생학적이기보다는 구조적이라는 점에서, 청소년기가 후속 반응이 소급될 수 있는 특권을 가진 시기임을 확인할 수 있다(Kancyper, 1983).

또 다른 중요한 시기는 폐경기인데, 그것은 이 시기에 괄목할 만한 재구조화가 발생하기 때문이다.

"끝낼 수 있는 분석과 끝낼 수 없는 분석"에서 프로이트는 다음과 같이 지적한다:

"개인의 발달 과정에서 특정한 본능들은 두 번에 걸쳐 상당한 정도로 재강화된다: 사춘기와 여성의 폐경기. 이전에 신경증적이지 않았던 한 사람이 이 시기에 신경증적이 된다고 해도 우리는 전혀 놀라지 않는다. 그의 본능들이 그다지 강하지 않을 때, 그는 그것들을 길들이는 데 성공한다; 하지만 그것들이 재강화될 경우 그는 더 이상 그렇게 할 수 없다"(Freud, 1937).

같은 논문에서 프로이트는 우리의 분석과정을 위해 귀납적 개념의 본질적인 중요성에 대해 서술한다: 따라서 양적 요인의 지배에 종지부를 찍는, 추후에 이루어지는 최초의 억압 과정에 대한 교정(사후의)이 분석적 치료의 진정한 성취이다.

바란제이들과 몸(Mom)은 이렇게 주장한다: "인과성과 시간성은 정신분석 고유의 치료적 요인을 지원해주는 개념들이다; 만약 이 소급성이 외상의 구성에 참여하지 않는다면(나는 이것에다 각각 다른 두 시기에 일어나는 동일시들의 구성이라는 말을 덧붙일 것이다), 우리의 역사를 바꿀 수 있는 가능성은 없을 것이다"(Baranger et al, 1987).

그러므로 청소년들을 위한 치료에서, 다른 시간적 역동에의 접근을 허용하면서 그들의 외상적 상황들을 그들이 속한 과거의 상황들과 재통합하는 역사화 작업(historisation)은 매우 중요하다. 청소년들은 그들의 저항에도 불구하고 일반적으로 아동기의 외상적 사실들을 기억하는 데서 그리고 그들 자신만의 방어적인 도피 기술을 행동으로 옮기는 경향성에서 이것을 보여준다. 이것이 바로 빈번히 지리적 거리 그리고/또는 마약을 사용해서 물질적 및 정신적 현실들에로의 여행을 계획하는 것에서 볼 수 있는, 새로운 공간성과 시간성을 추구하고 창조하도록 그들을 추동하는 기제이다.

우리는 이미 청소년기가 성장하는 자녀뿐만 아니라, 후속편으로 남겨진—역사적 침전물들로서—자신들의 유아기와 청소년기 역사의 재표의화를 목격하는 청소년의 부모들도 마찬가지로 소용돌이를 겪는 시기라고 언급한 바 있다. 그들 부모들은 청소년과의 세대간 직면이 발생할 때 가차 없이 되살아나는, 망각하고 있던 자신들의 부모들 및 형제자매들과 가졌던 관계의 장들을 다시 읽게 된다.

이 역사적 침전물은 자녀들이 그들의 부모들과 형제자매들에게 그리고 더 나아가 사회에게 요구하는 "밀린 청구서"—높은 이자율과 함께—를 통해서 그것들의 정신적 긴급성을 획득한다. 왜냐하면 거기에는 지금껏 분열되고 억압된 상태로 남아있던 아동기 동안에 겪었던 모든 자기애적 상처들과 외상적 상황들이 드러나기 때문이다.

그러나 어떤 부모들은 청소년들이 점증하는 자율성의 힘을 갖는 것에 대한 반응으로, 이 단계 동안에 심각한 권위주의적 태도를 취하기도 한다.

이 경쟁적 상황은 세대간의 대결을 허용하는 대신에 부모들과 자녀들 사이에 끊임없는 파괴적 반항을 불러들임으로써, 부모들의 역사 안에 있는 해결되지 않은 오이디푸스 또는 형제간의 콤플렉스의 재표의화를 불가능하게 만들 수 있다(Kancyper, 1994).

낸시의 졸업여행 직전의 회기

―어제 나는 하루 종일 불안했어요.
나는 고통스런 상태로 침대에 있었어요. 내 영혼이 지독하게 아팠어요. 또 한 가지는 그녀가 떠나는 것을 보고 싶은지 아닌지를 두고 갈등한 거예요. 나는 일을 핑게댔어요. 무언가가 일어나고 있었고, 나는 그녀가 떠나는 것을 보러가는 것이 힘들었어요. 나는 안녕이라고 말하는 것이 싫었어요. 그리고 견딜 수 없는 불안의 느낌을 갖고 있었어요.
내일 모든 게 끝났으면 좋겠어요―내가 느끼는 것은 이 바릴로체 여행이 낸시에게는 유익할 거라는 거예요.
나는 나 자신이 눈빛이나 말에서 덜 요구적인 어머니이고 싶어요. 노력을 해도 내겐 그게 어려워요. 나는 더 큰 자기-비판이 필요하다는 것과, 나 자신이 변해야 한다는 것을 인정해요.

분석가: 요즘 당신의 딸을 보고 있으면 어떤 느낌이 드세요?

―나는 많은 감정들을 느껴요: 그것들이 나를 고문해요; 나는 그녀가 뚱뚱한 것 때문에 그녀에게 화가 나요. 반복해서 그녀와 가까워지는 것이 어렵다고 느끼죠. 그리고 약간의 슬픔과 연민도 느껴요. (휴지)
대결이 어디에서 끝이 나고 학대와 공격성이 어디에서 시작하는지 분명하지 않아요.
그것들이 혼동되는 어떤 지점이 있어요. 내 생각에 대결은 누군가를 무시하는 것과 관련되어 있어요. 그것이 내가 대결을 피하는 이유에요.

나는 딸을 두려워하고 있어요. 내가 그녀를 해칠까봐 두려워요. 나는 나의 엄마가 나를 무가치한 존재라고 느끼도록 만들었던 것을 기억하고 있어요. 엄마 친구의 딸은 멋진데 나는 뚱뚱하고 끔찍스럽다고 말하곤 했죠.

엄마는 내게 친절하게 말하는 대신 특별한 방식으로 말하곤 했는데, 꼭 집어 말할 수는 없지만, 나쁜 방식이었어요. 예컨대, "나는 너의 아버지에게 그리고 다른 사람들에게 말해오고 있었어. 내 생각에는 …"라고 말이에요. 그녀가 스스로 일들을 처리할 수 없게 되자 그것들을 다른 사람들과 공유해야만 했고, 많은 사람들에게 말하곤 했으며, 우리는 결국 그 일로 싸우곤 했어요. 나는 마침내 나 자신을 쓰레기처럼 느끼곤 했고, 체중을 줄이거나 나 자신을 돌볼 필요를 느끼지 않게 되었어요.

그래서 나의 딸과 그런 지경에 도달하지 않기 위해서, 나는 그녀와 대결하지 않고 그냥 통과시켰어요. (휴지)

내가 그녀 나이였을 때 나는 5킬로 과체중이었어요. 그런데 그녀는 지금 20킬로 과체중이에요. 나는 그녀를 자극하지 않으려고 나의 분노를 억누르고 모든 것에 동의하면서 침묵의 협정을 맺어요. 하지만 그때 그것은 아무것도 말하지 않는 것과 똑같아요. 왜냐하면 나는 딸과의 관계에서 적절한 한계를 발견할 수 없기 때문이에요. 나는 그녀에게 화가 나는 것과 그녀에게 상처를 주는 것 사이에 매우 섬세한 선이 있다고 느껴요. 만약 내가 "안 돼"라고 말한다면, 그녀는 기분이 나빠질 수 있고, 마치 나의 엄마가 나에게 그랬던 것처럼, 내가 참지 못하고 그녀에게 깊은 고통을 줄 수 있는, 정말 나쁜 것을 말할 수도 있으니까요.
나는 엄마와 충돌했을 때 항상 깊은 상처를 받는 것으로 끝나곤 했고, 그녀에게 격분하곤 했어요.

재키와 그녀의 딸 사이에 맺어진 침묵의 협정은 세대간 직면 행동 앞에 놓인 장애물이었다. 그것은 두 참여자들 사이에서 구체화된 구조 또는 움직일 수 없는 관계 방식으로 작용했다. 그것은 어머니의 무의식적인 측면들과 딸의 무의식적 측면들(정신분석 과정 안에 있는)의 공모에서 왔다. 두 사람 모두가 눈이 머는 방식으로 공유하게 된, 알지 못하는 지역이 창조된 것이다.

"예절바른 대화"의 산물인 동시에 정동적 타협의 공개적인 표현에 눈이 먼 이 협정은, 딸을 향한 질식시키는 경멸의 형태를 취하는, 재키 자신의 어머니와의 부정적 동일시 뒤에 숨겨져 있는 반복 강박이었다(Kancyper, 1985).

이 경멸은 그녀 자신에 대한 일련의 질책들과 불평들을 수반하는, 모성적 기능의 발휘를 금지하는 불안과 죄책감의 원천으로 작용한다. 그녀의 초자아는 질책들과 불평들을 발생시키고 다시금 다시금 금지를 증가시킨다: "마침내 나는 분노와 침묵 속에서 질식하는 것으로 끝이 나요."

이 모성적 금지는 딸이 필수적인 대결을 펼치는 데 필요한 "타자"의 결여를 야기한다.

재키는 그녀의 정신분석적 치료에서 낸시를 타자로서 보고 세대들 간의 차이들을 인정할 수 있기 위해 복잡한 작업과정들을 거쳐야만 했다.

그녀 자신과 딸 사이에 한계들을 설정하는 일은 공격자와 공격받는 자가 동시적이고 반복적으로 행하는 동일시 작용을 분별하고 해독하는 것을 필요로 했는데, 그것을 통해 그녀는 자신의 어머니에 의해 상처받은 청소년으로서의 얽힌 자신의 역사를 풀어낼 수 있었다. 낸시의 청소년기에 일어난 일은 정확하게 이러한 상황이 재연된 것이었다(Baranger et al, 1989).

재키가 그녀의 어머니와 가졌던 상황과 그녀의 딸이 재키와 갖고 있는 상황은 서로 일치한다. 더욱이, 이 이중 동일시는 그녀를 평가절하하고 그녀 안에 어머니와 스스로를 향한 적대적 반응을 발생시켰던 그녀 자신의 어머니와의 관계를 인식하기를 거부하고 있다는 점에서, 부정적인 것이다.

그러나 더 깊은 수준에서, 반복은 절대적이다(Baranger, 1994). 그녀가 무대 위에 선 딸을 다른 청소년들과 비교했을 때, 그녀는 딸이 수치스럽다고 느꼈고 그 딸을 지독하게 경멸했다: "나는 불안한 상태로 침대에 있었고, 위에 통증을 느꼈어요. 나는 그녀에게 가까이 다가갈 수 없다고 느껴요. 그녀의 체중과 관련된 미적인 것에 대한 느낌이 나 자신보다 더 강해요."

재키의 딸은 재키 자신이 어머니의 멸시를 느꼈던 것처럼 어머니의 경멸을 지각했을 것이다.

두 사람 사이의 얽힌 동일시들과 중첩된 역사들을 풀어내고, 재키가 딸을 향해 적대감을 보이는 것과 관련된 위험한 상황들에 대한 극복작업은 우리로 하여금 심리 내적인 차원과 상호주관적인 차원 안에 있는 "미적" 성채의 존재를 발견할 수 있도록 허용했다(Freud, 1937).

피분석자에게 있어서, 심리 내적인 성채는 강력한 전능 환상들을 위한 무의식적 쉼터를 나타낸다. 그것은 개인에 따라 매우 다양하지만, 항상 거기에 있다. 피분석자는 그것을 드러내 보이기를 원치 않는데, 그 이유는 그것의 상실이 그를 극도의 무기력, 취약성, 그리고 절망 상태로 몰아넣을 것이기 때문이다.

어떤 사람들의 경우, 성채는 그들의 지적 또는 도덕적 우월성,

그들의 이상화된 대상과의 관계 또는 그것의 이상화, 사회적 귀족, 그들의 물질적 재화들, 그들의 직업 등에 대한 그들의 환상일 수 있다. 성채에 대한 피분석자들의 방어 행동에서 가장 빈번히 사용되는 것은 그것의 존재를 언급하는 것을 피하는 것이다.

피분석자는 그의 삶의 몇몇 문제들과 측면들과 관련해서는 매우 진지할 수 있다. 그러나 분석가가 성채에 가까이 다가올 때 그는 회피적이고, 교활하며, 심지어 거짓말을 하는 사람이 된다 (Freud, 1937).

재키의 사례에서 우리는 그녀의 딸의 청소년기가 그녀의 갈등적인 청소년기와 성적 정체성을 드러내는 신체적-미적 성채의 집요한 존재에 대한 재표의화(resignification)라는 것을 발견했다.

심리내적 및 상호주관적인 성채의 존재를 깨닫게 된 이후로, 그녀는 그녀 자신의 피학적이고 가학적인 자리에서 벗어나기 시작했다. 내가 인용하고자 하는 회기는 침묵의 휘장이 무너지기 시작하고, 굴복에서 세대간의 대결로 이동하기 시작하는 특별한 순간을 보여준다(Kancyper, 1991, 1992, 1994).

—어제 나는 마침내 내 딸과 정말로 싸웠어요. 과거에는 그녀가 말을 하지 않고 자기 방으로 들어가 나오지 않는 바람에 서로 대결하는 것이 불가능했어요. 이번에 그녀는 울었고, 불안해했으며, 우리 두 사람이 서로에게 소리를 질렀지만, 아무도 상처 받지 않았어요; 정반대로, 그것은 우리 모두에게 안도감을 주었어요.

우리는 항상 너무 말하는 것을 피했고, 항상 예의바르게 말하곤 했죠. 싸울 수 있는 누군가를 가질 수 있게 된 것은 정말 다행이에요. 나는 말대답을 해줄 수 있는 누군가를 갖게 되었고, 더 이상 말없음이 필요없게 되었어요. 그리고 그녀는 더 이상 주지화하는 식으로 대답하지 않아요. 나는 매우 놀랐지만 그게 좋았어요. 비록 그녀가 내가 자신의 인생에 계속해서 개입한다면 집을 나가겠다고 위협했을 때에는 약간 겁이 나기도 했지만 말이에요.
나는 그녀의 머릿속을 거짓말로 채우고 있는, 그녀의 친구와 그녀 사이에 벌어지고 있는 일에 주의를 기울였어요. 그리고 그녀의 친구가 정말로 병을 앓고 있고 그것을 아무에게도 알리지 않았는지를 알아보기 위해 그녀의 집에 전화를 걸었죠.
나의 딸은 나 때문에 자신의 우정이 깨지게 되었다고 하면서 나를 위협했고, 나는 그 말이 진실이 아니라고 말했어요. 나는 내가 그녀의 사적 영역을 침범했다고 느끼지 않았어요. 내가 원했던 것은 엄마로서 엄마에게 이야기하는 것이었어요. 이것은 심각한 것이고 부모들은 무언가를 해야 할 의무와 권리가 있다고 여겼기 때문이에요.
저녁에 우리는 집에서 식사를 했는데, 모든 것이 좋은 분위기에서 이루어졌어요. 나는 나의 딸이 증오로 가득할 것이라고 예상했지만, 실은 정반대였어요.

마지막 성찰

세대간 직면은 대체로 역동적인 장에 참여하고 있는 부모들과 자녀들이 서로를 정의하는 상호주관적 관계의 산물로서 간주될 필요가 있다.

이미 지적했듯이, 이 글에서 나는 장의 개념을 분석적 상황에서 끄집어내어 부모들과 자녀들 그리고 형제자매들 사이의 대결에 적용함으로써 그 개념을 확장시키고자 했다.

우리는 대결 행동에 참여하고 있는 부모-자녀와 형제자매 관계들을 고립된 개인들의 것으로 서술하거나 이해해서는 안 되고 구조화된 전체성이라는 관점에서 서술하고 이해해야만 한다. 그 전체성의 역동은 구성원들 간의 상호작용의 결과인 동시에, 두 사람 모두가 동일한 역동적 장 안에서 상호적인 원인으로 작용하고 있는 상황의 결과이다.

이 견해는 세대간의 상호엮임 안에서 드러나는 전진과 후퇴 현상들에 적용되는, 점증하는 복잡성에 대한 더 나은 이해를 가능케 한다.

세대간 직면이 가능한 장의 기능성은 부모의 기능과 자녀의 기능 사이의 철저한 비대칭을 요구한다. 부모와 자녀 모두는 서로 다른 그리고 복잡한 정신적 극복과정들을 거칠 것을 요구받는다.

임상적 관점에서, 개인들은 세 종류의 부류로 분류될 수 있다:

— 자신들의 부모들 및 형제자매들과 직면할 수 없는 사람들.
— 파괴적인 반항을 통해 끊임없이 대결하는 사람들(왜곡된 장).
— 파괴적인 반항을 뒤로 하고 생산적인 도전에 참여할 수 있음으로 해서, 세대간 및 형제간 대결을 통해 정체성을 구성하는 유익을 얻는 사람들.

참고문헌

Baranger, W. & Baranger, M. (1961-62). "La situacion analitica como campodinamico", In: *Problemas del campo psicoanalitico, Buenos Aires,* Kargieman, 1993, p. 129.

Baranger, W., Baranger, M. & Mom, J. (1978). "Patologia de la transferencia ycontratransferencia en el psicoanalisis actual: el campo perverso", In *Revista de Psicoanalisis*, XXXV, 5

Baranger, W., Baranger, M. & Mom, J. (1987). "El trauma psiquico infantil: de nosotros a Freud", In *Revista de Psicoanalisis*, XLIV (4): 771.

Baranger, W., Goldstein, N. & Goldstein, R. (1989). "Acerca de la desidentification", In *Revista de Psicoanalisis*, XLVI (6): p. 895.

Baranger, W. (1992). "La mente del analista, de la escucha a la interpretacion", In *Revista de Psicoanalisis*, XLIX (2), p. 225.

Baranger, W. (1992). *Los afectos en la contratransferencia,* XIV Congresso Psicoanalitico de America Latina, Buenos Aires.

Baranger, W. (1994). Personal Communication.

Bezoari, M. & Ferro, A. (1990). "Elementos de un modelo del campo psicoanalitico: los agregados funcionales", In *Revista de Psicoanalists*, XLIVII (5/6): p. 852.

Dolto, F. (1985). *Palabras para adolescentes*, Buenos Aires, Atlantida, p. 19.

Ferro, A. (2001). *La sesion analitica,* Buenos Aires, Lumen, P. 193.

Ferro, A. (2002). "Desde la tirania del Superyo a la democracia de los afectos", In: *Revista de Psicoanalisis*, T. LIX (4): p. 861.

Freud, S. (1901), "Fragmento de analisis de un caso de histeria", AE, VII: p.3.

Freud, S. (1920). "Sobre la psicogenesis de un caso de homosexualidad femenina", AE, XVIII.

Freud, S. (1937). "Analisis terminable y interminable", AE, XXIII.

Kancyper, L. (1983). "El baluarte en el sujeto y en el campo intersubjectivo en un caso clinico", presented at the Argentine Psychoanalytic Association, April 14.

Kancyper, L. (1985). "Adolescencia y a posteriori", In *Revista de Psicoanalisis*, XLII (3): p.535.

Kancyper, L. (1990). "Adolescencia y desidentification", In *Revista de Psicoanalysis*, XLVII (4): p. 750.

Kancyper, L. (1991). "Remordimiento y resentimiento en el complejo fraterno", In *Revista de Psicoanalisis*, XLVIII (1): p. 120. Paper presented at the 37th International Congress of Psychoanalysis, Buenos Aires.

Kancyper, L. (1992). "Resentimiento y odio en la confrontacion generacional", XX Internal Congress and XXX Symposium, APA, p. 173.

Kancyper, L. (1994). "Eros y Ananke en la confrontacion generacional", Fourth Conference on Family and Couple Psychoanalysis, APA.

Kancyper, L. (1994), "Angustia y poder en la confrontacion generacional", Cordoba, FEPAL.

Kancyper, L. (1995). "Complejo de Edipo y complejo fraterno", paper presented at the 39 International Congress of Psychoanalysis, San Francisco.

Kancyper, L. (1998). (comp.). *Volviendo a pensar con Willy y Madeleine Baranger*, Buenos Aires, Lumen, 1999, p. 13.

Kancyper, L. (2000). *La confrontacion generacional*, Buenos Aires, Lumen, 2003, p. 125[Italian version available under the title: *Il confronto generazionale*, Milan, F. Angeli, 2000, p. 101.].

Rosolato, G. (1981). "Culpabilidad y sacrificio", In *La relacion de Desconocido*, Barcelona, Petrel, P. 115.

Winnicott, D. (1972). *Realidad y juego*, Buenos Aires, Granica, p. 193.

Winnicott, D. (1993). *El hogar, nuestro punto de partida*, Buenos Aires, Paidos, p. 192.

[Translated from Spanish by Valeria Muscio de valeriamuscio@yahoo.co.uk]

5장

라스 메니냐스(Las Meninas)

로라 암브로시아나 & 유게니오 가부리
(Laura Ambrosiano and Eugenio Gaburri)

도입

이태리에서, "분석적 장"이라는 생각은 비온이 그의 집단 경험을 임상적 및 정신분석적 이론과 연결시킨 데서 시작되었다(F. Corrao, 1986).

집단에 대한 생각은 비온이 "사고와 모성적 몽상"이라는 글을 썼을 때, 그의 생각 안에 담겨있었다(1970년에 출간된 그의 마지막 저서 중 하나인 "주의와 해석"은 "정신분석과 집단 안에서의 통찰에 대한 과학적 접근"이라는 부제를 달고 있다).

비온이 집단에 대해 말할 때, 그는 구체적인 현상에 대해 말하지 않는다. 그는 다중적인 관찰지점들에서 관찰된 의미의 변형들을 한데 모으는 데 필요한 정신적 공간에 대해 서술한다.

집단 정신분석에서, 비온은 집단을 구성하고 있는 개인들 사이의 정동적 추이(연결들, 관계들, 역동들)보다는 원-정서들(proto-emotions)과 원-사고(proto-thought)로부터 시작해서, 현재 경험하고 있는 것의 의미가 출현하도록 허용하는, 직조하기와 혼합하기를 탐구한다.

비온은 두 종류의 집단을 서술한다: 하나는 기본적 가정 집단, 즉 생각할 수 있는 것이라기보다는 그 자체로서 가정되는 정서적 요소들에 의해 개인들 사이의 만남의 수준이 유지되는 미분화된 개인들의 집단이고, 다른 하나는 출현하는 정서들을 정교화하고 그것들을 생각할 수 있는 이미지들과 알파 요소들로 변형시키는 개인들 사이의 만남의 수준이 유지되는 분화된 개인들의 집단이다. 이 후자의 집단은 작업 집단으로 불린다.

집단과의 치료적 작업에서 도출해낸 이 두 형태는 비온에게 있어서 정신적 장치의 기능을 나타내는 두 개의 다른 수준이다: 분화된 마음이라는 정신적 기구와 미분화된 전-개인적 마음이라는 정신적 기구. 이 두 수준들은 발달의 이정표가 아닌, 존재 전체를 관통해서 현존하는 어떤 것이다. 여기에는 선택된 구체적인 개인적 생각 외에도 항상 만남의 장 안에 현존하는 결합가에 의해 전염되기 쉬운 전-개인적인 차원이 존재한다(E. Gaburri, L. Ambrosiano, 2003).

그러므로 집단이나 두 사람과의 만남에서, 전-개인적인 공동의 배경으로부터 현재 진행 중인 경험과 관련해서 구체적인 무언가가 떠오르도록 허용하는, 계속되는 변형적 움직임들을 수용하는 것이 중요하다. 그 변형적 움직임들이야말로 지식의 모체이기 때문이다.

장의 관점은 표의(significance)가 여러 개의 머리와 면들을 가지고 있고, 따라서 한 개인의 지각을 집단 및 그 문화가 갖고 있는 지각과 혼합하는, 다른 견해들의 관점에서 접근할 수 있는 것이라는 생각을 발달시켰다.

상담실에서 만나는 두 사람은 "두 개의 세계," 즉 프로이트가 말하는 두 개의 각본들(1937)을 가지고 온다. 이 만남에서 새로운 의미가 생성되는 에너지의 장이 발생한다. 이 장은 두 화자(話者)들의 정서적 협력, 확립된 관계, 세상에 대한 이론들을 가로지른다. 이 측면에서 사람들 사이의 경계들은 의식과 무의식 사이, 마음과 신체 사이, 과거와 미래 사이처럼 가변적이고 임시적이다.[1]

환자가 치료를 요청할 때 그것은 곧바로 비대칭을 창조하며, 그것에 기초해서 분석가는 전체적인 그림에 대해서와 마찬가지로 자신의 정서들과 환자의 정서들 모두를 상세히 지켜보도록 요구받는다.

분석적 장

장의 개념은 분석적 만남에서 정서들이 어느 한쪽에게 귀속될 수 없을 정도로 모호하게 지각되고 개인들이 한데 얽히는(Freud, 1915) 전-개인적 측면들을 고려한다. 장의 패러다임과 함께, 우리는 회기 동안에 분석가의 자리가 외계인의 자리가 아니라는 사실을 인정한다. 분석가는 비록 방식은 다르지만 환자만큼이나 회기에 직접적으로 참여한다.

장의 패러다임은 세력이나 힘의 개념보다는 증식과 확장을 암시하는 에너지 개념에 더 가깝다(F. Corrao, 1986).

이 점에서 장은 화자들이 갖고 있는 에너지들이 개입하는 초-개인적인(trans-personal) 시간과 공간으로 간주된다.

분석적 장은 증식하고, 확장하는, 그리고 빛의 조합과 관찰자의 위치에 따라 변화하는, 그러나 한 방향으로 변화하지는 않는, 에너지들의 만남을 서술하기 위한 패러다임이다. 실재 그 자체는 집단의 문화에 의해 정의되는 경향이 있다. 그러나 실재에 대한 지각은 환경에 대한 수정, 대상에 비춰는 빛의 변화에 달려 있다: 대상들의 표면에 발생하는 변동하는 그림자 영역들은 종종 그것의 구조를 더 잘 확인할 수 있게 해준다.

장의 차원은 풍부하지만 무한하지는 않으며, 사실 돌이켜보면, 세팅 안의 개인들 사이에서 발생하는 만남의 구체성에 의해 생명력을 얻는다.

그러나 장은 치료적 만남을 위한 장소로서의 세팅과 일치하지는 않는다. 여기에서 세팅은 안정된 규칙들의 틀을 의미하는데, 그것은 또한 블레거(1967)가 분석적 만남의 세 번째 주인공—환자의 분열된 측면들의 저장소—이라고 서술한 바 있는, 살아있고 움직이는 차원을 가리킨다.

장은 심지어 분석가-환자 관계와도 일치하지 않는다. 그것은 "두 사람의-개인적 장"(Baranger M. and W., 1968)에 관한 것이 아니고, "연결"(ties) 개념과 일치하는 것도 아니며, 환자와 분석가의 이론들과 정신성(집단의 틀)과 일치하는 것도 아니다. 이 모든 수준들은 암시되어 있고, 종종 출발점이기는 하지만, 우리가 의미에 의해 포획되도록 허락하는 동안 우리를 돕기 위해 흐르는 정서적 주제들이다.

우리는 장이 세 가지 요인들의 만남에 의해 생성되고, 확장된다고 생각할 수 있다: 세팅, 관계. 심리치료. 이 삼각형의 공간 위에 우리는 치료 요청을 위치시킨다. 장이 확장하면서, 내가 아래에서 제시하는 딜레타(Dilletta)와 기기(Gigi)의 임상 장면에서 볼 수 있듯이, 치료 요청에 관한 새로운 의미들이 출현한다.

치료 요청에 의해 지금 여기에서 소환된, 정신분석적 세팅 안에 있는 두 개인들 사이의 만남은 반복의 강제를 넘어서도록 의미를 확장시키는 정서적 에너지를 발생시킨다.

이 개략적인 정의에서, 우리는 장의 패러다임 안에 비온의 사고 이론(알파 요소들, 베타 요소들, 알파-몽상 기능)으로부터 변화 개념—사물-없음, 그림자들, 부재, 알려지지 않은 것을 견디는 행동에 의한—에 이르기까지 일련의 선택적 이론들이 포함되어 있다는 점을 강조할 필요가 있다.[2] (E. Gaburri, 1998).

이 글에서 우리는 장의 의미를, 수용해주고 변형시켜줄 생각하는 자들을 찾고 있는, 새로운 사고들에 의해 만남이 이루어지는 좀 더 깊은 차원으로 심화시키고자 한다(장의 패러다임에 대한 더 상세한 의미들을 위해서는 이 책에 포함된 C. Neri의 글을 참조할 것).

"태어나지 않은 것"

새뮤얼 버틀러(Samuel Butler, 1860)의 소설 「에레혼, 또는 저 너머에서」(Erewhon, or over the range)는 다음과 같은 메시지를 담고 있다: 우리의 정신적 고통을 치료하기 위해 특별한 세팅 안에서 이루어지는 이 특별한 만남은 모든 사람의 마음속에서 아직 태어나지 않은 생각들과 의미의 장을 활성화함으로써 이루어진다. 이 태어나지 않은 실체들은 그것들이 수용되고 누군가의 생각으로 태어날 수 있게 될 때까지 끊임없이 우리를 괴롭힌다. 19세기에 버틀러에 의해 서술된 상상적 우주인, 에레혼(Erewhon)의 거주자들은, 비록 그들이 수용되는 사실과 별도로 존재하기는 하나, 그들을 수용해주는 마음이 있기 전에는 아무런 존재도 아닌 것으로 간주된다 ... 태어나지 않은 생각들은 장 안에서 그것이 무엇인지 말할 수 없으면서도, 마치 그것들이 현재, 과거 또는 미래에 속한 것 인양, 곧바로 생성된다 ... 그것들은 중단되지 않는 경험의 부분을 즉각적으로 서술하고 전체를 재구성해낸다.

분석가에게 있어서, 생각하는 자 없는 사고들을 수용할 수 있는 마음의 상태(Bion, 1970)는 경험을 다른 관점들에서 관찰하는 것을 허용하는, 연상적이고 비선형적 사고과정에 반대하지 않는 것을 의미한다.³

연상적 과정을 따라가는 것은 정신분석 작업의 필수 요소이고, 경청을 위한 정신적 상태는 프로이트가 생각한 세팅의 근본 요소이며, 비온이 기억과 욕망을 중지하라고 우리를 초대할 때 그의 통찰 안에 간직하고 있는 중요한 요소이다. 이 중지는 새로운 생각이 출현할 때, 그것을 비워내려는 강박의 덫에 걸리지 않은 채, 자신이 박해받는다고 느끼는 환자를 견뎌줄 수 있게 해준다.

우리가 알고 있듯이, 연상적 사고를 하는 것은 어려운 일이다. 그것은 현기증의 느낌을 만들어내고, 우리 자신들이 그러한 사고들을 갖고 있는 자라는 생각들과 감각들을 몰수한다. 사고들은 정신의 연상적 차원 안에서 우리에게 도달하고, 종종 우리가 그것들을 생성해냈다는 느낌 없이 놀라움으로 우리를 채우거나 알지 못하는 상태에서 우리를 포획한다; 우리는 이미 거기에 있는 그것들을 수용할 수 있을 뿐이며 ... 그것들을 생각할 수 있을 뿐이다.

생각하는 자 없는 사고들은 현재 진행되고 있는 경험을 우리에게 서술해준다. 그것들은 어떤 측면들을 포착하고, 그것들을 환자의 깊은 고통과의 만남에 의미를 주는 장면들로 변형시킨다. 그러나 알파 기능 덕택에, 우리가 이 사고들을 환자 자신을 위해 소통이 가능한 형태로 바꿀 때, 그래서 우리가 소통하는 것을 그가 보고, 만지고, 냄새 맡을 수 있게 될 때, 그것들은 마음이 새롭게 출현하는 또 하나의 장면을 담을 수 있도록 확장되는 데 도움을 준다.

이 변형은 "명백히 서로 연결되어 있지 않은 현상들을 전에는 없었던 일관성과 의미를 갖도록 함께 연결시켜주는" 분석가의 (또는 때로는 환자의) 갑작스런 직관에 의해 추진된다(F. Corrao, 1998, p. 83). 분석가의 이러한 갑작스런 직관은 현상의 새로운 측면들을 수용하기 위해 확장하는 장의 자동-조직화(auto-organization)를 나타낸다.

정신분석적 이론들은 임상적 보고들과 마찬가지로, 그것 자체로는 결코 인식될 수 없는 정서적 경험("O") 안에서 공유될 수 있는 표상들만큼이나 일련의 변형들로 구성되어 있다. 우리는 바로 그 순간에 분석가 안에서 일어나고 있는 일을 경험적 관찰을 통해 정의할 수는 없다. 우리는 다만 그것이 엉겨있는 정서로부터 그리고 그것이 거치는 변형과정 안에서 출현하도록 허용할 뿐이며, 환자에게 그의 정신적 기능에 관한 새로운 지식을 되돌려줄 수 있을 뿐이다.

우리는 우리가 근접한 것들을 공표(publish)할 필요가 있다(Bion, 1970). 공표는 분석가의 작업에 내포되어 있는 피할 수 없는 차원이다. 왜냐하면 우리는 우리의 직관들과 생각들을 동료 집단과 소통하고 교환할 필요가 있기 때문이다. 우리가 연상적 과정을 따라가는 동안, 우리는 제공되는 이론들과 연구에 대한 우리의 열정을 공유하는 동료 집단에 의해 보호받을 필요가 있다(L. Ambrosiano, 2006).

이것은 우리가 공유된 사고와의 연결을 유지하는 것을 돕고, 분석가가 자기만의 세계에 빠진 채 표류하게 되는 상존하는 위험에 빠지지 않도록, 즉 환자와 함께 둘만의 우주 안에서 자신을 닫는 위험에 빠지지 않도록 안전벽을 설치한다(L. Ambrosiano, 1999). 임상적 연쇄를 의사소통하는 것은 회기의 변형을 가져오며, 그것은 암묵적으로 분석가와 환자 모두를 위한 새로운 관점을 포함한다.

딜레타

딜레타는 이전의 분석 시도가 무참하게 깨진 이후에 분석을 맡아달라고 내게 요청했다.
그녀는 일 년 동안 그녀의 이전 분석가에 의해 이해받지 못한 채 고통을 받았다고 말한다. 그 분석가는 나의 동료들 중 한 사람인데, 그녀는 이름은 밝히지 않은 채, 그가 자신을 나쁘게 취급했다고 말한다.
그녀는 자신이 수련을 받았음에도 불구하고(딜레타는 수년 간 심리치료사로서 일하고 있다) 분석이 어떻게 행해지는지에 대해서는 모르고 있지만, 분석에서 분석가는 환자에게 아무것도 이해하지 못한다거나, 망상적이라거나, 주제넘고 전능적이라고 ... 말하는 것을 통해서 환자를 함부로 취급해서는 안 된다고 생각하고 있다.
그녀는 그 문제로 다른 분석가의 자문을 받았는데, 그는 그 분석을 중단하겠다는 그녀의 생각을 지원해주었고, 몇

몇 동료들의 이름을 그녀에게 주었는데, 그 중의 하나가
나의 이름이었다.
수개월이 지난 후에 딜레타는 내게 전화를 했다.
그녀는 상처 입고 고통 받고 있는 사람처럼 보였다. 그러
나 그녀는 마치 프로그램된 것처럼 자신의 가톨릭 신앙에
대해 말하면서 가톨릭 분석가를 찾고 싶었다고 말한다. 그
러나 그녀는 분석가들에게 종교인이냐고 물을 수 없다는
사실을 재빨리 깨달았고, 그러므로 그렇게 하지 않는 것을
배웠다고 말한다. 그녀는 자신이 헌신적인 가톨릭 신도이
고, 자신의 변화에 도움이 되고 있는, 진지한 영적 생활을
하고 있다고 말한다. 그녀가 정신분석에서 기대하는 것은
그녀의 영적 생활과 정신분석을 종합하는 것에 대한 얼마의
힌트를 얻는 것이다!
나는 당황한 채, 그녀가 고통 받고 있다는 인상을 받았다
고 말한다. 비록 그것이 그녀에 의해 아주 조금만 지각되
었을 수도 있지만 말이다. 딜레타에게 있어서 분석을 위한
동기는 치료받는 것이 아니다. 그럼에도 불구하고 그녀는
분석의 재개가 그녀에게 얼마나 중요한 것인지를 아주 잘
알고 있다.
우리는 서로 만나기 시작한다.
분석 초기의 회기들에서는 이전 분석가의 존재가 크게 부
각된다. 딜레타는 그녀가 무엇을 말했고, 자신을 어떻게 취
급했으며, 어떻게 이유도 없이 자신을 치욕스럽게 만들었
는지에 대해 끊임없이 말한다. 그 치료사는 예측할 수 없
고 치욕감을 준다는 점에서, 그녀의 어머니와 약간 비슷하
다고 말한다.
그러는 동안 나는 이 분석가가 누구일까를 생각하고 있는

나 자신을 발견한다. 나는 그런 식으로 기능했을 수 있는 동료를 한 사람씩 상상한다.

환자의 기억들은 신선하고 강렬한 것이고, 그것들은 회기들을 침범하고 있다 ... 나는 딜레타가 그녀의 모든 신랄함을 쏟아내고, 또한 그녀의 인식되지 않은 격노를 발산하도록 내버려두어야겠다고 생각한다.

분석을 시작한지 한 달쯤 후에 딜레타는 처음으로 꿈을 보고한다: "회기 중이었는데, 선생님이 내 뒤가 아니라 내 앞에 앉아 있었어요 ... 내가 그 이유를 물었더니, 선생님은 내가 너무 풍부하고, 흥미롭고, 많은 것들로 채워져 있어서 내가 하는 말을 하나도 놓치고 싶지 않기 때문이라고 말했어요 ... 그때 선생님은 자신도 기독교 신자이고 매일 저녁 근처의 교회에 가서 환자들을 위해 기도한다고 말했어요 ... 그러고 나서는 선생님은 가톨릭이 아니라 ... 모든 것들을 제대로 알고 있는 ... 정통교회(Orthodox) 신도라고 말했어요 ...."

내 마음 속에서 모스크바의 교회들의 진기한 이미지들, 성상들, 촛대들, 그것들에서 나는 왁스 냄새들이 펼쳐지는 동안 ... 딜레타는 지난 번 분석가는 그녀가 울고 있을 때조차도 주목하지 않았고, 그래서 그녀는 분석가에게 환자가 우는 것을 주목하지도 않은 채 끊임없이 말을 하고 있다고 말해야만 했다고 보고한다.

나는 그 꿈이 지난번 우리가 질문했던 물음에 대답하기 시작한 것일 수 있다고 말한다: 왜 그녀는 이 시점에 분석을 받기를 원하는가?

... 그 꿈은 그녀를 보아주는, 자신의 편견들이나 이론들이 아닌 환자를 보는, 환자를 인정해주고 환자의 자기-확신을

지지해주는 분석가, 즉 충분히 그녀와 비슷하면서도 장 안에 얼마의 차이의 등장을 허용하는 분석가를 그녀가 필요로 하고 있음을 말하는 것처럼 보인다.

딜레타는 계속해서 말한다: 사람들 사이의 차이에 의해서 방해받지 않는 상호교환을 상상하는 것이 얼마나 좋은 일인지 ... 그것이 실제로는 얼마나 어려운 일인지 ... 지난 번 분석가하고는 어림없는 일이고 ... 그것은 또한 그녀가 내게 언급한 적이 있는, 강철 같은 논리를 가진 채 논리적이 아닌 것은 결코 허용하지 않는 그녀의 친구와도 불가능한 일이며, 심지어 직업적인 문제를 의논하는 것조차도 힘들고, 그녀가 다양한 수련을 통해 배운 것들을 동료들에게 설명하는 과정에서, 그녀 자신이 약간 학교 여교장처럼 행동한다는 것을 알고 있었지만, 그것은 희망이 없다는 등 ... 뜻밖에 또 하나의 시나리오가 내 마음속에 떠오르지만, 나는 내가 초대받았다고 느낀 진기한 장면을 떠나고 싶지 않다. 나는 촛불의 향기와 정통교회들의 그림자를 떠나기가 어렵다는 것을 발견한다. 그때 나는 그녀에게 말한다: "지금이라도 우리가 사물들을 이 관점에서 본다면, 당신 자신은 다양한 영역들에서 훈련을 받고, 다양한 접근들을 탐구해온 비정통파에 속해 있는 반면에 SPI(이태리 정신분석학회) 소속인 나는 정통이라고 당신이 상상한다는 사실이 드러날 것 같네요 ...."

딜레타: "맞아요, 그곳이 정통이라는 단어가 유래한 곳이죠! ... 하지만 그 말이 부정적인 것은 아니에요. 사람들은 정통이면서도 편협하거나 편견에 사로잡히지 않을 수 있죠." 그 다음번 회기에 환자는 이전 분석에 대해 한 번 더 말하기 시작하면서, 그녀가 이미 언급했기 때문에 내가 알

고 있는 것으로 보이는 에피소드들과 관련시킨다 ....
갑자기 이 이야기들은 하나의 내적인 누출, 즉 하나의 "내적인 미친 대상"을 서술하는 것처럼 보인다. 그것은 딜레타에게 파괴적이고, 무가치하고, 신뢰할 수 없는 대상이요, 가톨릭의 영적 헌신을 통해서만 길들이거나 거리를 유지할 수 있는 대상이라고 나는 마음속으로 생각한다.

나는 이제 딜레타가 치료를 필요로 하는 이유를 이해한다는 인상을 받는다. 지금까지 그녀의 이전 치료사에 의해서 "인격화 되어 있는" 이 분열된 차원과 관련해서 그녀는 도움을 구하고 있다(E. Gaburri, 1986). 나는 또한 그 꿈이 그녀 편에서의 초대를, 즉 내가 잘 다루었다고 그녀가 생각하는 초대를 구성한다고 느꼈다.

역동적인 배경적 인물을 떠나보내지 않으면서 정신적 공간을 기꺼이 돌아다니고 관점을 바꾸는 것; 아마도 이것이 두 시나리오가 만날 수 있는 가능성을 그녀에게 전달해주었을 것이다. 어쩌면 그녀는 지나치게 두려워하지 않으면서 이 미친 대상에게 가까이 갈 수 있는 가능성을 장 안에 확산시켰을 수 있다.

이 점에서 딜레타의 꿈은 이 분석적 여정의 시작을 위해 그녀의 내적 세계로부터 출현한 소중한 메시지이다.

"꿈을 꿈꾸는 꿈꾸는 자(the dreamer who dreams the dream)는 말로 설명할 수 없는 존재의 주체(subject of being)이다. 그는 고통, 불만족 그리고 불안정의 기록보관인으로서, 담는 것 안으로 투사된 메시지들의 형태 안에서 도움을 받기 위해 소리를 지른다. 담는 것은 꿈을 이해하는 꿈꾸는 자이다. 이 설명할 수 없는 주체의 몽상은, 아이에 대한 어머니의 몽상이 그러하듯이, 고통을 끌어 모아 그것을 의미로 변형시킨다"(J.S. Grotstein, 2000, p. 46). 어머니이며 그녀의 몽상인, 담는 것은 일단 내재화되면 꿈을 이해하는 꿈꾸는 자가 된다.

사고들은 생각하는 자를 필요로 하지 않는다. 거짓말들은 그것들의 형태를 만들고 보여주기 위해 생각하는 자를 필요로 한다. 새로운 사고들은 참여하고 있는 주체들의 마음에서가 아니라, 장의 정서적 맥락에서 출현한다. 그것은 새로운 사고들의 계속적이고 변화하는 출현을 상상하는 것을 말한다. 우리가 할 수 있는 것이라곤 그것들을 생성해냈다고 주장하지 않으면서 단순히 그것들을 받아들이는 것뿐이다. 예를 들면, 딜레타와의 만남에서, 정통성과 종교 단체에 대한 거의 망상적인 주제는 그것의 의미가 바뀌어 의미의 새로운 장을 위한 모체가 된다.[4]

이러한 진행 방식은 알지 못하는 것에 대한 우리의 두려움이라는 장애물을 만난다.

안전감에 대한 욕구는 불안을 막아주는 거짓말들을 구성함으로써 장의 동요를 피하도록 우리를 밀어붙인다: 즉, 우리가 절대적 진실을 부여하는 설명들을 만들어내고, 진실의 추구를 우리가 알지 못하는 것에서 보호받는다고 느끼도록 만드는 과제로 격하시킨다. 이 알지 못하는 것에 대한 두려움 앞에서 개인들과 기관들은, 프로이트(1921)와 비온(1970)이 잘 설명했듯이, 안도감을 주는 정교한 체계들을 발달시킨다.

간략히 말해서, 우리는 우주 안에서 길을 잃은 각다귀처럼 버림받은 존재가 되는, 프로이트가 운명의 비인격성이라고 부른 것을 견디는 과정에서, 개인으로서의 인간 존재가 겪는 어려움에 대해 말하고 있다.

프로이트는 인간이 다른 인간들과 함께 구성한, 문명에 의해 부과된 박탈에 덧붙여, 인간은 운명이 부과한 손상에 굴복한다고 진술한다(1927, p. 446). 운명을 전적으로 비인격적이고 우연한 세력으로 보기는 어렵다. 그것은 한 사람이 전적인 무능감에 의해 뭉개지는 느낌을 의미할 수 있기 때문이다. 그것은 단지 우리가 전적인 무능 상태로 태어난다는 사실뿐만 아니라, 우주 안에서 우리가 아무런 상관이 없는 존재임을 인식하는 것과 관련되어 있다.

"인간이 인간이 아니고, 생명이 생명이 아니며, 세상이 세상이 아닌 것은 단지 간발의 우연 때문이다. 우연과 혼합된, 운명의 자비라는 이 문제와 관련해서, 인간을 구성하는 데 그토록 많은 것들이 필요하다는 것을 알고 있는 우리는 어떻게 운명이 인간을 구성할 수 있었는지 놀라지 않을 수 없다. 우리는 이 원재료가 인간을 만들어내는 동안 수백만 번에 걸쳐서 여기에 돌을, 저기에 납을, 여기에 산호를, 저기에 꽃을, 여기에 위성을 만들기 위해 잠시 머물렀다는 것을 알지 못한다(Calvin, 1988, Voyage dans la Lune).

그러므로 우주 안에서 길을 잃은 각다귀가 되지 않기 위해서 우리는 진실을 추구할 필요가 있으며, 그 결과 우리는 굴복시키거나 제거하기 위해 사나운 용들을 사냥하는 성 조지들로 변형된다. 이것은 운명의 인격화를 추구하는 것을 의미한다. 즉, 우리는 우리가 운명을 예상할 수 있고, 길들일 수 있으며, 그것에 맞서는 데 필요한 해결책들을 갖고 있는 존재라는 환상을 제공해주는 요소들을 인격화해야 한다(E. Gaburri, 2007).

인간 개인은 진실의 조각들을 건져내기 위해, 마음에 양분을 주는 물고기-사고들을 잡기 위해, 즉 사고와 지식을 위해 약하고 부적절한 도구를 지닌 채 예측이 불가능한 세상에 노출된 채로 살아간다.

인간은 자신의 경험들을 의미 있는 것으로 만드는 신선한 사고들을 낚기 위해, 그가 지배할 수 없다고 느끼는 정서들 앞에 벌거벗은 채 서있다. 그는 자신의 마음을 포화되지 않은 상태로 (소극적 능력) 유지하는 데 필요한, 획득된 경험들로 채워진 작은 여행 가방만을 갖고 있는 존재이다.

그러나 인간은, 앞에서 언급한 소설에서 버틀러가 서술했듯이, 그를 쫓아오는 새로운 사고들로부터 도망치는 경향이 있다. 그 이유는 그것들이 그가 영원히 종결된 것으로 간주하고 싶어 하는 질문들을 새롭게 제기함으로써 그를 흔들어놓고 그를 끊임없이 괴롭히기 때문이다(L. Ambrosiano, 1999). 그것들은 알지 못하는 것과의 접촉으로 그를 다시 데려온다.

한 친구가 내게 말한다: 나는 네가 추천해준 책을 읽었는데, 참 멋진 책이야! 그런데 그것은 내 지식의 장롱 속 몇 개의 "서랍들" 안에 혼돈을 남겨놓았어. 내가 정말로 질서 있게 정돈해놓았던 그곳을 말이야! 이것이 인간의 지식, 정신분석적 작업, 그리고 우리의 지식이 뿌리를 두고 있는(편집분열-우울의 역동 안에서 끊임없이 출현하는) 혼돈을 강조하는, 비온의 작업이 추구하는 모험이다.

마음은 단일한 인상들이 아니라, 전체에 의미를 주는 상호관계들을 지각한다. 경험들은 다른 것들 안으로 함께 직조되며, 의미는 단일한 목소리가 아니다. 의미의 출현은 선형적 논리를 따르지 않고, 원인과 결과의 논리를 따르지도 않는다. 이런 이유로 장의 패러다임은 분석가가 너무 성급하게 의미를 추구해서는 안 되고, 치료적 만남을 너무 정교하게 정의된 의미들로 포화시켜서도 안 된다고 제안한다(A. Ferro, 2005). 우리는 기꺼이 관점을 바꾸고, 사물을 다른 관점에서 바라보며, 방어를 내려놓는 것을 허용하도록 고무해야 한다. 그런 순간에 자발적으로 출현하는 것은 종종 잘 구성된 해석보다 훨씬 더 효과적인 치료적 결과들을 가져다준다. 이러한 가능성은 종종 우리를 반쯤 어두운 영역, 지금껏 언어화되지 않은 전-양가적 측면들, 아직 구별되지 않은 전-개인적 차원들에 도달하도록 허용한다.

새로운 사고들은 장의 상황적 맥락으로부터 출현하는데, 그것들은 이따금씩 환자의 경험과 자기의 분열된 차원들을 위한 공간을 창조한다. 분열된 차원들이 한 번 더 가까이 이끌려옴으로써 장 안에서 변형적 순간들을 기다릴 수 있게 된다; 또는 그것들이 강요되거나 거짓된 통합에 대한 기대 없이, 좀 더 인식된 요소들 옆에 말없이 존재할 수 있게 된다(A. Ferro, 1996).

기기

초기 만남들에서, 기기는 친숙한, 극적인 개인적 이야기를 내게 말한다; 그의 깨지기 쉬운 정체성과 혼동된 방어 전략들을 보면서, 나는 "태어나려고 애쓰는 아이"를 보는듯한 인상을 받는다.

우리는 분석을 시작한다.

분석이 약 일 년쯤 진행되었을 때, 나는 놀랍게도 약간의 불편한 느낌과 함께, 내가 기기의 말에 그다지 참여하지 않고 있다는 것을 주목한다. 내가 이 환자에 대해 느끼는 것은 단지 "정상적인" 전문가적 관심에 지나지 않는다. 나는 사적으로 이 미지근한 참여의 이유에 대해 스스로 물어보지만, 마땅한 답을 찾을 수 없다.

기기에 대한 나의 미지근한 관심은 회기를 떠나 있는 동안에는 아주 분명했지만, 회기 안에서 그를 만날 때에는 그에 대한 관심이 있었고 그에게 공감적이었다.

한 회기에서 기기는 그의 여자 친구와의 관계에 대해 말하면서, 그녀가 자신에게 성적으로 미지근하다고 말한다 ... 그러나 그는 그녀가 어렸을 때 학대를 당했고 아픈 상처를 갖고 있기 때문이라며 그녀를 이해하고 감싼다. 다른 한편, 그 사실은 그에게 상처를 주었고 그녀와의 성적 관계에서 그를 무능하게 만들고 있다 ....

그는 이 상황에 대해 이미 여러 번 이야기했는데, 이번에 나는 그녀를 과도하게 보호하고 감싸는 그의 태도로 인해 충격을 받는다. 잠시 후 나는 그에게 그의 태도가 파올로 우첼로가 그린 "성 죠지와 용"이라는 그림을 생각나게 한다고 말한다. 그 그림에서 성 죠지는 용이 사로잡고 있는 소녀를 지키기 위해 영웅적으로 자신을 던지지만, 그 소녀는 가느다란 끈으로 묶여 있어서 마치 용이 그녀를 잡고 있는 것이 아니라 그녀가 용을 이끌고 있다는 인상을 준다 ...

회기가 끝난 후, 나는 명백히 장 바깥에서 오는 다음의 연상으로 인해 놀란다; 여러 가지 점에서 반복적인 이야기를 듣고 있는 동안, 나는 또한 그 그림이 개인적인 이유로 소중한 것이기 때문에 내 마음속에 떠오른 것이라는 사실로 인해 충격을 받는다 .... 당시에 나는 내 환자를 자동-이상화(auto-idealization) 상황에서 벗어나게 하겠다는 막연한 의도만을 알고 있다. 다음 회기에야 비로소 나는 장 안의 정서적 상황이 나를 어디로 인도했는지에 대한 부분적인 이해에 도달하게 된다.

기기는 다음 회기에 도착하자마자 악몽을 꾸었다고 말한다. 그는 아침 다섯 시에 잠을 깨서 직장에서의 문제들에 대해 생각하면서 침대에 누워 있었다. 그는 동료 한 사람이 자기 대신에 승진했다고 말한다. 그리고 몽롱한 상태에서 자신이 상급자에게 항의해야겠다는 강한 의도에 사로잡혀 있는 것을 발견하는데, 이것은 그가 보통 꺼려하는 행동이다 …

그때 그는 어제 회기가 끝났을 때, 인터넷에서 파올로 우첼로의 그림과 성 죠지의 성화들을 모두 찾아보았다고 말한다. 그리고 그날 저녁에 처음으로 그의 여자 친구가 그를 성적으로 초대했고, 그러고 나서는 수동적인 상태로 머물렀으며, 마침내 잠이 들었다고 말한다 … 기기는 그의 파트너가 옛 상처들과 학대를 치료하는 일에 실제로 많이 게으르다고 생각한다 … 그 다음에 곧바로 그가 전날 밤에 꾼 꿈을 서술한다: 그와 그의 파트너는 매우 중요하고 신비스런 과제로 인해 바쁘다. 그 과제를 수행하는 동안 그는 매우 밝은 초현대식 슈퍼마켓 안에 혼자 있는 자신을 발견한다. 그는 그의 고향 사람들과 마찬가지로 물소 젖으로 만든 모차렐라(이태리 치즈)를 사기 위해 줄 서 있다. 기다리는 동안, 그는 고객들을 돌보는 사이에 가게 점원들이 허겁지겁 모차렐라를 먹고 있는 것을 본다. 어쨌든 그는 모차렐라를 사가지고 그의 자동차가 있는 주차장으로 향한다. 그는 그의 자동차를 분명히 기억하지 못하지만, 훌륭한 신사 한 사람이 다가와 그의 차를 가리킨다; 그 차는 그가 열여덟 살 때 그의 아버지가 그에게 준 작은 고급차이다. 그 신사는 권위 있는 말로 앞쪽 타이어가 위쪽으로 들려 있어서 자신이 그것을 갈아 끼웠다고 말한다. 그 신사는 떠나간다 … 여기에서 그는 꿈에 대한 서술을 중단하고 그 훌륭한 신사가 그의 분석가를 생각나게 한다고 말한다. 그러나 그 신사가 멀어질 때, 기기는 자동차의 운전석이 불타고 있다는 것을 깨닫는다. 그는 도움을 요청하기 위해 그 신사를 다시 불러보려고 하지만, 그를 다시는 볼 수 없다 ... 그때 그는 그것이 그의 잘못일 거라고, 그가 담뱃불로 불을 냈을 거라고 생각하지만, 담배꽁초를 찾을 수는 없다. 그는 거기에서 발견한 호스를 가지고 불을 끄려고 시도한다. 그것은 매우 길었는데, 그것의 노즐을 찾을 수 없다 ... 하지만 튜브에 난 구멍에서 물줄기가 뿜어져 나오는 것을 보고 그것으로 불을 끄려고 시도한다 ... 계속 자동차 좌석을 바라보면서, 그는 거기에 나락이 형성되고 있고, 그것의 밑바닥에는 완전히 꺼지지 않은 불꽃이 일고 있다는 것을 점증하는 공포와 함께 알아차린다 .... .

그 꿈에는 많은 요소들이 내포되어 있다: 공동 프로젝트(다가오는 결혼? 분석 그 자체?), 또는 자신이 혼자임을 발견하는 느낌; 가게 점원들이 있는 데서 느낀 달래지지 않은 허기를 나타내는, 모차렐라를 허겁지겁 먹는 장면; 자동차 바퀴를 고쳐주는 끝없이 주고 한없이 관대하지만 그러고 나서는 사라지는 아버지/분석가 인물; 기기에게 내가 상대적으로 무관심하다는 느낌—그의 성적 무능과 과거에 마약을 피운 것에 대한 죄책감; 항문과 입 사이의 ... 그리고 허기와 박해 사이의 혼동 .... .

이런 사고의 가닥들을 추적하는 동안, 내 앞에는 불을 내뿜는 용의 턱처럼, 자동차 좌석에서 불타는 나락의 이미지가 출현한다 ...

아이였을 때의 기기의 입. 갑자기 나는 우리의 초기 만남들에서 기기가 내게 말했던 어떤 내용을 기억한다.

기기는 젖을 떼는 동안, 상한 음식으로 인한 심각한 상황 때문에 몇 주간 동안 병원에 입원해야 했는데, 그때 그는 거의 죽을 뻔했다.

이 이야기는 분석의 이 순간까지는 배경으로 남아 있었다. 나는 "자동차 바퀴를 고쳐준 신사"인 분석가가 이유기 아이의 엄마를, 기기를 씨름해야만 하는 "기능"에 혼자 남겨둔 채 떠나갔던 부재한 엄마를 장 안으로 데려왔을지도 모른다는 생각에 충격을 받는다.

나는 기기에게는 불타는 나락이 고향의 맛있는 모차렐라를 갈망하는 그의 입일 수도 있다고 말하는 것으로 만족한다; 분석가는 환자 혼자서 이 불을 직면하도록 남겨두지 않는 것이 좋을 거라고 덧붙일 수도 있었다.

여기에서 기기에게 굴욕감을 주지 않은 채, 그의 화염과 허기를 달래주기 위한 미묘하고 조심스런 작업이 시작된다. 이 지점에 도달하면서 나의 역전이 감정은 이제 분석적 장 안에서 있을 곳을 발견한 외상적 사건을 다시 환기시키는 것과 관련해서 미지근한 상태에서 따뜻한 상태로 바뀐다.

상대적인 수동성의 차원이 나로 하여금 "진정한 마음들의 결합에 참여하지 않는 상태"에 머무르도록 허용한다. 그러지 않았더라면 그것은 내 눈 앞에서 일어나고 있는 장면의 변형을 방해했을 것이다: 여자를 인질로 잡고 있는 용에 맞서는 기기/성 죠지로부터 무방비 상태이고, 그가 빨려 들어갈 뻔했던 불타는 입으로 인해 겁에 질려 있는 배고픈 기기로의 변형.

그가 전혀 다른 관점에 서 있을 때, 분석가 자신이 제안했던 은유의 도치된 의미가 산출된다.

나는 어째서 그가 여러 개월이 지나고 난 지금에서야 전혀 기억하지 못하던 사건을 이야기하는 걸까 하고 생각한다 ... 그러나 그롯슈타인의 생각을 따라 말한다면 (Grotstein, 2000), 그 꿈을 꿈꾸는 자는 입 안에 화염으로 가득한, 끔찍스럽게 불타는, 그리고 위(胃)의 밑바닥으로 낙하하는—말없는 상태가 되는 경험을 수반할 수밖에 없는—메마른 입 안의 감각에 대해 말한다.

분석가는, 꿈속의 점잖은 신사처럼, 타이어를 갈아준 일에 몰두한 나머지 불이 난 것을 보지 못했을 수도 있다 ... 그러나 파울로 우첼로가 그린 그림이 환기시킨 것은 분석가가 의식하지 못한 채 불타는 어떤 것에 사로잡혀 있다는 것을 말해준다.

분석가의 드러난 행동은 이 불을 배경에 머무르게 한다. 그 다음 회기에서야 꿈 덕택에 그것은 고통스러운 구상적(具象的)인 핵으로서 배경에 자리를 잡음으로써 하나의 현존이 된다. 그 순간이 올 때까지, 고통은 경험되거나 생각될 수 있는 장소를 갖지 못한 채 머무른다.

환자가 꾼 꿈에서 볼 수 있듯이, 감동적이고 그토록 파국적인 경험은 분석가 자신이 모든 것을 뒤에 남겨두는 모험을 하는 것이다. 과거로부터 온 문자적으로 견딜 수 없는 사고가 꿈의 작업을 통해서 이제 두 사람이 작업하는 동안 현존할 수 있는 공간과 정동을 발견한다.

"라스 메니냐스"(Las Meninas)

1994년에 이태리 정신분석학회는 분석적 장이라는 주제("분석가의 대답과 장의 변형")로 학술대회를 개최했는데, 그때 장의 패러다임을 예시하기 위해 벨라스케스(Velasquez)의 그림 "라스 메니냐스"가 은유로 선택되었다. 계속적이고 다중적인 게슈탈트의 역전과도 유사하게, 마음을 어지럽히는 효과를 얻는 데 성공적인 벨라스케스의 기법에 관한 비평가들의 글은 수없이 많다.

그 그림은 피카소에 의해 변형과 해체를 겪은 대상이다. 이 그림의 신비에 사로잡힌 채, 피카소는 그것을 변형시켜서 몇 개월 안에 벨라스케스의 예술 작품과 교차하는 여러 개의 관점들을 묘사하는, 쉰여덟 개의 그림들로 바꾸려고 시도했다. 피카소의 왕성한 호기심은 벨라스케스의 작품에서 공간적 관점의 함께 있음(togetherness)으로 표현된 것을 시간적 연쇄 안에 위치시킨 것으로 보인다.

피카소에 의해 다시 그려진 벨라스케스의 그림은 장의 기능에 포함된 정신분석적 요소들에 대한 좋은 은유로 사용될 수 있다.

그 그림은 남다른 넓이와 깊이를 갖고 있다: 우리는 그것을 스페인 공주의 초상화로, 화가의 자화상으로, 스페인 왕족의 그림으로, 뒷문을 통해 화가의 화실 안으로 들어온 침입자의 장면으로, 거울들의 놀이, 즉 관중과의 대화로 볼 수 있다.

스페인 공주의 그림에서, 그녀의 가족사, 그녀의 부모들의 이미지들은 비스듬히 벽에 걸려 있는 거울 안에서 환기되는 것처럼 보인다.

신비스런 시종 역시 공주의 부모들을 반영하는 거울 옆의 매우 옅은 색깔의 화판 안에서 계단을 내려가는 수수께끼 같은 인물로 등장한다 … . 왕족들과 신비스런 시종은, 마치 그들이 관객의 자리에 있기라도 하듯이, 그림 바깥에 위치한 것처럼 보인다는 점에서, 수수께끼 같은 이미지들이다. 그들은 세팅의 지금 여기에 존재하지는 않지만, 말의 교환이 이루어짐으로써 불러 일으켜지는 분석이 수행되는 방 안에 있는 유령들이나 사람들로서 나타난다. 그 스페인 공주는 한 무리의 사람들에 의해 둘러싸여 있다: 그녀를 보살피기 위해 대기 중인 숙녀들, 난장이, 작은 아이, 그리고 그 옆에 있는 큰 개 …

그 그림에는 많은 음(音)들이 얽혀 있는 초조함, "되기"의 감각을 느끼게 하는 확장되는 에너지, 공간, 빛, 어둠, 명료성, 그리고 그림을 보는 관객에게 남아있는 증가된 포화되지 않은 느낌이 있다.

관객은 당혹스러운 상태로 남아있고 보통은 약간 낯설다는 느낌을 갖는다. 왜냐하면 그는 한-방향 거울을 통해서 장면을 보고 있다는 인상을 받기 때문이다. 그러나 관객은 또한 "그림 안"에 현존해 있고 "증언을 위해 소환되고 있다."

이 그림은 분석과정에서 분석가와 환자로 하여금 고통, 삶 그리고 미래의 예측할 수 없는 각도들을 직면하도록 강요하는, 아직 생각되지 않은 사고들을 향해 우리의 마음을 열어주는 것처럼 보인다.

이 그림과 마찬가지로, 분석적 만남의 구조는 대상들, 등장인물들, 이야기들과 꿈들이 사이에 끼어들고, 그 결과 환자와 분석가가 정신적 고통의 변형과정에 참여하게 되는, 시-공간적인 장으로 생각된다.

고통은 계획을 따르지 않는다. 그것은 원인에 따른 결과가 아니다. 그것의 의미는 심지어 외상적인 것일 때조차도 논리적 선을 따라 포획되지 않는다. 고통은 시간과 공간 안에 있는 한 지점이 아니며(Ferenczi, 1932), 계속적으로 수정되고 다시 이야기되는 복잡한 내적 장면들(그리고 외적 장면들)이다. 그 안에서 각 장면은 다른 장면에 의해 덮여 있거나(프로이트가 말하는 외피들의 기억), 휴지 기간 동안에 그리고 이야기가 장애물을 만날 때 드러난다 …

무언가 다른 일이 막 발생하려고 하는 동안 자신의 침대 머리맡에서 분석가를 보고 있는 딜레타를, 즉 서로 다른 두 정신성들(가톨릭과 정통 종교) 사이에서 하나를 버리는 딜레타를 생각해 보자. 꿈속의 세팅은 명백히 당황스럽다(분석가가 침대 머리맡에 있다). 그러나 꿈에서 묘사된 장면은 그녀를 숨겨주고 있는 보호막을 넘어 관찰될 필요가 있는, 환자의 치료를 위한 기능을 갖고 있다: 가톨릭 신앙을 갖는 것이 정체성을 위한 요인이 되고 있다. 그 꿈의 이야기는 분석가를 공간의 한 지점에 위치시키고, 분석가의 해석은 환자가 그를 위치시킨 지점에서 생겨난다. 그것은 셜록 홈즈의 해석이 아니라, 분석적 사실들이 발생하는 동안 그것들로부터 오는 해석이다(A. Ferro, 2004).

벨라스케스의 그림은 우리에게 많은 생각들을 가져다준다. 잠시 그것의 몇몇 측면들을 검토해보자.

첫 번째 측면은 환자의 이야기, 즉 그때 거기의 차원이다.

환자의 과거사 안에 있는 정서적 변천들은 다양한 수준의 상징성(figurativeness)과 표상(representation)과 함께 회기의 장 안에 있다. 우리는 그것을 환자의 이야기하는 "그때 거기"가 회기 안에서 지금 여기에서 표현되고 있는 것이라고 본다. 장의 패러다임에서 바라볼 때, 과거에 대한 재구성은 정신적 기능에 대한 탐구로, 환자의 그리고 총합으로서의 분석적 장의 정신적 기능에 대한 탐구로 바뀐다. 여기에서는 환자를 담아주는 자원들의 질이 중요해지며, 이것은 역동적인 담는 것-담기는 것(containercontained)에 의해 개방된 변형적 움직임을 최대로 사용할 수 있는 가능성이 된다.

치료에서, 외상적 경험의 재구성을 거치지 않은 채 주로 전이와 역전이에 기초해서 이루어지는 해석은 이 경험의 가장 극적인 결합가에 도달하지 못할 수 있다(W. Bohler, "Memory, trauma and collective memory: The battle to remember in psychoanalysis," 2007년도 베를린 국제정신분석학회 45차 학술대회 주요 기고문)는 가설에 동의하자. 그리고 외상적 경험은 환자의 자동-보호적인 방어, 즉 사고와 탐구를 방해하는 방어들에서 표현되거나 그 경험이 미리 정의된 공간들을 찾아간다고 간주하자. 기기는 첫 만남들에서 자신의 외상을 분석가에게 말했지만, 당시에는 생각할 수 없었던 그 영역을 옆으로 제쳐놓았다. 비슷한 방식으로, 딜레타는 그녀의 종교적 믿음을, 생각하는 것이 불가능한 영역 안에 두었다. 이 영역들은 거의 보이지 않는, 사실상 생각할 수 없는 영역이 되는 경향이 있다. 왜냐하면 분석가 자신이 얼마 동안 환자의 기능과 비슷한 정신 기능을 차용하기 때문이다. 동일하지는 않지만 유사하게, 분석가는 더 복잡한 정신 기능을 발달시킨 사람이다. 기기의 사례에서, 분석가는 잠시 동안 외상을 끌어 모으지 않은 채, 생각할 수 없는 외상을 살며시 건드린다. 그는 환자의 가장 성숙한 측면에서의 변천들, 즉 일, 결혼, 그의 아버지와의 갈등을 추적한다. 그리고 이 문제들을 이 수준(망가진 자동차의 타이어)에 두려고 노력한다. 이제 우리는 우리가 강조하고 싶어 하는 또 다른 측면에 도달한다.

분석가-환자의 만남은 공동-전이의 역동을 넘어선다. 사실상 우리는 양쪽 파트너의 마음 속에 있는 어떤 영역들이 기본적 가정 기능(basic assumption functioning)에 의해 이끌린다고 생각한다.

그것은 분석가와 환자를 뚜렷하게 분리된 개인들로서가 아니라, 미분화된 덩어리의 전-개인적 요소 안에 있는 기본적 가정들을 일부 공유한 사람들로서 소환한다.

기본적 수준의 정신 기능은 만남의 전체 장 안에 확산되며, 그것은 두 주인공 모두를 위해 생각이 가능하다고 여겨지기 때문에 탐구되어야 할 영역과, 이름 없는 공포, 편집증적인 외침, 말의 사라짐 앞에 열려 있기 때문에 탐구되어서는 안 될 영역을 규정한다.

이 기본적 가정의 정신적 기능은 그 만남의 장 안에 스며들고, 다른 좀 더 진화된 분석가와 환자의 기능 옆에 머무른다.

원시적 외상의 흔적인, 입 안에서 타오르는 불은 공동-전이에 대한 분석에 의해 도달한 것이 아니라, 두 참여자 모두를 위한 새로운 은유를 우연히 연상하게 된 덕택에 도달한 것이었다.

여기에서 우리는 우리가 강조하고자 하는 세 번째 측면에 도달한다. 거기에는 벨라스케스의 그림과 교차하는 또 다른 측면이 있다: 첫 번째로 부각되는 것은 우리가 보지 않는 그림의 뒷면인데, 그것은 사물을 둘러싸고 있는 알려지지 않은 것의 후광을 암시하는 것처럼 보인다. 우리가 그림을 그리고 있는 화가를 보고 있는 동안에 발생하는 변형은 모호한 상태로 남는다.

이와 비슷한 것이 테오 앙겔로풀로스(Theo Anghelopoulos)의 영화 "율리스의 시선"(Lo Sguardo di Ulisse)에서 제시되고 있다. 그 영화에서 잃어버린 영화필름을 찾기 위한 주인공의 길고 지루한 여정을 동반하고 난 후에, 코렐(Corel, 2004)이 언급하듯이, 관객인 우리는 마지막에 그가 무엇을 다시 발견하는지를 실제로 보지 못한다. 주인공이 되찾은 필름감개를 바라보며 우는 동안, 감독은 우리에게 텅 빈 화면을 제공한다.

분석적 장면 안에도 보이지 않는 그림이 있다: 사물 없음이 있다. 이 개념은 지식을 둘러싸고 있는 어둠의 후광을 서술하기 위해, 그리고 이러한 매우 제한된 지식 덕택에 사는 것과 그 삶을 표현하는 것이 가능한 비정신증적 상황으로부터 마음의 정신증적 기능을 구별하기 위해, 비온이 도입한 것이다(1970).

이처럼 다시 발견한 외상적 이야기는 주물적 가치를 갖지 않는다. 오히려 안겔로풀로스의 영화 속의 분위기에서처럼 그런 발견 자체는 발달을 위한 요인이 된다.

사실, 그것은 무의식이 무엇에 의존하고 있는지를 보여준다: 선형적이지 않은 또는 연상적인 경로를 따르면서 장 안으로 암시들을 던지는 알려지지 않은 내적 현존. 우리는 생각하는 자들이 이 암시들을 환영할 수 있고 새로운 영역들을 탐구할 수 있다는 것을 알고 있다. 내면의 생각하는 자는 그롯슈타인이 말하는 꿈을 꿈꾸는 꿈꾸는 자와 유사하며, 사실상 깨어있는 상태에서 꿈 기능을 수행한다(Ferro, 1996).

성 죠지와 용에 대한 연상은 우연히 분석가에게 발생했다. 그것은 비록 그가 그렇게 생각하고 있다고 해도, 그가 창조한 것이 아니다. 놀라움과 함께 분석가가 이 연상을 집어낸 것은 장 안에 우리가 알지 못하는 상태에서 상호작용하는 다른 무의식적 주인공들이 있음을 보여준다.

분석가 내면의 생각하는 자는 깨어 있는 상태에서 환자에 관해 꿈꿀 수 있고, 비유적인 메시지들이 출현하도록 허용하며, 몽상을 통해 그것들을 받아내는 의식적인 생각하는 자에게 그 메시지들을 전달한다. 그리고 그 의식적인 생각하는 자는 그것들을 환자에게 전달함으로써 정신적 고통을 조절한다.

이 내면의 생각하는 자는 내면화된 분석적 담아주기를 나타낸다.

기기의 경우, 내면의 생각하는 자의 연상은 환자의 꿈 이야기를 생성해냈고, 환자에 의해 꿈꾸어진 비유적인 이야기는 분석가의 연상을 의미 있는 것으로 만들어주었다.

오직 밤의 꿈과 낮의 꿈 사이의 이러한 교류를 통해서만, 만약 분석가가 그에게 좀 더 친숙한 관점에 머물렀더라면 그 순간에 사라졌을 뻔했던, 환자의 일차적 경험의 질을 이해하는 것이 가능했다: 유기, 피학증, 동성애, 이상화 등등.

고통 받는 용의 이미지로부터 변형들이 장 안에 발생하기 시작했다.

이 변형들의 결과, 분석가는 환자로부터 정동적인 거리감을 유지했던, 자신의 역전이를 의미있는 것으로 만들 수 있었다. 그리고 다시금 그러한 교류의 결과, 분석가는 마치 새로운 성 죠지처럼 환자에게 과잉포화된 해석들을 제공하기 위해 밀어붙였을 수도 있는, 충동을 담아낼 수 있었다.

상호교환이 이루어진 높은 곳에서 환자와 분석가는, 혼자 남겨진 채 고통 받는 아기 용의 메마른 목구멍 속의 나락을 바라볼 수 있다.

나락은 한 때 젖가슴이 있던 자리에 생긴 불타는 구멍인 것처럼 보인다. 분열된 아픔은 성 죠지의 반짝이는 갑옷 뒤에 숨어 있었다. 그 갑옷은 기기를 죄책감과 문제를 해결해야 할 필요, 죄책감을 느끼고 만족시켜주기 위해 시도해야 할 필요 안에 가두었다. 모든 구속들이 그렇듯이, 이 구속 역시, 비온이 서술하듯이 (1997), 우리가 고통 받는 아이와 만나는 것을 허용하지 않는 아주 좁은 공간만을 개인에게 허락한다.

프란체스카의 꿈

프란체스카는 늙는 것, 죽는 것, 병드는 것을 두려워한다. 그녀는 그녀의 시간들을 불안으로 채우는 건강염려증으로 고통 받고 있다. 그녀는 자녀들과, 그리고 일과 결혼했지만, 그녀의 내면은 처녀 시절과 당시에 약혼자였던 안드레아에 대한 향수로 가득하다. 안드레아는 그들이 헤어지고 난 몇 년 후 서른이 갓 넘은 나이에 사고로 죽었지만 ... 프란체스카는 지금도 그를 생각하고 있다 ... 분석이 불안을 제거하고 그녀가 삶에 좀 더 현존할 수 있게 해주었다고 그녀는 느끼고 있다. 그런데 분석이 5년째 되던 해의 여름휴가가 끝난 어느 날 프란체스카는 불안, 발진, 건강염려증의 소용돌이에 휘말린 것처럼 보였다 ... 나는 그녀에게 도달할 수 없는 것 같고 ... 그녀의 꿈에서 그녀는 항상 날고 있는 것처럼 보인다.

프란체스카는 카우치에 눕자마자 꿈 이야기를 한다: "종종 그렇듯이, 나는 안드레아 꿈을 꾸었어요. 우리는 만나기로 약속했는데, 나는 무엇을 입어야 할지 등을 생각하면서 매우 초조해요 ... 그런데 그는 가냘프고 어린 소년 같아요. 나는 어떻게 이런 일이 가능한가를 생각하죠. 지나간 그 모든 세월 동안 ... 그는 매번 방치된 정원 같은 건초 더미에서 뒹굴 수 있는 장소를 가로질러 나를 데려가곤 해요 ... 그리고 그는 노란 낙엽으로 덮인 언덕으로 나를 안내하죠 ... 그는 이렇게 말해요: 오늘이 3월 23일인 것을 잊지 마 ... 나는 이 날이 무슨 날이더라 하고 생각해요. 그날은 봄이 시작되는 날이에요 ... 그러나 지금은 가을이에요 ... 우리는 아래로 내려가는데, 거기에서 마른 나뭇잎들을 치우는 장면을 만나죠. 그리고 중앙에는 마치 온실 화분에서 핀 것 같은 아주 아름답고 신선한 하얀 튤립들이 있어요 ... 나는 그것이 무덤 같다고 생각해요 ... 나는 잠에서 깨어나요 ... 맞아요. 그것은 무덤 같아요 ... 튤립은 내가 좋아하는 꽃이에요 ... 며칠 전에 나는 파티에 가는 친구에게 튤립을 주었어요 ... 나는 어린 소녀 시절에 항상 엄마와 함께 창가 화분에 튤립을 심었죠 ... 봄이면 언제나 그 꽃들이 피었는지를 살피곤 했어요 ... 내가 아주 어렸던 시절 어느날, 나는 혼자서 그것들을 심었어요 ... 그것들은 꽃을 피우지 않았죠 ... 나의 엄마는 땅을 파보고는 내가 그것들을 거꾸로 심었다고 말했어요 ...''

지난 번 회기에서 자신의 끔찍스런 성격에 대해 말했던 프란체스카는 자신이 항상 좋은 사람이라고 스스로 상상했지만 ... 지금은 결혼기념일인데도 까맣게 잊어버리고 남편에게 선물을 사주지 않은 무뚝뚝하고 차가운 여자라고 느끼고 있다.

나 역시 그 당시에는 그녀를 견뎌주기가 힘들었다 ... 그녀는 헐레벌떡 회기에 도달했고, 아이들과 무엇을 하고, 어떤 가사 일을 할 것인지와 같은 그날의 과제들을 쫓기듯이 열거하곤 했다. 나는 그녀가 심통을 부리듯이 ... 회기를 건너뛰고, 지각하는 것을 통해서 나를 지치게 만들려고 하는 욕망을 갖고 있는 것 같다고 말했다. 그녀는 정말로 산만했다.

그러나 그 회기 후에, 내가 집에서 몇 가지 자질구레한 일을 하고 있는 동안, 나는 프란체스카가 이런 방식으로 다음과 같이 말하고 있다는 생각이 들었다: 지금 나는 일을 하고 있고, 성인이며, 이것이 성인이 행동하는 방식이고, 성인은 왜 그렇게 해야 하는지 이유를 듣기보다는 자신이 원하는 것을 하는 것이고, 이제는 내 차례이고, 당신에게 의존하지 않겠다 ...

나는 분석 시간들이 그녀에게 얼마나 전제적으로 보였을 지에 대해 생각했다. 휴가와 회기의 길이에 대한 결정을 내가 내렸고 ... 그것은 그녀가 일곱 살 때 "자신을 찾기 위해" 가족을 버리고 다른 도시로 가서 일을 했던 그녀의 엄마의 행동과 같은 것이었다.
프란체스카가 그녀의 꿈 이야기를 할 때, 나는 선한 어떤 것을 느낀다 ... 사실, 나는 그 회기가 끝날 때쯤 우리들 사이의 장이 변했다는 것을 느낀다 ... 나는 나와 그녀 사이의 연결을 ... 내 자신 안에 있는 다른 리듬들을 ... 삶과 죽음이 전적으로 혼합되어 있는 것을 ... 다시 발견한다 ... .

프란체스카의 꿈이 말하는 것은 바로 이것이다: 혼합된 삶과 죽음. 그것들 사이에 말끔한 경계를 그을 수 있는 방법은 없다. 그것들이 섞여 있다는 사실 그 자체가 말로 표현할 수 없는 아름다움이라고 프로이트는 말한다(1916).

그것들이 혼합되어 있다는 점 때문에 장애물들, 방어들, 단지 생존을 위해 필요한 것들을 주목하는 것은 중요하지 않다. 필요한 것은 미래, 아직 도달하지 않은 것, 비록 오랫동안 드러나지 않았지만, 다가오고 있는 것을 끌어 모으고 그것에 가치를 부여하는 일이기 때문이다. "신경증이나 정신증의 덩어리들 아래 묻혀 있는, 분석적 상황의 어떤 부분 안에는 태어나기 위해 투쟁하고 있는 인격이 있다. 이런 상황에서 분석가는 신경증적이거나 정신증적인 기제들을 드러내보이지 않는 것, 또는 환자를 해방시키기 위해 ... 진짜 삶을 살도록 풀어주기 위해 ... 그리고 아이로 하여금 자신 안에 잠재되어 있는 성인을 발견하도록 돕기 위해 노력하는 과정에서 우연히 발생하는 것으로서만 그런 기제들을 드러내보이는 것이 중요해 보인다"(Bion, 1987, p. 48).

장의 패러다임은 우리에게 바로 이것을 넌지시 말하고 있다. 환자와 분석가의 "공동 과제"는 고통에 의해 그리고 무언가가 태어나고 있다는 느낌에 의해 안내되는 좁은 길을 따라 걷는 것이다. 프란체스카의 꿈은 분석가와 환자 모두가 이 공유된 과제를 직면하도록 도왔다.

결론적 고찰

장은 두 사람이 치료를 위해 만날 때 구성되고, 의미들을 생성해내고, 변형시킨다. 우리는 장이 세팅, 관계, 치료라는 관점들 사이에서 생겨난 공간이라고 생각한다. 치료에 대한 요청이 즉시 장에 영향을 미치며, 그것은 첫 번째 만남이나 첫 번째 전화 통화보다도 앞서 발생하는 것일 수 있다. 치료 작업이 진행되면서 환자가 명백하게 말한 것을 넘어서는, 치료 요청에 대한 새로운 의미들이 출현할 수 있다. 딜레타와 기기의 경우를 생각해보라.

우리가 말했듯이, 장의 패러다임은 전파와 확장의 개념을 포함한다. 그것은 종종 일정 기간 동안 무의식 안에 머무르는 의미의 방향량들(vectors)과 교차한다.

우리는 장의 개념을 단순한 역전이 문제로 환원시킬 수 있다고 생각하기 쉽지만, 그것은 사실이 아니다. 사실 분석가는 새로운 사고들을 받아들이기 위해 환자가 거주하는 동일한 정신적 장소 안에 자신을 둘 필요가 있다. 이런 방식으로 분석가는 환자의 미분화된 정신 상태들, 즉 그의 정신적 기능에 내포된 기본적 가정들을 일시적으로 공유하고 있는 자신을 발견한다.

분석가가 환자의 마음의 원초적이고 미분화된 영역들에 가까이 갈 때, 환자 안에 잠재되어 있는 특정한 요소가 출현할 수 있게 된다.

그러나 이 차원들에 가까이 가기 위해서 환자는 먼저 미분화된 것의 두려움에 침몰하지 않으면서, 분석가와 함께 공통의 영역 안에 머물러야 한다. 이런 방식을 통해, 이미 알려진 안심시켜주는 역동에 의해 재갈이 물려진, 지금 여기에서 여전히 침묵을 요구받고 있는, 유아적 차원들과 접촉하는 것이 가능하다.

분석가와 환자가 같은 공간 안에 거주하는 순간부터 그리고 가능한 사고들이 등장인물들, 장면들, 외상적 이야기들, 증상들의 순환에 에워싸여 있는 동안에도, 장 안에서의 상호작용은 여전히 전-개인적인(pre-individual) 마음의 상태들에 닻을 내리고 있다.

아직 비유적 수준에 있는 이 사고들은 생각하거나 표상될 수 있기 전에 스스로를 소개한다.

꿈 이전의 딜레타의 종교적 신앙은 적절한 해석의 대상이 될 수 없었지만, 꿈을 통해서 그것은 알려진 의미의 세계로부터 나와 새로운 생각(idea)으로 변했다.

유사한 방식으로, 기기의 유아기 외상은 환자와 분석가의 마음 속에서 사실로서 존재했지만, 불타는 나락의 장면은 살아있는 고통의 깊이를 그들에게 되돌려주었다.

우리는 새로운 사고들을 받아들이고 변형시키기 위해 생각하는 자들을 찾고 있는, 새로운 사고들에 의해 횡단되는 차원으로서의 장의 의미를 강조했다.

새로운 사고들은 회기 안에 다른 사람들, 즉 분석 안에서 탐구를 위한 신비스럽고 소중한 메시지들을 우리에게 보내는 내면의 생각하는 자들과 꿈꾸는 자들이 존재한다는 것을 알게 해준다.

이 생각들, 즉 생각하는 자 없는 사고들을 받아들일 수 있기 위한 조건(Bion, 1970)은 "진정한 마음들의 결합이 방해물이 되도록 버려두지 않는 것," 즉 우리가 메니냐스의 그림을 관찰하는 방식처럼 다양한 관점들로부터 오는 경험들을 관찰할 수 있게 허용하는 비선형적인 연상적 경로에 반대하지 않는 것이다.

어쨌든, 연상적 경로를 따라가도록 허용하는 것은 정신분석가가 사용할 수 있는 특권이요, 프로이트가 상상한 세팅의 기초이다. 연상적 경로는 또한 비온이 기억과 욕망이 없는 상태로 우리를 초대하면서 강조했던 주된 충고이기도 하다.

프란체스카의 꿈은 성적 무능과 죽음에 대한 두려움에 대한 암시와 나란히, 통합적 과정을 시작할 수 있는 가능성을 가리킨다: 반복 강박을 활성화하는 죽음에 대한 두려움(이름 없는 공포)은 생각할 수 있고 표상될 수 있는 것이 되기 위해 필요한, 장소와 이름을 발견한다.

분석가 자신이 이러한 경계영역들 안으로 들어가는 모험을 주저하는 것은 이해할 만하다. 왜냐하면 죽음은 공포로, 더 나아가 결코 "태어난" 적이 없는 인격의 측면들과 관련된 두려움으로 인도하기 때문이다.

이 측면들을 풍부한 정신분석학적 이론들을 갖고 직면하는 것이 우리가 필요로 하는 것의 전부는 아니다. 우선, 우리 안에 있는 무의식적이고 알려지지 않은 생각하는 자는 우리가 의존 상황에 있다고 느끼도록 만들고, 장 안에 있는 알려지지 않은 것에 대한 두려움, 즉 우리의 정신분석학적 지식의 한계에 대한 두려움 속에 우리를 머물게 한다.

정신적 기능의 범위에 대한 비온의 고찰에 따르면, 우리는 죽음의 공포, 미치는 것에 대한 공포를 멀리하기 위해 좁은 범위 안에서 은신처를 찾는다. 정신분석적 치료는 정신적 기능의 범위를, 연약한 인간의 마음이 견딜 수 있도록 너무 많은 불안의 유입을 막아주는, 눈으로 볼 수 있고 생각할 수 있는 공간으로 확장하는 경향이 있다.

자아가 등장하고, 우리는 변형들을 보게 되는데, 그것을 보는 순간은 이미 그것들이 발생한 이후이다. 그런 이유로, 분석가인 우리는 환자의 내면 안에, 태어나기 위해 투쟁하고 있는 인격이 있는지를 찾아볼 필요가 있다. 다시 말해서, 우리는 환자 안에서 그가 아직 되지 못한 것을 일별하기 위해 노력할 필요가 있다.

분석적 탐구는 아직 탐구되지는 않았지만 태어나고 있는 사고들로서, 즉 미래로서 배경에 남아 있는 "사물-없음"(no-things) 덕택에 기능해진다.

벨라스케스의 그림 안에서 눈에 보이지 않는 그림의 뒷면은 미래의 순간으로, 환자가 많은 작업을 성취해낸 시점으로 연기되고 있고, 심지어 그것은 분석이 종결된 이후에 이루어질 수도 있다.

이것은 우리가 해야 할 일차적 과제가, 겁에 질린 우리 자신의 부분을 담아내는 것임을 말해준다. 왜냐하면 우리의 두려움이 실제로 오만하고 편협한 것이 될 수 있고, 알지 못하는 것을 "무"로 환원시키려고 시도할 수 있기 때문이다.

우리가 두려움을 담아낼 수 있을 때, 우리는 무의식을 탐구하는 모험을 시작할 수 있다. 그 탐구는 정신적 고통을 치료하는 과정에서 "탐구 공간의 확장"을 가져다 준다.

주

1. 몇몇 분석가들이 다른 이론적 관점에서 이 제한들의 덧없음에 관심을 보였다. 그들 중 일부를 열거하자면, 블레거(J. Bleger, 1967), 로우왈드(H. Loewald, 1970), 밋첼(S. Mitchell, 1988)을 떠올

릴 수 있다. 이들 분석가들이 아무리 적게 비온을 인용한다고 해도, 또는 역으로 비온에 의해 인용되지 않는다고 해도, 그들은 매우 유사한 측면들을 탐구하면서 나름대로 일관성 있고 매력 있는 이론적 전망을 제공하고 있다. 유사한 정신적 영역들을 접하고 있는 옥덴의 작업(Ogden, 1989-2004)은 상세하게 취급될 만하지만, 애석하게도 이 글에서는 가능하지 않다.

2. 장의 이러한 차원에 대한 세밀한 검토는 비온이 말하는 "이름 없는 공포"와 관련되어 있고, 그것은 보통 장 안에서 인격의 정신증적 측면에서 유래한 죽음 불안으로서 스스로를 제시한다. 기본적 가정 집단들 안에서 사물-없음과 무가 이질동형적인 것이 되는 정신 상태가 출현한다.

3. 우리가 분석가의 정신적 세팅을 위한 배경으로서 제안하는 이 특정한 공식은 그를 "중립성"을 강조하는 고전적 분석가로부터 구별해주는 주된 변화를 나타낸다. 이 공식은 박해를 견뎌내고 정교화할 수 있는 분석가의 "소극적" 기능에 의해 지원받는다(W.B. Yates를 보라). "방해물들을 허용하지 마라"(태어나지 않은 사고들이 도달하는 순간에)는 말은 셰익스피어의 유명한 단시(短詩)와 연결된 것일 수 있다: "나로 하여금 진정한 마음들과 결혼하게 하지 마라/장애물들을 인정하라, 사랑은 사랑이 아니다/ 그것이 변형을 발견할 때 변형되는/ 또는 제거하기 위해 제거하는 자와 함께 굽히는/ ...

4. 우리는 이 사건을 기본적 가정 집단에서 작업 집단으로 넘어가는 것으로 볼 수 있다.

참고문헌

Ambrosiano, L. (1998). Il complesso intreccio tra teoria ed esperienza clinica [The complex interweaving of theory and clinical experience]. Riv Psicoanal 44: 41-66.

Ambrosiano, L. (1999). Tra clinico e istituzionale: nessi possibili [From clinical to institutional: possible links]. *Riv Psicoanal* 45: 475-92.

Ambrosiano, L. (2006). The analyst: His professional novel. *Int. J. Psychoanal*, 2005; 86:1611-26.

Baranger, M. e W. (1968). La situazione analitica come campo dinamico Cortina Milano.

Bion, W. R. (1967). Second Thoughts (Selected papers of psychoanalysis), London: Heinemann.

Bion, W. R. (1961). *Experiences in groups*. New York: Basic Books.

Bion, W. R. (1962). *Learning from experience*. London: Heinemann.

Bion, W. R. (1963). *Elements of Psychoanalysis*. London: Heinemann.

Bion, W. R. (1965). *Transformations* London: Heinemann.

Bion, W. R. (1970). *Attention and interpretation: A scientific approach to insight in psychoanalysis and groups*. London: Tavistock.

Bion, W. R. (1987). *Clinical Seminars and four papers* 1987, trad. it. "Seminari clinici Brasilia e San Paolo" Milano Raffaello Cortina 1989.

Bion, W. R. (1992). *Cogitations*. Karnac Books, London.

Bion, W. R. (1997). Taming wild thoughts H. Karnac Books, London.

Bleger, J. (1967). *Psicoanalisis del encuadre psicoanalitico. Rev. de psychan*. 24(2):pp.241-258.

Bleger, J. (1967). *Symbiose et ambiguite: etude psychanalitique*. Paris: Presses Univ. de France.

Calvivo, I. (1988). Voyage dans la lune Lezioni americane. Garzanti Milano.

Corel, A. (2004). Theo Anghelopulos: Lo sguardo di Ulisse. I. J. P. 2004.

Corrao, F. "Il concetto di campo come modello teorico". In *Orme Contributi alla psicoanalisi*. (Tracks. Contributions to the psychoanalysis) Milano Cortina.

Ferenczi, S. (1932). Confusion of tongues between adults and the child. J. XXX 225, Milano Cortina vol. IV.

Ferro, A. (1996). *In the analyst's consulting room*. Hove: Brunner-Routledge. 2002.

Ferro, A. (2004). Seeds of illness and seeds of recovery: The genesis of suffering and the role of psychoanalysis. Hove: Brunner-Routledge. p. 122.[(2002). Fattori di malattia. Milan: Cortina.].

Ferro, A. (2005). Theoretical and clinical observations. IJPA 2005, 86: 1535-42.

Freud, S. (1916). On transience. S. E. 14, pp. 305-7.

Freud, S. (1915). Instincts and their vicissitudes. S. E. 14.

Freud, S. (1921). "Group psychology and the analysis of the Ego". S. E. 18.

Freud, S. (1927). The future of an illusion S. E. 21.

Freud, S. (1937). "Constructions in analysis". S. E. 23.

Freud, S. (1938). "An outline of psychoanalysis". S. E. 23.

Gaburri, E. (1986). Dal gemello immaginario al compagno segreto [From the imagined twin to the secret friend]. *Riv Psicoanal*, 32: 509-20.

Gaburri, E.(1992). Emozioni, affetti, personificazioni [Emotions, affects, personifications]. *Riv Psicoanal*, 38: 325-52.

Gaburri, E, (1998). "Il campo gruppale e la non cosa" In: "Il campo gruppale" G. Rugi & E. Gabburri (a cura di). Borla Roma.

Gaburri, E., Ambrosiano, L. (2003). Ululare con i lupi. Conformismo e reverie [Howling with wolves. Conformism and reverie]. Turin: Bollati Boringhieri. p. 152.

Gaburri, E. (2007). La promesse delirante et les flutes magiques. Revue Francaise de Psyanalyse ottobre LXXI, 979-997.

Grotstein, J. S. (2000). *"Who is the Dreamer Who Dreams the Dream. A Study of psychic Presences"* The Analytic Press. Inc. Hillsdale, New Jersey, USA.

Loewald, H. W. (1970). *Papers on Psychoanalysis* Yale University.

Mitchell, S. (1988). *Relational concepts in psychoanalysis*. An integration. Harvard University Press, Cambridge, Mass London, trad, it. Bollati Boringhieri 1993.

Napolitano, F. (2006). *Sete. Appunti di filosofia e psicoanalisi sulla passione di conoscere. (Thirst. Philosofic and psychoanalytic notes on passion for knowledge.)*. Quodlibet Macerata Italy.

Ogden, T. (1989). *The primitive edge of experience*. Jason Aronson Inc.

Ogden, T. (2004). *An Introduction to the Reading of Bion. Int. J. Psychoanal.* 85(2):pp.285-300.

6장

정신분석의 역동적 장:
무의식 이론의 전환점

카를로스 소페나(Carlos Sopena)

　이 글에서 나는 1961-62년에 마델레인 바란제이와 윌리 바란제이가 제안한 정신분석의 역동적 장에 대해 이론적 및 임상적 논의를 시도하고자 한다. 나는 전통적 모델과는 달리 이 새로운 모델에서 나온 무의식의 개념에 초점을 맞출 것이다. 이 분야의 저자들은 장의 무의식이 피분석자와 분석가 그 누구에게도 속하지 않으며, 그것은 회기 동안에 형태가 만들어지는 것이라고 진술한다. 내가 보기에, 이것은 무의식에 대한 이론 안에서 하나의 전환점이 발생했음을 말해준다. 그것은 무의식을 형성함에 있어서 상호주관성이 차지하는 역할을 인정하게 될 추후 개념들을 예상하고 있다.

장의 구조에 대한 묘사

이 분야의 저자들은 역동적 장이, 그 안에 참여하는 자들의 역할이 명확하게 정의된 곳에서 그들의 최초의 동의 안에 담긴 기본적인 기능의 형태를 따라 구조화되는 영역이라고 지적한다. 공간과 시간의 배열 같은 분석적 틀의 다른 중요한 측면들은, 예컨대, 회기들의 기간과 빈도 그리고 일시적인 중지들과 관련된 합의사항들은 매우 안정적인 것으로 드러나며, 이것은 장의 전-의식적 등록에 속한다는 것이다.

장의 특징들 중의 하나는, 비록 그것의 기본적 형태가 지가적 현실의 수준에서 볼 때 두 사람으로 이루어진 것이지만, 그것이 이중구조를 초월한다는 것이다. 왜냐하면 거기에는 담화 안에 부재한 제3자가 있기 때문이다. 그 제3자는 등장인물이라기보다는 부재한 인물의 장소요, 상상적인 장소라기보다는 상징적인 장소이다. 이것은 이 분야의 저자들이 다른 글들에서 정의한 신경증의 핵심적인 오이디푸스 형태와 일치하는 것으로서, 퇴행적 순간들에는 이중적이거나 심지어 융합적인 것으로 변할 수 있다. 그러나 이 삼각형은 다른 모든 상황들의 형태를 결정짓는, 중심적 상황이다(Baranger, 1964).

장은 본질적으로 무의식적 환상에 의해 구조화된다. 하지만 그것은 환자 한 사람에 의해서가 아니라 환자와 분석가 두 사람에 의해서 만들어지는 것이며, 또한 두 사람의 내적 상황들의 총합도 아니다. 왜냐하면 그것은 그들이 하나의 단위체가 되는 회기 안에서 두 사람이 함께 만드는 것이며, 그렇게 해서 만들어진 모습은 그들 자신들의 모습과는 다른 것이기 때문이다(Baranger, 1961-62).

이 분야의 저자들에 따르면, 이 단위체는 상호적 동일시 기제에 의해 만들어진다. 그들은 만약 투사적 동일시 과정이 클라인에 의해 밝혀진 것처럼 일반적인 현상이라면, 그것이 모든 커플을 구조화하는 데 결정적인 역할을 한다는 것은 놀랄 일이 못된다고 말한다. 커플은 투사적 및 내사적 동일시들의 상호 게임과 그에 따른 당연한 역전이들의 결과물로서 만들어지기 때문이라는 것이다. 그들은 또한 분석적 커플의 투사적 동일시가 특별한 특징들을 갖고 있다고 말하는데, 그것은 분석가 편의 투사적 동일시는 매우 제한될 필요가 있기 때문이다.

장의 개념은 분석가가 역전이에 영향 받을 수 있을 뿐만 아니라, 그가 분석하는 장 안에 그 자신도 포함되어 있다는 것을 인정한다는 점에서, 치료적 관계를 생각하는 방식에 중요한 변화가 발생했음을 말해준다. 그것은 이 관계를 창조하고 밝히는 데 참여하고 있는, 서로 연결된 두 개인에 관한 것으로서, 그들 중 누구라도 상대방 없이는 인식될 수 없다.

이것은 또한 전이-역전이 관계를 보다 정확하게 이해하도록 허용한다. 후자는 더 이상 전이에 대한 선형적 반응으로 생각될 수 없다. 왜냐하면 그것은 장 안에서 두 사람 모두에 의해 창조된 것이기 때문이다: 소위 역전이는 장 안에 포함되어 있는 분석가의 관점에서 보는, 두 사람으로 이루어진 장이다(Baranger, 1969).

임상적 실제에서 이러한 변화들은 장의 구조와 기능의 근저에 있는 새로운 무의식 개념에 기초해 있다. 우리는 하나의 장소인 동시에 그 장소에 전치된 내용인 전이와 마찬가지로, 장은 무의식의 생산자인 동시에 그것의 장소라고 생각한다. 장의 무의식은 피분석자의 것도, 분석가의 것도, 그 두 사람 모두의 총합도 아니며, 그 두 사람 모두를 포함하는 회기의 것이다; 개인들을 초월하는 이 두-무의식은 주어진 어떤 것이 아니다. 왜냐하면 그것은 회기 동안에 분석적 대화가 발생할 때에만 온전히 형태를 갖추기 때문이다.

이 분야의 저자들은 다른 종류의 무의식을 제시한다. 그들은 무의식을 치료 집단의 무의식, 특히 집단이 공유하는 무의식적 형태가 존재하지만 그것이 어느 특정 구성원에게도 속해 있지 않다는 것을 탐지한, 비온에 의해 도입된 기본적 가정들과 관련시킨다. 충분히 설명되지는 않았지만, 장의 무의식 개념은 더 많은 정신분석적 발달을 가능케 하고, 거기에서 무의식의 형태 안에 타자가 참여한다는 사실이 인정될 것이다.

우리는 계속해서 이 주제를 새로운 측면에서 다룰 것이다.

정신분석적 장에 대한 추후의 재정의

1969년에 윌리 바란제이는 "분석적 이론과 기법 사이의 모순"이라는 논문에서 역동적 장에 하나의 새로운 차원을 도입함으로써 장 개념에 대한 정의를 실질적으로 수정했다. 그것은 다음과 같이 요약된다: 정신분석의 구체적인 연구 대상은 분석적 상황 안에 있는 상호주관적인 언어의 영역으로서의 장이며, 그 장은 피분석자에 의해서 창조되는 것도 분석가에 의해서 창조되는 것도 아니라, 그들이 만날 때 창조된다: 그것은 그들 모두를 넘어서는 새로운 사실이다.

그는 다음과 같이 덧붙인다: 해석은 장을 반영하거나 말로 바꾸어놓을 뿐만 아니라, 그것의 형성과 방향에 영향을 미친다. 분석적 과정은 말을 수단으로 사용해서 상호주관적 장을 수정하는 것이다(Baranger, 1969).

이것은 결정적인 변화를 나타낸다. 비록 1962년에 정의된 장의 기본적 구조가 유지되기는 했지만, 중심적인 관심이 투사적 동일시를 넘어 두 개의 담화들이 만날 때 분석적 대상의 형태가 드러나는 언어적 장의 상호주관성 쪽으로 이동했다. 장은 분화된 주체들의 기능들과 장소들을 구별하는, 그리고 상상적 투사보다는 있는 그대로를 기록하는, 그것 자체의 법칙들과 요구들을 지닌 상징적 질서 안에서 구조화된다; 상상적 투사는 장 안에서 작용하지만 그것을 조직화할 수는 없는, 대칭적 연결들을 촉진하는 원인이다.

1966년에 출간된 라캉의 저서 「에크리」(Ecrits)는 윌리 바란제이가 역동적 장의 상징적 우주를 우선적인 관심 대상으로 삼는 데 영향을 미쳤을 수도 있다. 이것은 이중 자아(dual ego)를 자아관계와 구별함으로써 타자의 위치를 위계화했음을 의미한다. 장이라는 단어 안에서 피분석자는 분석가에게 말하며, 분석가를 통해서 표의들(significants)의 장소인 비인격적 타자에게 말한다.

장의 개념과 이전 아이디어들의 맥락

40년대 말과 50년대 초에 래커(H. Racker)와 하이만(P. Heimann)은 역전이에 새로운 역할을 부여했다. 그 결과 그것은 더 이상 극복해야 할 장애물이라기보다는 피분석자의 무의식으로 가는 관문을 열어주는 기법적 도구로 간주되게 되었다.

여러 해 전인 1918년에 페렌치(S. Ferenczi)는 정신분석적 기법에 대한 작업에서 역전이를 통제하는 것을 방해하고 환자를 이해하는 능력을 제한하는, 역전이에 대한 분석가의 저항에 대해 서술했다. 삼십여 년이 지난 지금, 분석적 과정이 피분석자의 내면에서만 발생하는 것도 분석가가 드러내려고 시도하는 것도 아니라, 두 참여자 모두의 무의식을 암시하는 것이라는 사실에 대한 인식과 함께 하나의 본질적인 변화가 발생했다. 그 결과, 치유 과정 동안 정신분석가의 역할과 관련해서 일련의 새로운 이론적-기법적 발달이 이루어졌다.

역동적 장의 개념은 이 발달의 일부이다. 정신분석 저술가들은 게슈탈트 심리학(Kurt Lewin)과 멀로우-퐁티(M. Merleau-Ponty)에게서 장의 개념을 빌려왔다. 멀로우-퐁티는 「지각의 현상학」에서 다음과 같이 설명한 바 있다: 대화가 진행되는 동안에 타자와 나 사이에 공동 토대가 발생하고, 나의 생각과 상대방의 생각이 단일한 천을 구성하며, 나의 말과 상대방의 말이 논의 상태로 들어갈 것을 요구받고, 공동의 작용으로 편입되는데, 그 작용을 만들어내는 자는 우리들 중 그 누구도 아니다(Merleau-Ponty, 1945).

이 프랑스 철학자는 주체와 객체가 둘로 나뉘기 전에 존재하는 세상과의 관계가 있으며, 그 세상은 이 관계를 비밀스럽게 결정하는 것을 멈추지 않을 것이라고 주장했다. 마델레인 바란제이와 윌리 바란제이는 이 공동 토대, 또는 대화하는 동안에 직조되는 이 새로운 천이 최소한 서술적 수준에서 피분석자와 분석가 사이에서 창조되는 상황에 적용될 수 있다고 보았다.

우리가 말하고 있는 변화들은 정신분석적 환경에 내재된 요인들, 즉 임상적 경험과 그것에 대한 성찰에서 유래한다. 이것 못지않게 중요한 다른 변화들은 다른 학문들에서 유래한 것으로서, 정신분석이 무시할 수 없는 우리 시대의 문화의 영향력에서 유래한다. 이 특별한 경우에, 프랑스 철학과 정신분석학의 접근이 마델레인 바란제이와 윌리 바란제이에게 영향을 미쳤음이 분명하다. 특히 그들이 플레이트 강(River Plate)의 양쪽 변경지역—부에노스 아이레스와 몬테비도—에 정착했다는 사실을 고려할 때,

그들이 견고한 철학적 및 인본주의적 배경을 갖고 있었음을 짐작할 수 있다.

내 생각에, 고려할 만한 또 하나의 영향력은 프로이트의 꿈 해석에 의문을 품었던 철학자 게오르게스 폴리체(Georges Politzer)에게서 왔다. 그는 프로이트가 꿈을 생각들의 단순한 비유적, 퇴행적 그리고 기계적인 번역으로, 그리고 저항의 세력을 극복한 후에 의식으로 다시 데려올 수 있는, 선재하는 환상적 및 잠재적 표상들로 환원시켰다고 주장했다.

폴리체는 드러난 내용과 잠재된 내용을 구분하는 것에 반대했다. 그는 만약 후자가 드러난 내용의 출현을 결정하는 미리 부과된, 선험적으로 존재하는 어떤 것이라면, 그것은 심리학적 실체로 바뀔 수 있을 것이라고 주장했다. 그러므로 그는 무의식을 생각하는 방식에서 객체화하는 경향성을 비판했다. 내면의 삶에 대한 비평에서, 그는 영혼의 제의를 물려받은 심리학을 제거하는 것은 결코 쉬운 일이 아니라는 것을 인정했고, 그 심리학을 따라 내면의 삶은 가치의 일부가 된다는 것을 밝혔다(Politzer, 1927).

폴리체의 비평은 근거 있는 것이었고, 프로이트의 글을 꼼꼼히 읽은 데 따른 결과물이었다. 그러나 프로이트가 꿈 연구에서 실제로 추구했던 것은 방법론적인 유아론(唯我論)을 제시하는 것이었다고 말하는 것이 공정할 것이다. 무의식을 체질하기 위해서, 그는 외부 세계와 의식으로부터 오는 정보에 의거해 말하는 것을 통해, 즉 이론적 배제를 수행하는 것을 통해, 심리내적인 것을 위계화해야만 했다. 꿈들은 외부의 투입이 폐쇄된 환경 안에서 발생하며, 따라서 외부 세계는 무의식을 연구할 수 있기 위해 제외된다. 이것은 우리가 생각할 수 있는 가장 주관적인 현상인 특별한 정신적 장소의 창조를 가져왔다.

여러 해가 지난 지금, 내면의 삶에 대한 질문은 강화되었다.

1936년에, 사르트르(J.P. Sartre)는 "자아의 초월"이라는 글에서, 의식의 내면성에 대해 의문을 제기했다. 그는 후썰(Husserl)의 현상학에 기초해서 다음과 같이 말했다: 자아는 형식적으로도 물질적으로도 의식 안에서 발견될 수 없다; 그것은 밖에 있고, 다른 사람의 자아가 그렇듯이 하나의 세계이다. 나의 자기는 다른 동료 존재들에 대한 의식보다 더 확실한 것이 아니다; 그것은 단순히 더 친밀할 뿐이다. 이것은 성찰, 자기 지식 그리고 내적 삶에 대한 급진적 비판에 속한다(Sartre, 1936). 자신을 알기 위해서는 자신 바깥으로 나가고 자신을 세상으로 투사하는 것이 필요하다.

실존주의에서, 존재는 그것이 세상 안에 있는 방식에 의해 정의된다. 인간은 무엇보다도 하나의 투사물이다; 그는 있는 그대로의 그가 아니라 이제 막 되려고 하는 그이다. 세상에 의해 이 관계가 만들어지는 상황들은 가능성의 측면에서만 분석될 수 있다. 왜냐하면 그 관계는 미래를 지향하고 있는 어떤 것이기 때문이다. 이러한 생각들은 소위 영적 가치와 마찬가지로, 내면성의 중요성이 물질과 세속적 관심들에 맞서 찬양되던 19세기 낭만주의에 반하는 것이다.

역동적 장의 개념을 현대화하기

a) 역동적 장의 본질적인 모호성

분석적 절차에서, 장 안에 있는 각 사물과 사건이 동시에 다른 어떤 것일 필요가 있다. 만약 이 모호성이 상실된다면, 분석도 상실될 것이다(Baranger, 1961-62). 모호성은 완전히 결정되거나 정의되는 것이 아니다.

모호성이 없이는 분석적 경청은 발생하지 않는다. 분석가는 드러난 담화에 반응하지 않는다; 그는 말과 사실 사이의 불일치를 고려하면서 피분석자의 담화를 중심에서 벗어나게 하고, 종종 피분석자가 하는 말에서 다른 내용을 들으며, 다른 담화, 즉 무의식의 담화가 출현하는 것을 허용하면서, 어떤 한 단어나 담화의 곤경에 머문다.

이 모호성은 말들이 이중으로 듣는 듣기의 시험을 거치는, 즉 담화를 살려내기 위해 드러난 담화를 해체시키는 과정을 통과하는 언어의 장 안에서 발생한다. 언어를 단일한 의미를 가진 상태, 경직된 규정(designation), 논리적 담화의 장벽 등으로부터 해방시키는 것이 결정적으로 중요하다. 이것의 가장 좋은 예는 자유연상이다. 역동적 장은 운동성과 다양성을 향해 나아가는 경향이 있다; 이것은 담화의 변화들이 분석의 효과에 대한 가장 확실한 평가 근거를 제공하는 이유를 설명해준다.

분석가의 주된 과제는, 특히 특정 환자들의 경우, 말과 이미지들이 박탈되고 그래서 모든 상징화가 억제된, 무거운 정서적 부담을 짊어지고 있는 내용들을 말로 표현해주기 위해 시도하는 것이다. 그러나 그것은 항상 말로 표현하는 문제가 아니다; 시인 로베르토 후아로즈는 "수직적 시"라는 제목의 시에서 "세상에게 세례를 주지 않는 것/사물들의 현존을 얻기 위해/그것들의 이름을 제물로 바치는 것"이 필수적이라고 말한다.

대상과 관련해서, 저항은 변화의 가능성들을 부정하는 절대적인 규정들을 사용해서 단번에 그리고 영원히 정의된 대상을 형성하려고 투쟁할 수 있다. 그때 분석가의 과제는 우리를 덮어씌우려고 시도하는 이미지를 점진적으로 해체하고, 다중적으로 변화하는 화석화되지 않은 대상을 되찾는 것이다. 그것은 데리다(Derrida)가 열정적으로 발달시킨 주제인, 형태를 바꾸고 해체하는 과제이기도 하다. 분석은 확실성에 도전한다; 이 목표를 위해 그것은 이미지들과 꼬리표들의 부동성에 맞서 저항하는, 살아있는 형태들을 일깨우는 재창조로서, 형태를 만들고 바꾸는 계속되는 움직임을 산출한다.

대상에는 두 가지 측면이 있다: 누구인지를 서술하고 확인하는 것이 가능한 표상적 측면(동료)과 서술(낯선 이)에 의해 잡히지 않고 누구인지를 확인하는 것이 불가능한 비표상적 측면. 경직된 규정자(designator)는 불확실성이 지닌 분산시키는 효과를 발생시킨다; 그것은 성격 특징이나 속성뿐만 아니라, 타자의 타자성 자체를 걸러내는 것을 목표로 한다. 타자성으로서의 타자는 매우 불완전한 방식으로밖에는 자체를 서술에 내어주지 않는다. 왜냐하면 거기에는 항상 저항의 잔여물이 있기 때문이다.

윌리 바란제이에 의해 서술된 죽은-살아있는 것, 그리고 애도를 하지 못하는 불가능성은, 내 생각에, 대상의 급진적 타자성을 인정하지 못하는 불가능성과 관련되어 있다. 이것은 멜랑콜리 환자가 대상을 상실할 때 그 또는 그녀가 자신이 무엇을 상실하는지를 알지 못하는 현상을 설명해준다.

b) 장의 시간적 구조

마델레인 바란제이와 윌리 바란제이는 그들의 연구초기에 분석과정과 변증법적 과정 모두 안에서 시간이 과거, 현재 그리고 미래로 취급되는 방식에 관심을 가졌다. 해석의 예상되는 시간적 측면에 초점을 맞춤으로써, 그들은 당시에는 취급되지 않던 문제를 이끌어냈다. 우리가 언급한 글에서, 그들은 장의 시간적 측면이 일반적인 상황에서 경험되는 시간과 같아 보이지 않는다고 말한다. 그 과정은 과거를 재구성하려고 시도할 뿐만 아니라, 미래를 구성하기 위해 움직이는 것으로 보인다는 것이다.

분석적 시간은 동시에 현재, 과거 그리고 미래이다. 그것은 피분석자의 역사 안에 있는 대상들의 태도와는 다른 태도를 차용하는 사람과 관계하는 새로운 상황이라는 점에서, 현재 시간이다. 이것이 분석 안에서 재개된 외상적 상황들이 다른 시간적 전망 안에서 재-정교화되고 재-통합될 수 있는 이유이다.

미래를 향한 이 추동은 역동적 장이, 그 장에 생명을 가져다주는 원인인, 시간적 맥박들이 살고 있는 곳이라는 생각으로 인도한다. 장은 그것의 예상되는 측면 안에서 행해지는 단순한 반복의 영역이 아니라, 변형들을 위해 열려 있는 잠재적 영역이다.

경청과 해석의 예상되는 측면은 오늘날 새로운 것이 아니다. 과거에 대한 위계화는 환자의 역사적 현실에 초점을 두었던 정신분석 초기의 고고학적인 태도와 유사하다. 오늘날의 분석가들은 다른 관점들을 갖고 있다; 그들 중 일부는 환자의 담화 안에서 그들의 참조지점이 되는 최초의 본문(text)에 대한 반복을 들을 것이고, 다른 사람들은 담화 안에서 새로운 어떤 것에 개방하는 것, 즉 새롭고 특별한 그리고 구체적인 의미들을 생성해내는 가능성에 열려 있는 것에 우선순위를 둘 것이다. 이것은 이미 거기에 있는 것을 회상하는 것에서 귀납적으로 창조된 것을 정신적으로 작업해내는 것으로 우선순위의 이동이 발생했음을 말해준다. 이 경우에, 잊어버린 것을 회상하는 것과 새로운 기억들을 창조하는 것은 모두가 중요하다(Rodriguez Parodi, 2005).

시간의 변증법 안에서, 과거는 실제로 현재에 대한 설명이 아니고, 전이 안에서 실현된 것으로부터 (재)구성된 것, 즉 미래에서 투사된 것과 동일한 것이다. 과거의 역사화는 현재 안에서 귀납적으로 산출되며; 그것은 앞으로 다가올 과거이다.

C) 막다른 골목과 다시 생각하기

임상적 관점에서 볼 때, 가장 중요한 것은 장의 운동성 또는 결정화(crystallization)의 문제이다. 변증법적 과정을 마비시키는 움직이지 않는 구조는 이 분야의 저자들에 의해 "성채"(bastion)라고 불리며, 그것은 장의 참여자들 각자에게 상상속의 판에 박힌 역할을 부여하는, 공유된 환상 조직을 에워싸고 새로 건설된 무의식의 형성물(unconscious neoformation)로 정의된다. 성채는 환자와 분석가에 의해 무의식 안에 공동으로 창조되는, 전능 환상들의 피난처이다. 성채를 움직이게 만드는 것을 통해서 우리는 치료적 과정의 역동을 회복할 수 있게 된다.

이 주제는 "분석 작업 안에서의 과정과 비-과정"이라는 글 안에서 다시 고찰되고 발전되었다. 그 글에서, 불안을 회피하는 것을 목표로 하는 성채는 정신분석의 기본 구조가 지닌 기능에 장애를 발생시키는 것으로 서술되었다. 그 순간에, 비대칭적이고 삼원적인(ternary) 기본적 구조는 상실된다; 대칭적이고 이원적(dual)인 구조가 그 자리를 대신 차지하는데, 그때 거기에서는 분석가와 피분석자 사이의 무의식적 애착이 본의 아니게 과정에 반(反)하는 공모로 변질된다(Baranger et al, 1983). 이때 장은 더 이상 살아있고 역동적이며 잠재적인 존재가 아니라 반복적이고 비생산적인 것이 된다.

장의 무의식적 형태와 접촉할 수 있기 위해서, 분석가는 자신의 관점을 바꿀 수 있어야 하고, 또 장 바깥에 머물 수 있어야 하며, 그러기 위해서는 두 번째 시선으로 바라보는 것이 필요하다. 이것이 분석가와 피분석자 두 사람 사이의 관계를 초월하는 세 번째 관계를 말하는, 분석가의 기능이 구출되는 방식이다. 이 세 번째 관계가 머무르도록 허용하는 것이 그 무엇보다 중요하다. 그래야만 그들의 관계가 해석이 출현하는 상징적 장소에 열려있을 수 있다.

장은 그것이 관계의 증상이 되고 과정의 발달을 가로막는 장애물이 될 때, 치명적인 역할을 한다. 이런 상황들에서, 역전이는 불편감을 야기할 수 있다. 분석가의 정신적 기능이 위협받는다고 느낄 때, 퐁탈리스(Pontalis)가 말하는 "역전이를 죽이는 일"이 발생한다: 그것은 말 또는 생각하는 과정으로 이루어진 표상들의 결여가 가져오는 지성의 죽음을 말한다. 환자는 분석가의 정신-신체에 말에 의해 중재되지 않는 직접적인 충격을 가한다.

그것은 우리의 정서적 반응들을 제거해야 하는 문제가 아니라, 그것들을 작업해내야 하는 문제이다. 왜냐하면 그것들은 환자의 무의식적 갈등에 대한 우리의 수용성의 결과이기 때문이다. 퐁탈리스는 분석가의 정신적 작업을 가능케 하는 힘은 역전이 안에서의 불편함이라고 진술한다(Pontalis, 1977). 다른 말로, 비록 분석가가 보통은 아무런 신호음도 들리지 않는 길을 통과해 가는 일에 익숙해 있기는 하지만, 장에 대한 시선이 항상 평온한 것만은 아니다. 장에 대한 이 두 번째 시선은 분석가가 자신의 정신적 기능과, 결국에는 해석으로 나타나게 될, 상징화의 역량을 사용해서 수행해야 하는 과제이다.

d) 무의식과 타자

우리가 앞에서 말했듯이, 회기의 무의식은 피분석자의 것도 분석가의 것도 아니다. 그것은 두 담화들이 만날 때 생겨나는 정신적 산물이다. 그때 거기에는 두 가지 수준에서 발생하는 변화의 요소들이 있다: 하나는 전의식적 수준에서 발생하는 사고들과 환상들이고, 다른 하나는 표상될 수 있는 물질적 교환이 아닌, 신체 수준에서 보다 직접적인 방식으로 경험되는 요소이다.

그것은 아주 처음부터 분석가와 피분석자가 서로에 대한 무의식적 지각들을 갖는다는 것을 증명해준다. 두 의식 사이에서 발생하는 이 의사소통은 복잡한 문제이며, 따라서 그것이 생각되는 방식은 무의식에 대한 우리의 개념에 달려있다. 만약 우리가 그것들을 두 개의 분리되고 독립적인 무의식이라고 생각한다면, 우리는 표상들이 그것들 사이를 순환하는 방식을 설명하기가 어려울 것이다. 우리는 누군가의 무의식에 의해 생성된 효과를 지지하는, 상호주관적인 전달을, 특히 언어적 의사소통을 능가하는 모든 것들의 효과에 열려 있는 무의식을 생각하지 않을 수 없다.

모든 의사소통들이 정신적 장치의 기능의 상이한 수준들에 참여하고 있다는 사실과, 그 수준들 사이에서 끊임없이 교류가 발생한다는 사실을 고려해야만 한다. 전-의식이 참여하지 않는다는 것은 실제로 불가능하다는 점에서, 우리가 말하는 과정들은 순수한 무의식 수준이라기보다는 무의식과 전-의식의 경계 수준에서 발생한다고 말하는 것이 좀 더 정확할 것이다(Arfouilloux, 1997). 이것이 정신적 장치를 투과해 나온 것이 상징화되는 방식이다. 전-의식의 협력 덕택에 분석가는 환자가 소통하는 것들에 대한 수용자일 뿐만 아니라 그것들의 변형자가 될 수 있다.

타자와의 무의식적 관계 안에서, 타자는 주체에 앞서 있다. 아마도 어떤 점에서 가장 도달할 수 없는 프로이트의 무의식은 이미 타자를 포함하고 있다고 생각하는 것이 무리가 아닐 것이다. "자아와 원본능"이라는 글의 한 구절에서, 프로이트는 원본능을 "타자"라고 정의한다; 그러므로 무의식은 자신의 또 다른 모습(a double of oneself)이 아니라 나를 구분하고 분리하는 내 안에 있는 다른 것이다.

"무의식에 대한 짧은 고찰"이라는 글에서, 라플랑쉬(Laplanche)는 무의식의 형성은 신비한 타자의 메시지와 함께 시작된다고 진술한다. 그는 그 최초의 유혹이 무의식의 형성을 위한 토대가 되는, 구조화 기능을 갖는다고 보았다. 무의식을 갖고 있지 않은 아기는 메시지들에 직면하며, 타자의 무의식에 의해 침범 받는다. 라플랑쉬는 억압과 무의식의 형태를 설명하는 데 번역 모델을 사용한다. 이 과정은 세 개의 순간들 안에서 발달한다.

1) 엄마의 애무들은 아기에게 보내는 메시지들이고, 그것들은 먼저 번역을 요하지 않는 단순한 이식에 의해 기억에 새겨진다. 2) 그 애무들은 지각적 요소들이고 부분적으로 성적인 의미를 가진 신비한 메시지들이다. 그것들은 부모가 이해할 수 없고 엄마 자신이 무시한 것을 아이에게 말한다. 여기에서 엄마는 성인의 성욕을 갖고 있고, 그 애무들은 그녀에게 쾌락의 한 원천이라는 사실을 염두에 둘 필요가 있다. 3) 무의식 수준에서 발견되는 것은 시작에 대한 "알 수 없는 표의"(significant)가 아니다. 무의식의 일부가 되기 위해서, 메시지들은 재조직화 과정을 거쳐야 하며, 그 과정 동안에 그것들의 측면들에 대한 번역 과정이 발생하는데, 그 과정은 타자들에게는 부인되고 무의식적 것이 된다. 이 무의식적 표의들은 의미(significance)가 박탈된 것들이다 (Laplanche, 1993).

결정(determination) 너머에 번역되지 않고 남아 있는 이것은 환상 안에서 반복되는 운명을 갖고 있다.

e) 무의식에 초점을 두기

정신분석에서 전성기를 맞고 있는 상호주관주의는 불행하게도 분석적 관계를 표준화된 역할들로 채우는 것을 통해 풍부한 대인관계적 관계들로 대체하는 결과를 가져올 수 있고, 따라서 그것의 특수성을 상실할 수 있다. 내가 실제로 말하고자 하는 것은 역동적 장이 이러한 추세와 구별되어야 한다는 것이다.

정신적 실재는 상호작용적 현상이 일어나는 장소가 아닌 차원에서 발생한다. 만약 분석가의 우선순위가 개인과 개인의 상호작용에서 오는 변천에 있다면, 그 또는 그녀는 피분석자와 상상속의 이중 관계를 확립할 것이고, 개인적 교류 너머에 있는 무의식의 중심적 장소를 교묘하게 피해 갈 것이다. 화자들 사이의 중재 기능과 함께, 상호주관성이 언어 자체에 의해 직조되게 하는 것이 분석적 방법으로서 보다 적합하다. 그럴 때 두 번째 시선에 의한 관점의 변화는 상호주관성의 상상적 직조를 해제시키는 해석을 발생시킬 수 있다.

그린(Green)은 상호주관성에 부여된 강조점이 심리내적인 것을 지워버리는 결과를 가져올 수 있다고 경고한다. 장 이론에 따르면, 상호주관적인 것과 심리내적인 것 사이의 연결 부분이 발생하는데, 그것은 다음과 같다. 분석적 경험 안에서, 먼저 피분석자와 분석가에 의해 회기 동안에 창조된 무의식 구조로서의 장이 형성된다. 심리내적인 것은 상호주관적인 것에 뿌리를 둔 분화된 것으로서 세워진다. 그 다음에, 윌리 바란제이에 의하면, 우리는 피분석자의 내적 세계와 관련된 어떤 것을 공식화할 수 있다. 우리가 피분석자의 무의식적 환상이 분석적 상황 안에서 발생하는 것의 원인이라고 간주하는 것은 현실을 오인하는 것이다(Baranger, 1969).

우리는 상호주관적인 것과 심리내적인 것 사이의 모호한 경계는 쉽게 구별되지 않는다는 사실을 알아야 하고, 회기 동안에 정교화된 무의식은 주관적인 통합의 움직임으로 귀결된다는 사실을 고려해야만 한다. 심리내적인 것은 전개되고 인식될 수 있기 위해서 타자—상징적 장소—를 거쳐야만 한다.

우리의 이론과 실천은 무의식에 대한 우리의 이해에 근거해 있으며, 따라서 우리는 우리가 말하고 있는 무의식이 어떤 것인지를 알아야만 한다. 이 점에서, 나는 장 모델의 가장 두드러진 특징이 그것이 우리로 하여금 무의식의 개념을 재고하게 만든다는 점이라고 생각한다. 왜냐하면 그것이 치료적 만남에서 나온 것일 뿐만 아니라, 개인적 수준을 넘어서는 새로운 무의식의 형태를 도입하고 있기 때문이다. 그 전까지 믿어져오던 것과는 달리, 분석가는 분석적 경험, 회기의 무의식, 또는 저항 바깥에 있지 않다. 나는 이것이 오늘의 정신분석이 작업하고 있는 이슈라고 믿고 있다.

무의식은 그것이 프로이트에 의해 발견 또는 고안된 이후로, 다양한 방식들로 이론화되고 있는 항구적으로 진화하는 개념이다. 첫 번째 진화는 프로이트가 두 번째 주제를 도입했을 때 발생했다. 그가 도입한 첫 번째 주제는 무의식이 억압으로 구성되어 있고, 그것이 뚜렷이 구분되는 사고들의 존재를 설명해주는 욕동 표상들의 연결망으로 조직되어 있다는 생각이었고, 두 번째 주제는 혼돈스런 원본능에 관한 것으로서, 표상들의 연결망 내부에는 연결되어 있지 않은 욕동들만이 있다는 생각이었다.

모든 심리가 표상 수준에 속하지 않는다는 사실에 대한 인식은 억압된 것, 즉 표상된 것만이 아니라, 표상될 수는 없지만 마찬가지로 자아에 영향을 미치는 것도 고려하는 것을 필수적인 것으로 만든다. 다른 말로, 그것은 생각할 수 없는 것을 생각하는 문제이고, 그런 목적을 위해 분석적 작업은 억압을 제거하는 데 그치지 않고 그것들을 넘어 알지 못하는 영역들 안으로 들어가야 하는 문제이다.

프로이트 시절 이후로 모든 정신분석 학파들은 "무의식"이라는 동일한 단어 배후에 다른 개념들을 가져왔다. 무의식이 심리 내적인 것이고 미리-존재하는 것이라는 생각이 의문 대상이 된 이후로, 무의식의 객관성이라는 개념은 차츰 그것의 예리함을 상실했다. 라캉은 무의식을 타자의 담화로, 따라서 바깥에서 발생하는 것으로 정의한다. 설령 그것이 특정한 주관성에 속한다고 해도, 그것은 사회적 성격을 갖는다. 왜냐하면 그것은 타자와 관련해서만 출현할 수 있고, 따라서 전이와 분리될 수 없는 것이기 때문이다.

이 무의식은 폼페이의 유적처럼 깊이 묻힌 과거와 연결된 재료가 아니다. 프로이트의 무의식이 계속되는 것인 반면에, 라캉은 불연속성에 의해 특징지어지는 무의식을 생각한다; 이것이 그가, 나중에 사라지기 위해 출현하는, 그리고 다시 닫기 위해 여는 무의식의 논리적 임시성의 존재를 도입하는 이유이다. 무의식은 존재론적으로 포착하기 어렵고 예측할 수 없다. 왜냐하면 우리는 그것을 얼핏 볼 수 있을 뿐이기 때문이다. 그것은 존재하는 것이 아니라, 존재하려고 하는 것, 또는 존재하지 않으면서 존재하겠다고 주장하는 것이다.

마델레인 바란제이는 우리가 불가능한 존재론과 해석적인 임의성의 위협 사이에 사로잡혀 있다고 말한다. 그녀는 다음과 같이 덧붙인다: 드러난 내용 배후에 존재하는 숨은 내용을 찾는 분석가는 역동적인 어떤 것을 물상화(reify)하는 것이 된다. 무의식은 배후가 아니라, 어딘가 다른 곳에 있다(Baranger, 1993).

이 글에서 내내 나는 언어의 상호주관적 장 안에서 무의식이 산출되는 것을 어떻게 설명할 것인지를 생각했다. 나는 다음과 같이 가정할 수 있다: 모든 것은 두 담화들이 이차과정 안에서 만날 때 시작되며, 그곳에서 번역되는 것을 거절하는 드러난 말(manifest speech)의 잔여물로서의 일차과정이 시작된다. 이것이 우리가 "무의식의 이중적 구성"을, 즉 그것들과 떨어져 있지만 동시에 그것들을 연결시켜주는 장소를 이해할 수 있게 되는 방식이다. 무의식은 전이적 연결을 강화하는 유대들을 창조한다. 이 관점에서 볼 때, 장은 무의식의 기록이 고정되는 장소이고, 무의식적인 분석가-피분석자 관계를 산출하고 지원하는 장소이다.

역동적 장의 개념은 과거에 속한 것이 아니다; 지리적으로 다른 영역들에서 온 분석가들이 지금 이 개념에 대해 연구하고 있고, 그것의 잠재력을 탐구하고 있다. 분석적 과정이 지닌 상호주관적 본성에 대한 현대 분석가들의 인정은 이 분야의 개척자들이었던 바란제이들의 작업에 대한 관심을 불러일으켰다. 역동적 장에 대한 논문이 최초로 영국에서, 그리고 정신분석 국제학술지에서 출간되었다는 것은 의미 있는 사건이다. 그것은 역동적 장이 시간과 공간 안에서 계속 확장되고 있다는 것을 말해주기 때문이다.

요약

나는 1962년에 마델레인 바란제이와 윌리 바란제이에 의해 제시된 정신분석의 장 개념이 무의식 이론의 역사 안에서 하나의 전환점을 구성한다고 본다. 그들은 장의 무의식이 환자에게도 분석가에게도 아닌 두 사람 모두에게 속하는 것이라고 생각했다. 두 사람 사이에서 생성된 이 무의식은 개인들을 초월하는 것이고, 주어진 어떤 것에 의해 제한되지 않는다. 그것은 이제 막 되려고 하는 어떤 것이고, 두 사람이 회기에서 만날 때마다 형성되는 것이다. 이 변화의 순간은, 가장 최근에 이르기까지의 무의식에 대한 추후의 관념들과 마찬가지로, 그것보다 먼저 찾아왔던 정신분석학적이고 철학적인 아이디어들 모두의 맥락 안에 위치해 있다.

참고문헌

Arfouilloux, J. C. (1997). "Relation d' inconnu, seduction, transfert de pensee". *Transmission, transfert de pensee, interpretation.* (Ed.), du Monde Interne, Puteaux.

Baranger, M. & Baranger, W. (1961-62). "La situacion analitica como campo dinamico". *Revista Uruguaya de Psicoanalisis*, T.IV, No. 1.

Baranger, M. & Baranger, W. (1964). "El insight en la situacion analitica". *En Problemas del campo analitico.* (Ed.), Kargieman, Bs. As. 1969.

Baranger, M., Baranger, W. & Mom, J. (1983). "Process and Non-Process in Analytic Work". *Int. J. Psycho-Anal*, 64:1.

Baranger, M. (1993). "The mind of the Analyst: From Listening to Interpretation".*Int. J. Psycho-Anal*, 74:15-24.

Baranger, W. (1969). "Contradicciones entre la teoria y la tecnica analiticas". *En Problemas del campo analitico.* (Ed.), Kargieman, Bs. As. 1969.

Laplanche, J. (1993). "Court traite de l"inconscient". *Nouvelle Revue de Psychoanalyse*, No. 48.

Merleau-Ponty, M. (1945). *Fenomenologia de la percepcion.* Fondo de Cultura Economica, Mexico, 1957.

Politzer, G. (1927). *Critica de los fundamentos de la psicologia y el psicoanalisis.* (Ed.), Davalos/Hernandez, 1964.

Pontalis, J. B. (1977). "A partir contre-transfert: le mort et le vif entrelaces". *En Entre le reve et la douleur*. (Ed.), Gallimard, Paris.

Rodriguez Parodi, M. E. (2005). "Acerca de las construcciones en el analisis". *Presented at the APM in October 2005*.

Sartre, J. P. (1936). *La trascendencia del ego*. (Ed.). Sintesis, Madrid, 2003.

# 7장

대인관계적 장의 기본적 층 안에서 작업하기: 기회와 위험

루디 베르모트(Rudi Vermote)

초록

대인관계적 장의 기본적 층에 대한 심리적 경험을 몇 가지 알려진 개념들과 연결시키는 것을 통해서 이해하고자 한다. 이 기본적 영역의 병리를 서술한다. 이 기본적 층 안에서 작업하는 특별한 정신분석적 태도의 윤곽을 그린다. 마지막으로, 이 변형적 접근이 갖고 있는 위험들의 일부를 지적한다.

대인관계적 장의 기본적 층

대인관계적 장은 바란제이들에 의해 처음으로(1983), 그 후에 페로(1992, 1996)에 의해 정교화되었다. 대인관계적 장의 개념은 비물질적 실재를 가리킨다. 나는 그것의 가장 기본적이고 핵심적인 측면에 초점을 맞출 것이다. 이 글은 장에 형태를 주기 위한 시도이다. 기본적 층에 대한 경험은 정신분석적 문헌에서 본격적으로 다루어지지는 않았지만, 몇몇 저자들에 의해 일부 다루어진 바 있다. 그것은 그것의 기본적 본성상 정의하기가 어렵다. 나의 접근 방식은 대부분의 독자들이 분명하게 인식할 수 있고 아마도 다른 말과 개념들로 바꾸어 말할 수 있는, 이 특이한 심리적 경험에 기본 형태를 주기 위해 그것을 몇 가지 이미 알려진 개념들과 연결하는 것이다. 이 글의 목적은 이러한 심리적 경험을 인정하는 것, 그 경험을 닫지 않기 위한 길을 찾는 것, 그리고 명백히 구분되는 그것의 개념과 정의의 윤곽을 그리기보다는 그것의 힘을 사용하는 것이다.

대인관계적 장의 기본적 층은 감정의 특징들을 갖고 있고, 미분화된 상태에 있다. 따라서 그것을 분석가 안에 또는 피분석자 안에 위치시키기는 쉽지 않다. 그것은 분명히 그들 사이에 있다. 이 점에서 그것은 위니캇이 이름붙인 중간 공간(transitional space)과 일치한다. 우리는 그것에 연결될 수 있지만, 그것을 소유할 수는 없다. 그것은 우리가 후퇴하고 쉴 수 있는 핵심적으로 중요한 심리적 장소이다(Winnicott, 1971).

기본적 층은 하나의 감정으로서, 그것의 속성을 마테-블랑코(Matte-Blanco, 1988)는 무한(infinite)으로 정의했다. 그것은 대인관계적 장의 가장 분화되지 않은 층이라는 점에서, 기본적인 것이다. 미분화-분화, 무한-유한의 차원은 그것의 특징을 가장 잘 드러낸다. 그것은 분리-개별화와 복잡한 관계를 갖고 있는 것으로 보인다. 역설적으로, 개별화는 대인관계적 장의 분화된(표상적으로) 그리고 유한한 수준에서 이루어지는 반면, 기본적 층과의 접촉은 분리를 견딜 수 있도록 돕는 것으로 보인다.

기본적 층은 행동보다는 존재와 더 많이 관련되어 있고, 이런 점에서 그것은 여성적인 그리고 심지어 모성적인 특징들을 갖는다. 따라서 그것은 일차적 어머니(Kohut, 1971), 좋은 내적 대상(Klein, 1935) 개념과도 일치한다. 기본적 층은 쉼과 안전함이라는 질적 요소를 갖는다. 기본적 층의 분위기는 부드럽고 조용하다. 그것은 안전한 배경의 경험(Sandler, 1960) 및 실질적인 안전감(Sroufe, 1996)의 개념과 접해 있다. 멜처와 윌리엄(Meltzer & William, 1988)은 "미적 경험과 갈등"에 대한 그들의 관념들 안에서 그것을 이해하려고 시도했다.

대인관계적 장의 기본적 층과 긍정적 퇴행 현상(Meissner, 1996) 사이에도 연결이 존재하는 것처럼 보인다.

신경생리학적 관점에서 볼 때, 대인관계적 장의 기본적 층에 대한 심리적 경험은, 그것이 일반화되어 있고 분화되지 않은 기본적 감정이라는 점에서, 애착과 종교적 감정들 안에서 활성화되는 중간변연계 및 전두엽 영역들과 관련되어 있는 것으로 보인다.

실험적 접근

대인관계적 장의 기본적 층은 정신분석적 과정에서 최상의 중요성을 갖고 있는 것으로 보인다. 경험적 과정의 결과에 대한 연구에서, 이 기본적 층의 변화들이 증상들과 인격의 진전이라는 긍정적인 결과와 매우 중요하게 관련되어 있다는 사실이 드러났다(Vermote, 2005). 이것은 자신들의 분석 결과를 긍정적인 것으로 간주하는 피분석자들과 그것을 부정적인 것으로 간주하는 피분석자들 사이에 차이가 있음을 발견했던 산델(Sandell, 2005)의 연구결과를 확인시켜준다. 분석 결과를 부정적으로 간주하는 피분석자들은 특히 힘든 시기에 이 감정으로, 또는 그들의 분석을 구성하고 있는 그 층으로 되돌아가는 경향이 있는 것으로 드러난다.

병리와 대인관계적 장의 기본적 층

우리는 이 기본적 층의 실패를 설득력 있게 서술해준 발린트에게 빚을 지고 있다. 그가 기본적 실패라고 부른 이것은 지질학적 현상의 실패, 즉 구조적 판의 마찰에 의해 야기된 지구의 외피 안의 비연속성과도 같다. 기본적 층의 본성은 미분화 상태라는 점에서 개인의 안에도 밖에도 위치할 수 없는 것인데 반해, 발린트의 서술은 기본적 층을 한 개인 안에 위치시키는 경향이 있다. 이 점에서 그것은 옥덴(Ogden)이 말하는 "분석적 제3자"와도 같다. 그러므로 "지대"라는 단어는 층이라는 단어보다 더 풍부한 생각들을 불러일으키는 것일 수 있다. 그것은 경험이 가진 역동적이고 스며드는 성질을 더 잘 표현하는 것 같다. 우리는 그 지대와 접촉할 수 있고, 연결될 수 있으며, 그 안에 있을 수 있다.

발린트가 서술했듯이, 이 기본적 층 또는 지대 경험에서의 실패는 경계선 인격구조 및 정신증적 인격구조(다른 말로, 인격장애)를 가진 개인들에게서 분명히 드러난다. 임상적 경계선 증후들을 보이는 개인들은, 자기애적 환자들이 치료를 시작할 때 장의 기본적 층에 마음을 닫는 것과는 달리, 그 층의 경험에 매우 민감하다. 일단 그들이 대인관계적 장의 기본적 층의 실패를 경험한 사람들과 접촉하면, 그들은 종종 이 정신적 지대의 경험에 필사적으로 매달린다. 메말라가는 식물들이 다시 활력을 주는 물에 매달리는 것처럼 말이다. 그들은 이 지대 안으로 들어갈 때 안도감을 느낀다. 그러나 그 경험을 발견하는 데 어려움을 갖고 있는 그들은 그것을 소유하기를 원한다. 그들은 마치 분석가가 만남 안에서 창조되는 대인관계적 장 또는 지대의 기본적 층인 양 오인하는 경향이 있다.

대인관계적 장의 기본적 층 내부로부터 작업하기

비록 비온이 이 지대를 서술한 적은 없지만, 그는 그것에 민감했던 것처럼 보인다. 예를 들면, 그의 담기 개념은 이 지대를 가리키고 있다. 명백하게 기본적 층을 언급하는 일없이, 그는 그가 무한성이라고 부른 이 미분화된 지대 안에서 작업하는 방식을 특별히 상세하게 서술했다. 그는 수학적 모델에 의거해서 미분화된 지대에서 유한한 심리적 대상들이 진화해 나올 때 발생하는 역동에 대해 말한다. 그는 그것들이 그가 좌표(Bion, 1965)에서 범주화한 정신적 요소들 안에서 취하는 형태를 서술한다. 이 변형들과 함께 가는 정신적 태도에 대해 그는 무한성 안에 있는 것으로 서술했다(Bion, 1970). 모든 유한한 감정들과 사고들이 배경으로서의 기본적 지대와 함께 대인관계적 장 안에서 떠오를 수 있다; 페로는 이것을 더 정교화해서 대인관계적 장 안에서 발생하는 알파벳화로 설명했다. 정신분석 회기 안에서 분석가들은 대인관계적 장 안에서 형태를 갖는 많은 유한한 감정들과 사고들 중에 대부분 자기와 타자에 대한 전이-역전이 감정들과 사고들에 초점을 맞춘다. 우리는 그것들이 회기들과 꿈들 안에서 발생하는 것을 보고, 이야기들을 통해 그것들이 일상생활에서 작용하는 방식을 듣는다. 그러나 그 지대 자체는 또한 하나의 표상으로 출현할 수도 있다. 내가 겪은 경험들에서, 물론 항상 그런 것은 아니지만, 그것은 종종 물, 호수 그리고 바다의 이미지들로 나타난다. 나의 임상 실제에서 가져온 예들 중에는 호수를 이어주는 가교, 착하고 사랑 많은 여자 어부, 눈이 예쁜 고래, 동굴 안의 호수 등이 있다. 이런 이미지들이 떠오를 때 사람들은 가장 깊은 감동을 받으며, 그것이 커다란 변형적 가치를 가지고 있다고 느낀다.

대인관계적 장의 기본적 층에 대한 작업에 수반되는 어려움들과 위험들

대인관계적 장의 기본적 지대 또는 층과의 접촉이 미치는 효과는 매우 클 수 있고, 그것의 부작용 역시 클 수 있다. 비록 대부분의 정신분석가들이 자유연상과 자유롭게 떠있는 주의를 정신분석의 보증서로 간주하는 경향이 있지만, 만약 분석가가 회기들의 자료에서 원인-결과를 찾고 이해하려고 한다면, 미분화된 기본적 층의 경험은 저절로 닫히고 말 것이다. 경계선 환자들은 보통 이런 자유연상적인 태도에 강하게 반응하는데, 그것은 그들이 자신들의 가장 기본적 욕구들이 충족되지 않는다고 느끼기 때문이다. 그러나 좀 더 신경증적인 환자들과 자기애적인 환자들은 이런 접근과 공모할 수 있고, 그들의 방어를 강화할 수 있다.

실제로 기본적 층과의 이 접촉에서는 분화된 사고 대 미분화된 개입들의 양이 차이를 만드는 것으로 보인다. 정신분석적 심리치료나 정신분석 초기 단계 동안에, 어떤 환자들은 얼마의 단순한 유한한 질문들조차 수용하지 않고, 그런 분화된 반응들이 그들을 기본적 층으로부터 배제시킨다고 생각하면서 그 층과의 접촉을 상실하고 있다고 느낀다. 그것은 끔찍스런 상실의 느낌을, 즉 아무런 심리적 토대를 갖고 있지 않다는 느낌을 만들어낸다.

여기에서는 회기들의 빈도가 커다란 역할을 하는 것처럼 보인다. 대인관계적 지대의 기본적 층에 대한 경험은 대부분 주 3회 심리치료와 정신분석에서 발생한다. 회기들의 숫자 또는 시간표의 변화들은 이 변수의 중요성을 잘 보여준다. 한 환자는 문제가 생긴 회기의 시간을 변경하기보다는 취소하는 것을 선호했다. 그는 시간의 변경이 악보의 잘못된 음표와도 같기 때문이라고 말했다. 베타-요소들에 의해 폭격 당하고 있는(비온의 좌표에서 A6에 해당하는) 또 다른 환자는 과도한 달리기로 그녀의 심리적 평형을 유지했다. 그녀가 이 베타-요소들을 대인관계적 장 안으로 데려올 수 있었을 때, 거기에는 풍부한 정신적 삶이 발달했고 그녀는 세련된 사고들과 꿈들을 매개로 그녀 자신의 내부에서 일어나고 있는 것들(C-D칸의 요소들)과 접촉할 수 있었다. 그러나 어떤 상황으로 인해 일시적으로 회기의 빈도를 4회에서 3회로 줄이자 그녀는 기본적 층과의 접촉에서 벗어났다. 꿈을 꿀 수 없었던 시기를 거친 후에야, 그녀는 모든 것이 중력이 없는 공간 안에서 떠다니고, 심지어 변기 의자가 변기에서 떨어진 채 공중을 떠다니는 꿈을 보고했다. 회기의 빈도가 3회에서 4회로 다시 바뀌었을 때, 그녀는 자신이 동굴 안의 평화로운 호수에 있는 꿈을 보고했다. 얼마의 회기들이 지난 후에, 그녀는 나치 인물들과 무서운 곤충들의 꿈을 꾸었고 이것들을 감정들의 기억 및 아동기 경험과 연결시킬 수 있었다. 주 1회 또는 2회를 만나는 심리치료에서, 대인관계적 장의 기본적 층은 여전히 중요한 차원일 수 있지만, 내 경험에 따르면, 이런 치료들은 더 높은 빈도로 만나는 심리치료들이나 정신분석들보다 치료 기간이 더 길어지는 경향이 있다.

카우치의 사용은 대인관계적 장의 층 또는 지대와의 접촉을 촉진하며, 경계선 환자들과 같은 일부 환자들에게 카우치를 사용하지 않는 이유는 그런 접촉이 촉발해내는 엄청난 힘을 조절하기 위해서일 수 있다. 이 조절은 분화된 개입들을 신중하게 사용하는 것을 통해(비온의 좌표에서 1 & 2열에 해당하는) 이루어질 수 있지만, 거기에는 대인관계적 장의 기본적 층과의 접촉을 닫아버리는 위험이 수반된다.

비록 정신분석 실제에서 제한된 수의 환자들을 관찰한 결과이기는 하나, 예상한 것보다 더 많은 수의 환자들이 자발적으로 그들의 창조적 가능성들을 탐구하기 위해 그림을 그리거나 글을 쓰기 시작한다는 것은 놀라운 일이다.

대인관계적 장의 기본적 층에 열린 태도를 갖는 데 따르는 위험들 중의 하나는 사랑에 빠지는 것이다. 왜냐하면 대인관계적 장의 기본적 층 또는 지대와의 접촉에 개방하는 것은 유혹으로 경험될 수 있기 때문이다. 분석가는 이것을 알고 있어야 한다. 그 이유들 중의 하나는 아마도 그 지대가 미분화된 비-언어적 방식으로 빛을 발산하는 영역이고 또한 신뢰, 현존, 목소리, 냄새, 시선, 리듬 등과 연결되어 있기 때문이다. 이런 차원들은, 사랑에 빠지는 역동들에서 그런 것처럼, 현저한 모습으로 드러난다(라캉의 대상 a를 보라, Lacan, 1978). 그러나 사랑에 빠지는 것과 기본적 지대와의 정신분석적 접촉 사이에는 커다란 차이가 있다. 사랑에 빠지는 상태 안에는 욕망과 한계가 뚜렷한 몰입들(pre-occupations)이 있다. 그것들은 대인관계적 장의 기본적 층을 특징짓는 일반화되지 않은 안전하고 무한한 감정들, 즉 비온이 권고하는 기억과 욕망과 이해가 없는 상태와 반대된다.

사랑에 빠지고 구체적인 사랑 관계를 동경하는 데에는 종종 분석가라는 구체적인 인물과 정신분석적 기능에 의해 세팅 안에서 환기된 기본적 지대의 경험 사이에 발생하는 혼동이 존재한다.

어떤 환자들의 경우에는 현실과 분리된 허구적 삶, 즉 지대가 환기되는 장소인 환상 세계가 창조된다. 실제로는 대인관계적 장의 확장인 그런 세계 안에서 사는 것은 정신증적이고 편집증적인 심각한 특징들을 드러낼 수 있다. 그것은 중독적이 될 수 있고, 성적 흥분에 의해 채색될 수 있다.

같은 맥락에서, 대인관계적 장의 기본적 층과의 접촉이 갖는 중간적인 특징들을 더 많이 경험하면서도 그것을 반쯤-구체적인 방식으로 재창조하는 환자들이 있다. 이것은 그 경험을 내사하기 전의 중간적 단계에 속한 현상으로 볼 수 있다. 예를 들면, 이따금씩 철수해서 회기의 "냄새," 또는 회기의 지대를 환기할 목적으로 아파트를 빌린 환자가 이런 경우에 속한다. 또 하나의 예로는 마을의 특정 영역을 걸으면서, 회기 안에서 경험한 그 지대와의 접촉을 연장시킨 환자의 경우인데, 그녀는 이런 방식으로 이따금씩 후퇴하고 쉴 수 있는 중간적 장소를 스스로 창조한 것으로 보인다.

가장 큰 위험은 분석가가 회기 안에서 환기된 이 지대와 동일시하고, 일종의 견습생 마술사가 되어 자신의 자기애적 욕구들과 소망들로부터 나오는 이 엄청난 힘들을 가지고 장난치는 것이다. 기본적 지대의 현현을 가능케 하는, 정신분석적 틀에 대한 깊은 존경이야말로 정신분석가를 안전하게 지켜주는 최상의 보증서가 될 것이다.

대인관계적 장의 기본적 지대 안에서 작업하는 것은 부정적 감정들과 전이를 제외하거나 분열시킨다는 인상을 줄 수도 있다. 내 경험에 의하면, 그것은 정반대이다. 대인관계적 장의 기본적 층의 안전함을 배경으로 갖고 있을 때, 잔인하고 매우 부정적인 감정들과 대상들이 출현할 수 있고 또 다루어질 수 있다. 물론 여기에는 차이가 있을 수 있다: 기본적 층 안에서 작업이 이루어지고 있는 동안 치료적 동맹은 부정적 전이들에도 불구하고 튼튼하게 유지되는 것으로 보인다. 위니캇이 서술하듯이(1969), 분석가-대상이 파괴될 때, 기본적 층은 접촉되지 않는다. 이 기본적 지대는 부정적 전이가 투사된 덩어리들과는 다른 수준에 속해 있다.

대인관계적 장의 기본적 지대라는 정신적 실재는 기본적 실패를 겪은 환자들이 장기간의 분석을 요하는 이유를 설명해준다. 그들의 분석의 어떤 단계들에서 휴일들은 종종 파국적인 것으로 느껴지고, 환자들은 삶을 중단하며, 휴일이 끝날 때까지 일종의 동면 상태로 들어간다. 내 경험에 의하면, 이 지대 안에서 분리를 견디도록 돕는 작업이 중요할 수 있다. 그래야만 분리가 시작될 때 기본적 층이 갑자기 사라지는 것을 막을 수 있다. 이 작업의 많은 부분은 무의식적 환상과 꿈 수준에서 행해질 필요가 있다.

이 작업이 수행되지 않을 경우, 어떤 환자들은 분석과 기본적 지대와의 접촉을 유지시킬 뿐인, 분석적 재료를 산출하는 거짓된 분석으로 들어가는 위험을 감수할 것이다. 이 위험은 회기의 빈도가 충분히 높지 않을 때 더 심각해진다. 어떤 환자들은 회기 안에서 기본적 지대를 매우 오랫동안 공유한 후에야 비로소 분석가의 현존 없이 대인관계적 장의 기본적 층과의 접촉을 유지할 수 있게 된다.

앞에서 언급했듯이, 기본적 지대와의 접촉은 분석가가 이해하거나 구성하는 태도가 아니라, 대모(Great Mother)의 회복과 함께 무한성 안에 존재하는 태도(Bion, 1970)를 차용할 것을 요구한다. 이것은 물론 다른 유한한 수준에서의 작업을 배제하지 않는다. 그러나 비온이 서술했듯이, 대인관계적 장의 미분화되고, 무한한 기본적 지대와의 접촉을 유지하고, 두 수준들 사이의 자발적인 역동들과의 접촉을 유지하는 것이 무엇보다 중요하다.

맺는 말

대인관계적 장의 기본적 지대는 대부분 드러나지 않는 핵심적이고 미분화된 경험이다. 인위적인 정신분석적 틀 안에서 그것은 모습을 드러내는데, 무한성의 관점에서 작업하는 분석가의 특별한 태도 덕택에 분석적 커플은 피분석자가 이 핵심적인 정신적 층과 연결하는 데 더 이상 분석가를 필요로 하지 않을 때까지 그 층에 대해 그리고 그 층 안에서 작업할 수 있다. 이러한 종류의 작업은 기본적 실패를 겪었던 환자들에게 최상의 중요성을 갖는 것이지만, 동시에 그런 환자들에게 그것은 위험한 것이기도 하다.

참고문헌

Balint, M. (1968). The Basic Fault. *Therapeutic Aspects of Repression*. London: Tavistock Publications.

Baranger, M. & Baranger, W. et al. (1983). Process and non-process in analytic work. *Int. J. Psychoanal.*, 64:1-15.

Ferro, A. (1992). *The Bipersonal Field: Experiences in Child Analysis.* London: Routledge.

Ferro, A. (1996). In the Analyst's Consulting Room. London: Brunner-Routledge, 2002.

Bion, W. R. (1965). *Transformations.* London: H. Karnac Books.

Bion, W. R. (1970). *Attention and Interpretation.* London: H. Karnac Books.

Klein, M. (1935). A contribution to the psychogenesis of manic-depressive states. In: Klein, M., *The Writings of Melanie Klein. Volume I: Love, Guilt and Reparation.* (pp. 262-289). London: Hogarth Press.

Kohut, H. (1971). *The Analysis of the Self.* New York: International University Press.

Lacan, Jacques (1978). *The Four Fundamentals of Psychoanalysis*, translated by Alan Sheridan. New York: W. W. Norton & Company, Inc.

Matte-Blanco, I. (1988). *Thinking, Feeling and Being.* London and New York: Routledge and the Institute of Psycho-Analysis.

Meissner, W. W. (1996). *The Therapeutic Alliance.* New Haven: Yale University Press.

Meltzer, D. & Harris Williams, M. (1988). The apprehension of beauty: The role of aesthetic conflict in development, art and violence. Perthshire, Scotland: Clunie Press [Buenos Aires: Spatia, 1990].

Sandell, R. (2005, March). *Learning From the Patients Through Research.* Paper presented at the 18th Conference of the European Psychoanalytical Federation. Vilamoura, Portugal. (reference to be completed, published by now I expect).

Sandler J. (1960). The background of safety. *International Journal of Psychoanalysis,* 41:352-356.

Sroufe, L. A. (1996). *Emotional Development: The Organization of Emotional Life in the Early Years.* New York: Cambridge University Press.

Vermote, R. (2005). *Touching Inner Change: Psychoanalytically Informed Hospitalization-Based Treatment of Personality Disorders*: A Process-Outcome Study. Leuven, Belgium: Catholic University Press.

Winnicott, D. W. (1960). Ego distortion in terms of true and false self. In: Winnicott, D. W. *The Maturational Processes and the Facilitating Environment.* (pp. 140-152). London: Hogarth Press.

Winnicott, D. W. (1969). The Use of an Object. *International Journal of Psychoanalysis,* 50: 711-716.

Winnicott, D. W. (1971). *Playing and Reality.* New York: Basic Books.

8장

분석적 제3자: 상호주관적인 임상적 사실들에 대한 고찰

토마스 옥덴(Thomas H. Ogden)

초록

이 글에서, 나는 두 개의 임상적 논의들을 통해서 분석가가 자신과 피분석자를 위해 매 순간의 분석가의 주관적 경험, 피분석자의 주관적 경험 그리고 상호주관적으로 생성된 분석적 쌍의 경험(분석적 제3자)을 인식하고, 이해하며, 언어적으로 상징화하는 방법들을 서술하고자 한다. 첫 번째 임상적 논의는 분석적 쌍에 의해 창조되는 상호주관적 경험이 부분적으로 분석가 자신의 몽상 경험, 자기애적 자기-몰두, 산만함, 강박적인 반추, 백일몽 등에 지나지 않는 것으로 보이는 정신적 활동의 형태들을 통해서, 분석가에게 접근 가능한 것이 되는 방식을 서술한다. 두 번째 임상적 설명은 분석가가 자신의 신체적 망상이 피분석자의 감각 경험들 및 신체-관련된 환상들과 결합하여 현재 발생시키는(상호주관적으로) 주된 불안들을 경험하고 그것들의 의미를 이해하는 주된 매개물로서 사용하게 되는 방식에 초점을 맞춘다.

분석가가 단지 현재 만이 아니라 과거의 현재 순간에 살고 있지 않는 한 그리고 죽은 것이 아니라 이미 살고 있는 것을 의식하고 있지 않는 한, 그는 무엇을 해야 할지 모르는 상태에 처하기 쉽다(T.S. Eliot, 1919, p. 11).

국제 정신분석 학술지의 창간 75주년을 기념하는 이 기회에 나는 정신분석의 "과거의 현재 순간"으로 불리는 것의 한 측면에 대해 말하고자 한다. 정신분석을 위한 이 "현재 순간"의 중요한 측면이란 분석적 세팅 안에서 주관성과 상호주관성의 상호작용의 본성에 대한 분석적 개념화의 발달과 이러한 개념적 발달이 기법을 위해 갖는 함축들에 대한 탐구를 말한다.

이 글에서, 나는 주관성과 상호주관성의 상호작용에 대한 이해가 정신분석 실제에 영향을 미치는 방식과, 임상적 이론이 생성되는 방식의 일부를 보여주기 위해, 두 개의 분석 사례에 대한 임상적 재료를 제시할 것이다(Ogden, 1992a; 1992b). 곧 알게 되겠지만, 나는 주관성과 상호주관성의 변증법적 움직임이 정신분석의 중심적인 임상적 사실이라고 본다. 정신분석의 모든 임상적 사고는 이것을 보다 더 정확하고 생산적인 용어로 서술하기 위해 노력하고 있는 것으로 보인다.

클라인과 위니캇의 작업에서 정교화되었듯이, 분석적 주체라는 개념은 정신분석 안에서 점점 더 주체와 대상의 상호의존을 강조하는 쪽으로 이끌었다(Ogden, 1992b). 나는 현대 정신분석의 사고가 더 이상 단순히 서로를 대상으로 취급하는 독립된 주체들로서의 분석가와 피분석자를 말할 수 없는 지점에 접근하고 있다고 말하는 것이 정당하다고 믿는다. 환자의 투사를 위한 중립적인 빈 화면으로서의 분석가라는 생각의 중요성은 분석적 과정에 대한 현 개념들 안에서 꾸준히 감소되어왔다.

지난 오십 년 동안, 정신분석가들의 분석 방법에 대한 견해는 꾸준히 변해왔다. 지금은 환자의 심리내적 역동들보다는 심리내적 수준에서 환자와 분석가의 상호작용에 대한 해석이 주어져야 한다는 생각이 널리 받아들여지고 있다(O'Shaughnessy, 1983, p. 281).[1]

분석적 상호주관성에 대한 나 자신의 관점은 그것의 변증법적 성질에 중심적인 강조점을 두는 것이다(Ogden, 1979; 1982; 1985; 1986; 1988, 1989). 이 관점은 "유아란 없다"(모성적 돌봄의 제공이 없이는)는 위니캇의 생각을 정교화하고 확장한 것이다(Winnicott, 1960, p. 39). 나는 분석적 맥락 안에 분석가와의 관계와 상관이 없는 피분석자란 없으며, 피분석자와의 관계와 상관이 없는 분석가란 없다고 생각한다. 위니캇의 진술은, 내가 믿기로는, 의도적으로 불완전한 상태로 남겨져 있다. 그는 아기란 없다는 생각이 유희적인 과장법이고 더 큰 역설적 진술의 한 요소를 나타낸다는 사실이 이해될 것이라고 가정한다. 또 다른 관점(이 역설의 반대편 축)에서 보면, 거기에는 명백히 물리학적으로 그리고 심리학적으로 분리된 실체들로 구성된 아기와 엄마가 있다. 엄마-아기 단일체는 독립된 존재로서의 엄마 및 아기와의 역동적 긴장 안에 공동-존재한다.

마찬가지로, 분석가-피분석자의 상호주관성은 그들 자신의 사고들, 감정들, 감각들, 신체적 실재, 심리학적 정체성 등을 가진 분리된 개인들로서의 분석가 및 피분석자와의 역동적 긴장 안에 공동-존재한다. 엄마-아기의 상호주관성도, 분석가-피분석자의 상호주관성도 순수한 형태로는 존재하지 않는다. 상호적인 주관성과 개인적인 주관성은 각각 타자를 창조하고, 부정하고, 보존한다(초기 발달과 분석관계 안에서 하나됨과 둘됨의 변증법적 관계에 대한 논의를 위해서는 Ogden, 1992b를 보라). 엄마와 아기의 관계와 분석가와 피분석자의 관계 모두 안에서, 분석적 과제는 그것에 참여하고 있는 각 개인의 속성을 결정하기 위해 그 관계를 구성하고 있는 요소들을 분해하는 것이 아니다; 주체와 대상의 상호의존성이라는 관점에서 볼 때, 분석적 과제는 개인적 주관성과 상호주관성 사이의 상호작용 경험의 특정한 본성을 가능한 한 완전하게 서술하려고 시도하는 것이다.

이 글에서 나는 내가 "분석적 제3자"라고 부르는, 분석가-피분석자의 상호주관성 안과 밖에 동시에 존재하는 경험의 변천들을 비교적 상세하게 추적하려고 시도할 것이다. 이 제3의 주관성, 또는 분석적 제3자의 상호주관성(Green이 말하는 분석적 대상, 1975)은 분석적 세팅 안에서 분석가와 피분석자의 분리된 주관성들에 의해(사이에서) 변증법적으로 생성된 고유한 산물이다.[2]

나는 분석적 제3자를 구성하는 주관성들의 역동적인 상호작용의 다양한 측면들을 강조하는 두 개의 분석 자료들을 제시할 것이다. 첫 번째 것은 전이-역전이를 인식하고 말하는 것을 지원하는 마음의 배경적 작용들(환자와 전혀 관련되어 있지 않은 것으로 보이는)의 가장 현실적이고 일상적인 측면들이 지닌 중요성에 초점을 두고 있고; 두 번째 것은 분석적 제3자가 주로 신체적 망상과 다른 신체적 감각들 그리고 신체와 관련된 환상들의 형태라는 매개물을 통해 분석가와 피분석자에 의해 경험될 수 있다는 사실에 초점을 두고 있다. 나는 자신의 목소리를 가진 사람으로서의 분석가가 언어적 상징들을 사용해서 상호주관적인 분석적 제3자 안에서 살았고 그 경험에 의해 변화된 목소리를 피분석자에게 (제3자 경험의 일부를 구성하고 있는) 말할 수 있게 되는 것에 대해 논의할 것이다.

임상사례를 통한 설명: 절취된 편지

　나와 작업한지 3년 된 L과의 최근 만남에서, 나는 상담실의 의자 옆에 있는 탁자 위에 봉투 하나가 놓여있는 것을 발견했다. 지난 한 주간이나 열흘 동안, 나는 전화 응답기에 녹음된 전화번호, 내가 가르치는 과목과 관련된 아이디어들, 과제들, 기타 메모들을 적어놓는 데 그 봉투를 사용했다. 비록 그 봉투가 일주일 넘게 거기에 있었지만, 나는 그때까지 그 봉투 전면의 오른쪽 하단부에 세로로 그어진 줄들이 있고, 그래서 그것이 대량 우편물의 일부임을 말해주고 있다는 것을 주목하지 못했다. 나는 실망감과 함께 놀라움을 금치 못했다. 그 봉투 안에는 이태리에 살고 있는 동료가 내게 보낸 편지가 들어 있었는데, 거기에는 그가 미묘한 문제라고 여겨서 우리 사이에 절대 비밀로 지켜져야 한다고 느낀 문제들이 적혀 있었다.
　나는 그때 우표들을 보았고, 처음으로 두 개의 세부사항을 주목했다. 하나는 그 우표들에는 소인이 찍히지 않았는데, 세 개의 우표들 중 하나에는 놀랍게도 내가 읽을 수 있는 글씨가 씌어 있다는 것이었고, 다른 하나는 내가 거기에서 "볼프강 아마데우스 모차르트"라는 글자를 읽었는데, 잠시 후 나에게 친숙한 그 이름의 표기법이 영어와 이태리어에서 똑같다는 것이었다.
　내가 이 몽상에서 빠져나왔을 때, 나는 이것이 어떻게 나 자신과 환자 사이에서 지금 일어나고 있는 일과 관련될 수 있을지 궁금했다. 심리적 상태를 전환하려는 이러한 시도는 꿈에서 깨는 순간 의식에서 사라지는 꿈을 기억하기 위해 애쓰는 동안 내가 경험한, "억압과 싸우는" 고지 전투처럼 느껴졌다. 과거 여러 해 동안, 나는 그러한 "주의의 사라짐들"(lapses of attention)을 제쳐두고 환자가 말하고 있는 것의 의미를 찾는 일에만 전념하려고 시도했었다. 왜냐하면 그런 몽상들로부터 돌아올 때면, 나는 불가피하게 환자가 현재 처해 있는 것보다 약간 뒤쳐진 상태가 되곤 하기 때문이었다.

나는 그 편지가 내게 전달하고 있는 것으로 보이는 친밀감의 진정성에 대해 나 자신이 믿지 못하고 있다는 것을 깨달았다. 그 편지가 단체 메일의 일부였다는 얼핏 지나가는 환상은 내가 속고 있었다는 느낌을 반영하는 것이었다. 나는 나 자신이 특별한 비밀을 나눌 만큼 신뢰받고 있는 사람이라고 믿을 준비가 되어 있는, 순진하고 속기 쉬운 사람이라고 느꼈다. 나에게는 여러 조각의 연상들이 떠올랐는데, 그것들은 우표에 소인이 찍히지 않은 편지들로 가득한 우편행랑, 거미의 알집, 샬롯의 거미줄(Charlotte's Web), 거미집에 대한 샬롯테의 메시지, 쥐같은 템플턴(Templeton), 순진한 윌버(Wilbur) 등의 이미지들을 포함하고 있었다. 이러한 생각들 중 어떤 것도 L과 나 사이에서 일어나고 있는 것을 건드리지는 못하는 것 같았다. 나는 내가 강요된 방식으로 역전이 분석을 통과하고 있는 것 같다고 느꼈다.

내가 큰 비영리 단체의 운영 책임자인 45세 된 L의 말을 경청하고 있었을 때, 나는 그가 자신만의 매우 특징적인 방식으로 말하고 있다는 것을 깨달았다. 그의 목소리는 지치고 희망 없어 보였지만, 그것은 끈질기게 그의 자유연상을 만들어내고 있었다. 전체 분석기간 동안 L은 자신과 다른 사람들 모두로부터 과도하게 정서적 거리를 유지하는 그의 한계를 벗어나기 위해 엄청난 노력을 기울였다. 나는 그가 자신이 살고 있는 집으로 운전해 갔는데, 그것이 자기의 집이라고 느껴지지 않았다는 그의 서술을 생각해냈다. 그가 집안으로 들어갔을 때, 그곳에 살고 있는 한 여성과 네 명의 아이들이 그를 맞아주었지만, 그들이 자신의 아내와 자녀들이라고 느낄 수 없었다. "그것은 내가 거기 있으면서도 그 그림 안에 내가 없는 것 같은 느낌이었어요. 내가 그곳에 맞지 않다고 인식하는 그 순간에 나는 내가 분리되어 있다고 느꼈고, 그 느낌 바로 옆에는 외롭다는 느낌이 있었어요."

나는 어쩌면 내가 그에게 속아서 나에게 말하려는 그의 노력의 신실성을 믿었던 것이라고 생각해보았지만, 이 생각은 내게 공허하게 느껴졌다. 나는 그가 무언가를 느끼고 있음이 분명하지만, 그게 무엇인지 실마리를 찾지 못하고 있다는 것을 알고 있다고 나 자신에게 반복해서 설명했는데, 그때 그의 목소리 안에 담겨 있던 좌절의 느낌이 생각났다.

환자의 꿈들은 정규적으로 마비된 사람들, 죄수들, 그리고 벙어리들의 이미지들로 채워져 있었다. 최근 꿈에서 그는 엄청난 에너지를 소비한 후에, 돌을 깨는 데 성공했는데, 그때 그 돌에 새겨진 상형문자들(화석과 같은)을 발견했다. 처음에는 기뻤지만 그 기쁨은 그 상형문자의 한 부분도 읽을 수 없다는 인식과 함께 사라져버렸다. 꿈속에서 그의 발견은 순간적으로 흥분되는 것이었지만, 궁극적으로는 그를 깊은 실망 상태에 남겨놓는 공허하고, 감질나는 경험이었다. 잠에서 깨었을 때, 그는 그 실망의 느낌마저도 거의 즉각적으로 지워지고 생기 없는 꿈 이미지들의 뭉치가 되었다고 나에게 보고했다(나에게 말한다기보다는). 그 꿈은 침체된 기억이 되었고, 더 이상 감정의 덩어리로서 생생하게 느껴지지 않았다.

나는 그 시간에 내가 경험한 것이 투사적 동일시 경험, 즉 뚫고 들어갈 수 없는 장벽 배후에 놓여 있는 것처럼 보이는 내적 삶을 분별하고 경험할 수 없는 데 대한 환자의 실망에 참여하고 있는 경험의 한 형태였다고 생각한다. 이 설명은 지적으로는 의미 있는 것이었지만, 진부하고 정서가 결여된 것처럼 느껴졌다.

나는 그때 반추하는 성질을 지닌, 전문적인 문제들에 관한 일련의 자기애적, 경쟁적 사고들 속으로 표류했다. 이 반추들은 정비를 위해 내가 맡긴 자동차를 정비소가 문을 닫는 시간인 오후 6시 전까지는 찾아와야 한다는 생각에 의해 방해 받는다. 나는 마지막 분석을 정확히 5시 50분까지 끝내야 정비소가 문을 닫기 전에 그곳에 도착할 수 있다. 내 마음 속에서, 나는 지나가는 자동차들의 굉음을 뒤로 한 채, 닫힌 정비소 문 앞에 서있는 나 자신에 대한 생생한 이미지를 보고 있다. 나는 여러 해 동안 단골 손님인 내가 차를 필요로 한다는 것을 정비소 사장이 잘 알고 있음에도 불구하고, 그가 정확하게 6시에 문을 닫은 것에 대해 심한 무기력감과 격노(얼마의 자기-연민과 함께)를 느낀다. 이 환상속의 경험 안에는 아스팔트의 단단함 같은 생생한 물리적 감각, 배기가스의 악취, 그리고 더러운 기름때가 묻은 정비소 문의 유리창 등의 이미지들과 함께, 깊고 강렬한 황량함과 고립의 느낌이 담겨있다.

비록 당시에는 그것을 충분히 의식하지 못했지만, 돌이켜 보건대, 나는 내가 나의 자기애적/경쟁적 반추들로부터 시작해서 나의 마지막 환자의 시간을 잘라먹고 정비소 주인에게 거절 받는 존재가 되는 환상들로 끝이 나는, 일련의 감정들과 이미지들에 의해 뒤흔들려진 상태였음을 알 수 있다.

내가 L에게 좀 더 집중해서 경청하는 상태로 되돌아왔을 때, 나는 그가 현재 논의하고 있는 것들을 종합하기 위해 노력했다: 그의 아내가 힘들게 일하기 때문에 하루가 끝날 때면 그와 그의 아내 모두가 녹초가 된다는 것; 그의 동서가 재정적으로 몰락해서 파산 직전에 처했다는 것; 조깅을 하다가 환자가 무모한 오토바이족 때문에 사고가 날 뻔했다는 것. 나는 이 이미지들 중 어떤 것이라도 택해서, 내가 그와 나 자신 모두에게서 느끼는 연결되어 있지 않은 느낌을 포함해서, 환자가 이야기하는 모든 것에 스며들어 있는 것처럼 느껴지는 거리감 자체와 우리가 전에 논의했던 주제들을 위한 상징으로 사용할 수 있었다. 그러나 나는 개입하지 않기로 결정했다. 왜냐하면 만약 내가 이 시점에서 해석을 제공하려고 시도한다면, 그것은 내가 나 자신의 말을 반복하는 것에 지나지 않는 것이고, 내가 말할 것을 갖고 있다고 나 자신을 안심시키기 위해 무언가를 말하고 있는 것일 거라는 느낌이 들었기 때문이다.

이른 아침 내 사무실의 전화기가 울렸고 자동 응답기가 메시지를 녹음하기 위해 두 번 딸깍 소리를 내고는 다시 조용해졌다. 전화가 왔을 때 나는 전화를 하는 사람이 누구일지에 대해 의식적으로 생각하지는 않았지만, 이번에는 내가 메시지를 듣기까지 얼마나 오래 걸리는지 알아보기 위해 시간을 쟀다. 나는 응답기에 녹음된 신선한 목소리를 생각하면서 안도감을 느꼈다. 그것은 특정한 좋은 소식을 발견하는 것을 상상한다기보다 상쾌하고 분명한 목소리를 갈망하는 것에 더 가까웠다. 그 환상에는 감각적인 요소가 들어있었다. 나는 상큼한 바람이 내 얼굴을 씻어주고 나의 폐 안으로 들어가는 것을 느낄 수 있었고, 그 결과 너무 덥고 환기되지 않은 방의 질식시키는 고요함으로부터 해방될 수 있었다. 나는 봉투에 붙어 있는 새 우표들이 생각났다. 그것들은 선명하고 생동감 있는 색깔이었고 음침하고, 기계적이며, 지울 수 없는 소인(消印)의 흉터에 의해 방해받지 않고 있었다.

나는 그 봉투를 다시 보았고 내가 지금껏 잠재의식적으로만 알고 있던 어떤 것을 알아차렸다: 내 이름과 주소가 컴퓨터도 아니고, 라벨 기계도 아니고, 심지어 전자식 타이프라이터도 아닌, 수동식 타이프라이터에 의해 찍혀져 있다는 것. 나는 내 이름이 사람 친화적인 방식으로 표현된 것에 기쁘다는 감정을 느꼈다.

나는 활자화된 글자 각각의 고유한 불규칙성의 소리를 듣고 있는 것 같았다: 선의 부정확성, 알파벳 "t"마다 글자의 윗부분이 빠져 있는 모습. 이것은 나에게 액센트처럼 느껴졌고, 내 이름을 알고 있고 나에게 말하고 있는, 사람의 목소리가 굴절된 것처럼 느껴졌다. 이 환상들과 연관된 감각들과 마찬가지로, 이러한 생각들과 느낌들은 환자가 수개월 전에 내게 말했지만 그 후로는 말하지 않았던 어떤 것을 마음(그리고 신체) 속으로 데려왔다. 그는 자신이 내게 마음을 닫은 것은 내가 옳은 것처럼 보이는 것을 말했을 때가 아니라, 내가 실수를 하고 일을 그르쳤을 때였다고 말했다. 그가 이 말을 했을 때 의미했던 것이 무엇인지를 내가 더 완전하게 이해하는 데 이처럼 여러 달이 걸렸다. 이 시점에서 나는 나 자신을 위해서 내가 느끼는 절박한 감정들을 그리고 우리가 함께 하는 작업에서 인간적이고 개인적인 것에 대한 환자의 필사적인 추구를 서술할 수 있게 되었다. 나는 또한 인간적인 것처럼 보이지만 기계적이고 비인격적인 것으로 느껴지는 것과, 거듭해서 충돌하는 경험과 연관된 공황, 실망 그리고 분노의 일부를 이해한다고 느끼기 시작했다.

나는 L이 그의 어머니를 "뇌가 죽은 사람"이라고 서술했던 것이 생각났다. 환자는 그녀가 어떤 분노 감정이나 강렬한 감정의 증거를 보인 경우를 단 한 번도 기억할 수 없었다. 그녀는 집안일과 "전적으로 무미건조한 음식 만들기"에 몰두했다. 정서적 어려움들은 일관되게 단조로움에 의해 처리되었다. 예컨대, 환자가 여섯 살 때 매일 밤 침대 밑에 괴물이 있다고 두려워했을 때, 그의 어머니는 그에게 "거기에는 두려워할 만한 것이 없단다"라고 말하는 것이 전부였다. 이것은 한편으로 그 진술의 정확성(그의 침대 밑에는 실제로 괴물들이 없었다)과, 다른 한편으로 환자의 내적 삶을 인식하고 싶지 않은 마음/그렇게 할 수 없는 무능에

되어 있지 않은 느낌을 포함해서, 환자가 이야기하는 모든 것에 스며들어 있는 것처럼 느껴지는 거리감 자체와 우리가 전에 논의했던 주제들을 위한 상징으로 사용할 수 있었다. 그러나 나는 개입하지 않기로 결정했다. 왜냐하면 만약 내가 이 시점에서 해석을 제공하려고 시도한다면, 그것은 내가 나 자신의 말을 반복하는 것에 지나지 않는 것이고, 내가 말할 것을 갖고 있다고 나 자신을 안심시키기 위해 무언가를 말하고 있는 것일 거라는 느낌이 들었기 때문이다.

이른 아침 내 사무실의 전화기가 울렸고 자동 응답기가 메시지를 녹음하기 위해 두 번 딸깍 소리를 내고는 다시 조용해졌다. 전화가 왔을 때 나는 전화를 하는 사람이 누구일지에 대해 의식적으로 생각하지는 않았지만, 이번에는 내가 메시지를 듣기까지 얼마나 오래 걸리는지 알아보기 위해 시간을 쟀다. 나는 응답기에 녹음된 신선한 목소리를 생각하면서 안도감을 느꼈다. 그것은 특정한 좋은 소식을 발견하는 것을 상상한다기보다 상쾌하고 분명한 목소리를 갈망하는 것에 더 가까웠다. 그 환상에는 삼삭석인 요소가 들어있었다. 나는 상큼한 바람이 내 얼굴을 씻어주고 나의 폐 안으로 들어가는 것을 느낄 수 있었고, 그 결과 너무 덥고 환기되지 않은 방의 질식시키는 고요함으로부터 해방될 수 있었다. 나는 봉투에 붙어 있는 새 우표들이 생각났다. 그것들은 선명하고 생동감 있는 색깔이었고 음침하고, 기계적이며, 지울 수 없는 소인(消印)의 흉터에 의해 방해받지 않고 있었다.

나는 그 봉투를 다시 보았고 내가 지금껏 잠재의식적으로만 알고 있던 어떤 것을 알아차렸다: 내 이름과 주소가 컴퓨터도 아니고, 라벨 기계도 아니고, 심지어 전자식 타이프라이터도 아닌, 수동식 타이프라이터에 의해 찍혀져 있다는 것. 나는 내 이름이 사람 친화적인 방식으로 표현된 것에 기쁘다는 감정을 느꼈다.

나는 활자화된 글자 각각의 고유한 불규칙성의 소리를 듣고 있는 것 같았다: 선의 부정확성, 알파벳 "t"마다 글자의 윗부분이 빠져 있는 모습. 이것은 나에게 액센트처럼 느껴졌고, 내 이름을 알고 있고 나에게 말하고 있는, 사람의 목소리가 굴절된 것처럼 느껴졌다. 이 환상들과 연관된 감각들과 마찬가지로, 이러한 생각들과 느낌들은 환자가 수개월 전에 내게 말했지만 그 후로는 말하지 않았던 어떤 것을 마음(그리고 신체) 속으로 데려왔다. 그는 자신이 내게 마음을 닫은 것은 내가 옳은 것처럼 보이는 것을 말했을 때가 아니라, 내가 실수를 하고 일을 그르쳤을 때였다고 말했다. 그가 이 말을 했을 때 의미했던 것이 무엇인지를 내가 더 완전하게 이해하는 데 이처럼 여러 달이 걸렸다. 이 시점에서 나는 나 자신을 위해서 내가 느끼는 절박한 감정들을 그리고 우리가 함께 하는 작업에서 인간적이고 개인적인 것에 대한 환자의 필사적인 추구를 서술할 수 있게 되었다. 나는 또한 인간적인 것처럼 보이지만 기계적이고 비인격적인 것으로 느껴지는 것과, 거듭해서 충돌하는 경험과 연관된 공황, 실망 그리고 분노의 일부를 이해한다고 느끼기 시작했다.

 나는 L이 그의 어머니를 "뇌가 죽은 사람"이라고 서술했던 것이 생각났다. 환자는 그녀가 어떤 분노 감정이나 강렬한 감정의 증거를 보인 경우를 단 한 번도 기억할 수 없었다. 그녀는 집안일과 "전적으로 무미건조한 음식 만들기"에 몰두했다. 정서적 어려움들은 일관되게 단조로움에 의해 처리되었다. 예컨대, 환자가 여섯 살 때 매일 밤 침대 밑에 괴물이 있다고 두려워했을 때, 그의 어머니는 그에게 "거기에는 두려워할 만한 것이 없단다"라고 말하는 것이 전부였다. 이것은 한편으로 그 진술의 정확성(그의 침대 밑에는 실제로 괴물들이 없었다)과, 다른 한편으로 환자의 내적 삶을 인식하고 싶지 않은 마음/그렇게 할 수 없는 무능에 대한 진술(거기에는 그가 두려운 나머지 인정하고, 동일시하거나 심지어 궁금해하기를 거부한 무언가가 있었다) 사이의 불일치에 대한 분석에서 하나의 상징이 되어버렸다.

소진되는 느낌, 동서의 임박한 파산, 잠재적으로 심각하고 치명적이기까지 한 사고(事故) 등을 포함한 L의 생각의 연쇄들은 분석이 고갈된 상태이고, 파산 상태이며, 죽어가고 있다는 그의 갓 생겨난 느낌들에 관해 말하는 그의 무의식적 시도들을 반영하는 것으로 다가왔다. 그는 그와 내가 살아있다고 느껴지는 방식으로 말하고 있지 않다는 느낌에 대한 잔여물을 경험하고 있었다. 그가 나에게 인간적이 될 수 없는 것과 마찬가지로, 나는 그에게 타자가 되지 못하고 기계적인 존재에 지나지 않는 것처럼 보였다.

나는 환자에게, 우리가 함께 한 시간이 출퇴근 도장을 찍는 공장에서 하는 일처럼 따분하고 의무적으로 그에게 느껴졌던 것 같다고 말했다. 그리고 그가 나와 함께 있는 동안 때때로 절망적으로 답답하게 느꼈다는 점에서, 공기처럼 보였지만 실제로는 진공 상태인 어떤 것 인에서 그가 질식될 것처럼 느꼈던 것 같다고 말했다.

L은 내가 전에 들어보지 못한 방식으로 더 커지고 충만해진 목소리로 말했다. "맞아요, 나는 밤중에 질식할까봐 창문을 활짝 열어놓고 자요. 나는 종종 마치 누군가가 내 머리에 플라스틱 자루를 씌운 채 나를 질식시킬 것 같은 두려움과 함께 잠에서 깨요." 환자는 계속해서, 그가 내 상담실 안으로 걸어 들어올 때 그는 정규적으로 방이 너무 덥고 공기가 불편할 정도로 고요하게 느껴진다고 말했다. 그는 나에게 카우치 옆에 있는 히터를 꺼달라거나 창문을 열어달라고 요청한다는 생각은 한 번도 해본 적이 없다고 말했는데, 그것은 주로 그가 그때까지 그런 느낌들을 갖고 있다는 사실을 완전히 인식하지 못했기 때문이었다. 그는

자신 안에서 일어나고 있는 것에 대해 아는 것을 얼마나 적게 허용했는지를 인식하는 것이, 심지어 방안이 너무 덥다는 것을 알지 못할 정도로 그랬다는 것을 인식하는 것이 자신에 대해 너무 실망스러운 느낌을 갖게 만든다고 말했다.

 L은 회기의 나머지 15분 동안 내내 침묵했는데, 그와의 분석에서 그렇게 긴 침묵이 발생한 적은 지금껏 없었다. 침묵이 이어지는 동안 나는 말을 해야 한다는 압력을 느끼지 않았다. 실제로, 거기에는 상당한 정도로 쉼의 느낌이 있었고, 그토록 자주 분석 시간들을 채웠던 "불안한 정신작용"에서 벗어나는 데 따른 안도감이 있었다. 나는 L과 내가 분석이 실망으로 무너지는 것을 막기 위해 지속적으로 엄청난 노력을 쏟아부었다는 사실을 알게 되었다: 나는 과거에 우리 두 사람이 비치볼을 서로에게 쳐 보내면서 그것을 땅에 떨어뜨리지 않으려고 필사적으로 노력했다는 것을 생각해냈다. 회기 시간이 끝나갈 때, 나는 잠들지 않기 위해 졸음과 싸워야만 했다.

 다음 날 아침에 환자는 그날 새벽에 꾼 꿈 때문에 잠에서 깨어났다는 이야기로 회기를 시작했다. 꿈에서 그는 물속에 있었는데, 완전히 벗고 있는 다른 사람들을 볼 수 있었다. 그는 자신도 벗고 있다는 것을 알아차렸지만, 그것에 마음을 쓰지는 않았다. 그는 숨을 참고 있었는데, 더 이상 숨을 참을 수 없게 되면 익사할 것이라는 생각에 공황상태가 되는 것을 느꼈다. 물속에서 명백히 숨 쉬는 데 어려움이 없는 한 남자가 그에게 숨을 쉬어도 괜찮다고 말해주었다. 그는 반신반의하며 숨을 쉬었고, 곧 자신이 숨을 쉴 수 있다는 것을 발견했다. 그는 여전히 물속에 있었는데, 장면이 바뀌었다. 그는 깊이 흐느끼며 울고 있었고, 깊은 슬픔을 느끼고 있었다. 얼굴이 생각나지 않는 한 친구가 그에게 말했다. L은 그 친구에게 자신을 안심시키려 하거나 용기를 주려고 시도하지 않은 것에 대해 감사한다고 말했다.

환자는 자신이 꿈에서 깨었을 때 거의 눈물을 흘릴 뻔했다고 말했다. 그는 자신이 무엇에 대해 슬퍼하는지는 알지 못한 채, 다만 자신이 느끼는 감정을 느끼기 위해 침대에서 벗어났다고 말했다. L은 슬픔의 감정을 직장 일에 관한 불안의 느낌이나 은행 잔고에 대한 염려, 또는 그의 마음을 분산시킬 수 있는 다른 문제들로 바꾸기 위한 그의 친숙한 시도들이 시작되는 것을 주목했다.

논의

위의 설명은 분석에서의 분수령에 대한 본보기로서가 아니라, 분석적 세팅 안에서 일어나는 주관성과 상호주관성의 변증법적 움직임에 대한 느낌을 전달하기 위한 노력의 일환으로서 제시되었다. 나는 분석가로서의 나의 경험(나의 마음의 간신히 지각될 수 있는 그리고 종종 극도로 일상적인 배경 작업들을 포함하는)이 분석가와 피분석자에 의해 창조된 상호주관적 경험에 의해 맥락 안에 자리 잡게 되는 방식의 일부를 서술하려고 시도하고 있다. 어떤 생각, 감정 또는 감각도 과거에 그랬던 것과 동일한 것으로 간주될 수 없으며, 분석가와 피분석자에 의해 창조된 특정한(그리고 계속적으로 변동하는) 상호주관성의 맥락 바깥에 있는 것으로 간주될 수는 없다.[3]

나는 내가 L에 관한 정보를 상당히 늦게까지 제공하지 않았다는 점에서, 제시된 임상적 자료가 약간 특이한 형태를 갖고 있다는 사실을 잘 알고 있다고 말하는 것으로 나의 논의를 시작하겠다. 이것은 L이 때로 나의 의식적 사고와 감정들로부터 전적으로 부재했다는 느낌의 강도를 전달하기 위한 노력의 일부였다. 이 몽상 기간 동안에 나의 주의는 전혀 L에게 초점이 맞춰져 있지 않았다. (나는 피분석자에 대한 분석가의 적극적인 수용성을 반영하는 심리적 상태들뿐만 아니라, 분석가의 자기애적 자기-몰두, 강박적 반추, 백일몽, 성적 환상 등을 반영하는 것으로 보이는 심리적 상태들의 잡다한 수집품들을 지칭하기 위해 몽상이라는 비온의 용어를 사용한다.)

스스로를 드러내는 임상적 자료의 세부사항으로 시선을 돌린다면, 나의 봉투 경험은 (이 분석의 맥락 안에서) 그 봉투의 존재를 알아차리는 것에서 시작되었다. 그것이 여러 주간 동안 그곳에 물리적으로 존재했다는 사실에도 불구하고, 그것은 그 순간에 심리학적 사건으로서 되살아났고, 그 순간 전까지는 존재하지 않았던 심리학적 의미들의 전달자가 되었다. 나는 이 새로운 의미들을 단순히 내 안에 있는 억압의 제거를 반영하는 것으로 보지 않는다; 그보다 나는 그 사건을 L과 나 자신에 의해 새로운 주체(분석적 제3자)가 생성되었다는 사실을 반영하는 것으로 보고 있으며, 그것이 "분석적 대상"(Bion, 1962; Green, 1975)으로서의 봉투를 창조했다고 보고 있다. 내가 책상 위에서 이 새로운 "대상"을 보았을 때, 나는 마치 자의식이 전혀 없이 발생한 것인양, 전적으로 자아동조적인 방식으로 그것에 끌렸다. 나는 그 시점까지 거기에 있지 않았던 봉투에 기계가 남긴 표시들을 보고 놀랐다: 나는 처음으로 이 표시들을 개인적인 방식으로 말하는 느낌의 부재에 대한 실망과 관련된, 의미들의 모체라는 맥락 안에서 경험했다. 소인이 찍히지 않은 우표들도 마찬가지로 창조되었고, 정교화되고 있는 상호주관적 경험 안에 그것들의 자리를 잡았다.

소외감과 낯선 느낌이 내가 모차르트의 이름을 "친숙한 언어"의 일부로 알아보지 못하게 되는 지점까지 고조되었다.

　설명을 요하는 부분은 샬롯의 거미줄(Charlotte's Web)과 관련된 일련의 파편적인 연상들이다. 이 생각들과 감정들은, 비록 나 자신의 삶의 경험에서 고도로 개인적이고 고유한 것이기는 하지만, 또한 분석적 제3자의 경험이라는 맥락 안에서 새롭게 창조되고 있었다. 나는 샬롯의 거미줄이 나에게 매우 중요하지만, 그 책의 특별한 의미는 억압되어 있을 뿐만 아니라, 그것이 시간 안에 존재하는 방식으로는 아직 태어나지 않은 것임을 의식적으로 알고 있었다. 서술되고 있는 만남이 있은 지 몇 주 후에야 나는 그 책이 본래의(그리고 되는 과정 안에 있는) 고독감의 느낌과 밀접하게 관련되어 있다는 사실을 알게 되었다. 나는 처음으로 (그 후 몇 주 안에) 외로웠던 아동기 시절에 나 자신이 그 책을 여러 번 읽었고, 버림받고 부적합한 사람으로서의 윌버와 철저하게 동일시했었다는 사실을 깨달았다. 나는 샬롯의 거미줄에 대한 이 (대체로 무의식적인) 연상들을 억압된 기억의 회상으로 보기보다는, 전에는 다른 형태로 존재했던 (분석적 상호주관성 안에서 그리고 그것을 통한) 경험의 창조로 본다. 분석적 경험에 대한 다음과 같은 생각이 내가 말하고자 하는 중심적인 내용이다: 분석적 경험은 과거와 현재가 만나는 지점에서 발생하며, 그것은 분석가와 피분석자 사이에서(즉, 분석적 제3자 안에서) 생성되는 경험에 의해 새롭게 창조되는(분석가와 피분석자 모두를 위해) 과거를 포함한다.

　나의 의식적 주의가 "나 자신의" 몽상들로부터 환자가 말하고 있는 것으로 그리고 그가 그것을 나에게 말하고 나와 함께 존재하는 방식으로 바뀔 때마다, 나는 내가 몇 초 또는 몇 분 전에 떠났던 같은 자리로 "돌아가지" 않았다. 매번 나는 몽상 경험에 의해, 때로는 알아볼 수 없을 정도로, 조금씩 변했다. 방금 서술한 몽상 과정에서, 결코 마술적이거나 신비적인 것으로 간주될 수 없는 어떤 일이 발생했다. 사실, 일어난 일은 거의 분석적 사건으로 관찰되기 어려울 정도로 평범하고 일상적인 것이었다.

봉투와 관련된 일련의 생각들과 느낌들이 지나간 후에 내가 다시 L에게 초점을 맞추었을 때, 나는 그의 경험이 지닌 분열성적 속성을, 그리고 생생하게 느껴지는 어떤 것을 함께 창조하려는 그와 나의 시도가 공허한 것임을 좀 더 잘 수용할 수 있게 되었다. 나는 그를 위한 분석가로 존재하려는 나 자신의 노력들과 연관된 공허감과 함께, 가족과 세상 안에서 그 자신이 처한 자리에 대한 감각과 관련된 임의성의 느낌을 보다 예리하게 인식하게 되었다.

나는 그때 두 번째 시리즈의 자기-참여적인 생각들과 감정들에 참여하게 되었다(투사적 동일시의 측면에서 나 자신의 실망과 환자의 실망을 개념화하려는, 부분적으로만 만족스러운 나의 시도 이후에).[4] 나의 생각들은 정비소가 문을 닫는 것과 관련된 그리고 그날의 마지막 분석을 제시간에 끝내야 할 필요성과 관련된, 불안한 환상들과 감각들에 의해 방해를 받았다. 나의 자동차는 하루 종일 정비소에 있었지만, 분석적 대상으로서의 자동차가 창조된 것은 정확히 L과 함께 있던 순간이었다. 그 순간에 정비소 문을 닫는 것을 포함한 환상이 창조된 것은 고립된 존재로서의 나에 의해서가 아니라, L과의 상호주관적 경험에 의해서였다. 자동차와 정비소와 관련된 생각들과 감정들은 그날 내가 참여했던 다른 어떤 분석 시간에서도 발생하지 않았다.

정비소 문을 닫는 것과 그날의 마지막 분석을 제시간에 끝내야 할 나의 필요와 관련된 몽상 안에서, 나 자신과 타자들 안에 있는 기계적인 비인간성과 충돌하는 경험은 다양한 형태들 안에서 반복되었다. 그 환상들과 함께 직조되어 있는 것들은 단단함(포장된 도로, 유리와 기름때)과 질식(배기가스)의 감각들이었다. 이 환상들은 내 안에서 점점 더 무시하기 힘든 불안과 긴급성의 느낌을 생성해냈다(과거의 나는 이 환상들과 감각들을 극복해야 할 방해물일 뿐 분석을 위해 아무런 의미가 없는 것으로 취급했을 것이다).

L에게 경청하는 상태로 되돌아왔을 때, 나는 여전히 회기 동안에 일어난 일로 인해 혼란스러웠고, 나의 무기력감을 분산시키기 위해 무언가를 말하고 싶은 유혹을 강하게 느꼈다. 이 지점에서, 조금 전에 일어난 일(전화통화가 응답기에 녹음된)이 처음으로 분석적 사건으로서, 즉 정교화되고 있는 상호주관성의 맥락 안에서 의미를 갖는 사건으로서 발생했다. 응답기에 녹음된 "목소리"는 이제 나를 알고 있고, 나에게 개인적인 방식으로 말하는 사람의 목소리가 될 것이라는 약속을 간직하고 있다. 자유롭게 숨 쉬는 신체적 감각들과 질식하는 느낌들은 점점 더 중요한 의미의 전달자가 되었다. 봉투는 조금 전의 그것과는 전혀 다른 분석적 대상이 되었다: 그것은 지금 고유하고 개인적인 목소리의 표상으로서 기능하고 있다(알파벳 "t"가 불완전하게 찍힌, 수동 타자기에 의한 주소).

분석적 제3자 안에서 발생하는 이러한 경험들의 누적된 효과는 환자가 여러 달 전에 내게 했던 말, 즉 내가 실수를 했을 때 그가 나에게 가장 친밀한 감정을 느꼈다고 했던 말의 변형으로 이끌었다. 환자의 진술은 새로운 의미를 획득했다. 그러나 나는 그 진술이 지금 나를 위한 새로운 진술이고, 그 점에서 처음으로 듣는 진술이라고 말하는 것이 더 정확한 표현이라고 생각한다.

이 지점에서, 나는 나 자신이 두려울 정도로 그리고 돌이킬 수 없이 비인간적으로 느껴졌던 다른 사람의 그리고 나 자신의 측면에 맞닥뜨리는 경험을 서술하기 위해 언어를 사용할 수 있기 시작했다. L이 그동안 말해오던 많은 주제들이 이제 전에는 갖지 못했던 응집력을 갖게 되었다: 그 주제들은 지금 L이 나와 우리 사이의 담화를 파산과 죽어가는 것으로 경험하고 있다는 생각에서 합류하고 있는 것처럼 보인다. 다시금, 이 "옛" 주제들은 지금 (나에게는) 내가 신선하게 만나고 있는 새로운 분석적 대상들이 되고 있다. 나는 환자가 나를 어떻게 경험했을 지에 대한 느낌과, 기계적이고 비인간적인 것으로서의 분석에 대한 느낌을 그에게 말하려고 시도했다. 개입을 시작하기 전에, 나는 내 마음속에 있는 것을 전달하기 위해 기계의 이미지(공장과 시계)를 사용하리라고 의식적으로 계획한 적이 없다; 나는 무의식적으로 분석 시간의 기계적(시계가 결정하는) 종결과 정비소가 문을 닫는 것과 관련된 나의 몽상 이미지를 사용하고 있었다. 나는 나의 이미지 선택이 내가 분석적 제3자의 무의식적 경험(L과 나에 의해 창조되고 있는 무의식적 상호주관성)으로부터 말하는 방식을 반영하고 있다고 본다. 동시에, 나는 분석적 제3자에 대해 그것 바깥의 자리에서 말하고 있었다.

나는 여전히 즉흥적인 방식으로, 생명을 지원해주는 공기가 들어 있는 것처럼 보이지만 실상은 텅 빈 진공실(또 하나의 기계)의 이미지를 계속해서 환자에게 말했다(여기에서 나는 무의식적으로 배기가스로 가득한 정비소의 공기와, 전화 응답기 환상과 관련된 신선한 공기에 대한, 환상화된 경험의 감각-이미지들을 사용하고 있다).[5] 나의 개입에 대한 L의 반응은 숨 쉬기의 충만함을 반영하는 충만한 목소리를 포함하고 있었다(충만한 주기와 받기). 인간에게서 배제되는 것에 대한 그 자신의 의식적 및 무의식적 느낌들은 죽이는 엄마/분석가의 손에 의해 질식당하는 이미지들과 감각들의 형태(생명을 살리는 공기로 채워지지 못하도록 방해하는 플라스틱 봉지[젖가슴])로 경험되었다.

　분석 시간 마지막 부분이 침묵으로 채워진 것은 그것 자체로서 하나의 새로운 분석적 사건이었고, 플라스틱 봉지 안에서 질식당하는 이미지나 상담실 안의 침체된 공기에 의해 숨이 막히는 느낌과는 두드러지게 대조되는, 휴식의 느낌을 반영하는 것이었다. 이 침묵 동안에 내가 경험한 것에는 추가적으로 두 가지 의미 있는 측면들이 있었다: L과 내가 땅에 떨어뜨리지 않으려고 필사적으로 쳐올리는 비치볼 환상과 졸립다는 느낌. 비록 나는 L과 내가 함께 침묵할 수 있었던 방식(실망, 고갈 그리고 희망이 결합된)에 의해 상당한 정도로 위안을 느꼈지만, 그 침묵의 경험 안에는 멀리 떨어진 곳에서 천둥이 치는 것 같은(돌이켜보면 감금된 분노로 보이는) 느낌이 있었다.

　나는 L이 다음 회기를 시작하면서 보고했던 꿈에 대해 간략하게만 언급하겠다. 나는 그것을 이전 회기에 대한 반응인 동시에, 전이-역전이의 한 측면을 예리하게 구분하기 시작한 것이라고 이해한다. 그 전이-역전이 안에서는 L이 나에 대해 느끼는 분노의 효과에 대한 두려움과 나에 대한 그의 동성애적 감정이 결합하여 지배적인 불안을 구성하고 있었다(전에 나는 정비소 환상에서처럼, 뒤에서 들리는 자동차 소음의 이미지 및 감각과 같은, 분석적 대상들로서 사용할 수 없는 실마리들만을 가지고 있었다).

　그 꿈의 첫 번째 부분에서, 환자는 익사하는 것에 대한 그의 두려움에도 불구하고, 숨을 쉬어도 괜찮다고 말해주는 남자를 포함해서, 다른 벌거벗은 사람들과 함께 물속에 있었다. 그가 숨을 쉬었을 때, 그는 그가 정말로 그렇게 할 수 있다는 것이 믿기 어려웠다.

　L이 꾼 꿈의 두 번째 부분에서, 그는 슬픔으로 인해 흐느끼고 있었고, 거기에는 얼굴을 기억할 수 없는 한 남자가 그와 함께

머물러 있었지만, 그를 격려하려고 시도하지는 않았다.

나는 이 꿈이 부분적으로 지난 분석 시간에 우리 두 사람이 함께 경험한 것에 대한 L의 느낌을 표현하고 있고, 그가 자신의 무의식적 삶(물속의)에 관한 중요한 어떤 것을 더 잘 이해하기 시작했다는 것과, 내가 그의 고립, 슬픔 그리고 허망감에 의해 압도되는(익사하는) 것을 두려워하거나 불안해하지 않는다는 것을 나타낸다고 본다. 그 결과, 자신이 질식할 것 같다(진공 젖가슴/분석가)고 두려워했던 과거의 모습과는 대조적으로, 자신에게 삶을 허용하도록 용기를 낼 수 있었다. 게다가, 거기에는 환자 자신의 경험이 전적으로 실감나는 것이 아니었다는 암시가 있다. 그것은 그가 자신이 하고 있는 것이 진짜라는 것을 믿기 힘들었다는 꿈속의 느낌에서 발견된다.

L의 꿈의 두 번째 부분에서, 그는 자신과 나에게서 덜 차단되어 있다고 느끼는 방식으로 슬픔을 느끼는 능력이 향상되었음을 보다 명료하게 드러냈다. 그 꿈은 부분적으로 그가 이제 막 경험하기 시작한 감정들을 내가 훔쳐가지 않은 것에 대해서, 즉 전날 회기의 끝 부분에 그가 가졌던 침묵의 시간을 방해하지 않았던 것과, 나의 말들과 생각들로 그의 슬픔을 분산시키거나 심지어 변형시키려고 시도하지 않은 것에 대해 감사하다는 느낌을 드러낸 것으로 보인다.

나는 이 사건들과 관련해서 L이 경험하고 있는 감사(의심과 혼합된) 외에도, 나에 대한 덜 인식된 양가감정들이 있다고 느꼈다. 나는 부분적으로 종종 나의 방어적인 상태를 반영하는, 이전 회기의 끝 부분에 내가 졸음과 싸웠던 일로 인해 이런 가능성에 대해 경각심을 갖게 되었다. 비치볼(젖가슴)을 쳐올리는 환상은 그것이 금지된 분노를 나타내는 것일 수 있음을 암시한다. 분석에서 그 뒤에 이어진 사건들은 나로 하여금 꿈의 두 번째 부분에 등장하는 얼굴 없는 남자는, 형태가 없고 서술이 불가능할 정도로 손에 잡히지 않는(그 자신이 그렇다고 느끼는 것처럼) 나에 대한 환자의 분노를 부분적으로 표현하고 있다고 믿도록 이끌었다. 이 생각은 여러 해 동안 계속된 분석에서 "특별히 그 누구도 아닌" 나의 존재에 대한 L의 분노가 직접적으로 표현된 것으로 보인다. 게다가, 더 깊은 무의식적 수준에서, 환자가 물속에서 벌거벗은 남자에 의해 숨을 쉬도록 초대받은 것은 종종 동성애적 불안이 자극되는 방식으로, 상담실 안에서 나와 함께 살아 있는 존재가 되도록 내가 그를 유혹하고 있다(공유하고 있는 액체를 들이마시라고 격려하는 벌거벗은 남자로서)는 L의 무의식적 감정이 강화된 것을 나타낸다. 이 꿈에서 반영된 성적 불안은 분석의 훨씬 나중에서야 해석될 수 있었다.

몇몇 부가적 언급들

위에서 서술한 임상기록 안에서, 내 마음이 "표류했고," 전화번호, 강의를 위한 메모들, 해야 할 일들이 씌어 있는 봉투와 그 봉투에 찍힌 기계 소인에 초점을 맞추게 된 것은 우연이 아니었다. 봉투 그 자체는, 이미 언급한 의미들을 전달하는 것 외에도, 다른 누구에게 하는 말이 아닌 나 자신의 사적인 담화를 나타낸다; 거기에 씌어 있는 것들은 나의 삶의 세부사항들에 관해 나 자신에게 말하기 위한 메모들이었다. 이러한 자의식이 없는 "자연스런" 방식으로 분석 시간 동안에 이루어지는 분석가의 마음의 작용은 고도로 개인적이고 사적인 것이고, 동료들과 거의 논의하는 일이 없는, 그리고 분석에 관한 출간된 문헌에서는 더더욱 다루어지지 않는, 당혹스러울 정도로 일상적인 삶의 측면들에 속한 것이다. 경험의 이런 측면이 분석적 주체들의 상호작용의 현현으로 변형되는 방식에 관해 우리 자신들에게 말하기 위한 목적으로 몽상의 자기-성찰적이지 않은 영역으로부터 이러한 개인적이고 일상적인 측면을 포착해내는 것은 많은 노력을 요한다. 이 "개인적인 것"(개인적으로 주관적인)은 상호주관적인 분석적 제3자 안에서 그것이 창조되기 전에 있던 어떤 것이 결코 아니며, 그렇다고 해서 전에 있던 것과 완전히 다른 것도 아니다.

환자와 함께 상담실에서 보내는 분석가의 심리적 삶은 그 자신의 삶의 일상적인 사항들(종종 그의 자기애에 커다란 중요성을 갖고 있는)과 관련된 몽상의 형태를 취한다고 나는 생각한다. 이 임상적 논의에서, 나는 이 몽상들이 단순히 주의를 집중하지 않음, 자기애적 몰두, 해결되지 않은 정서적 갈등 등을 반영하는 것이 아니라는 점을 보여주려고 시도했다; 이러한 심리적 활동은 분석적 쌍의 상호주관성 안에서(즉, 분석적 제3자) 형태를 갖추어가는 중에 있는 피분석자의 명료하게 드러나지 않은(종종 아직 느껴지지 않은) 경험에 대한 상징적 및 원-상징적(감각에 기초한) 형태를 나타낸다.

이러한 형태의 심리적 활동은 종종 분석가가 피분석자와 함께 정서적으로 현존하고 그에게 주의를 기울이기 위해 통과하고, 제쳐놓으며, 극복해야 할 어떤 것으로 간주되었다. 나는 이러한 임상적 사실의 범주를 무시하는 견해를 갖는 것은 분석가로 하여금 피분석자와 갖는 그의 경험이 지닌 의미의 상당 부분(어떤 경우에는 대부분)을 축소시키는(또는 무시하는) 쪽으로 인도한다고 제안한다. 그처럼 분석 경험의 커다란 부분을 과소평가하게 하는 주된 요인은 그러한 인식이 우리를 불편하게 만드는 자기-

의식의 형태를 포함하고 있기 때문이다. 전이-역전이 측면에 대한 분석은 우리가 우리 자신에게 말하는 방식과, 사적이고 상대적으로 방어되지 않은 심리적 상태 안에서 우리 자신에게 말하는 내용을 검토할 것을 요구한다. 이런 상태 안에서, 의식과 무의식의 변증법적 상호작용은 꿈 상태와 닮은 방식 안에서 변형된다. 이런 방식으로 자기-의식적이 되는 과정에서, 우리는 사적 영역 안의 본질적인 내적 성소를 건드리게 되고, 그 결과, 우리의 정신건강의 주춧돌 중의 하나와 접촉하게 된다. 이때 우리는 신성한 땅이자, 우리가 주관적 대상들(Winnicott, 1963; Ogden, 1991)과 소통하는 영역인, 고립된 개인적 영역을 거닐게 된다. 이 소통은 (봉투 위에 쓴 나를 위한 메모처럼) 다른 어느 누구를 위한 것이 아니고, 심지어 이 절묘하게 사적이고/일상적인 "막다른 길"(Winnicott, 1963, p. 184) 바깥에 놓여 있는 우리 자신의 측면들을 위한 것도 아니다. 이 전이-역전이 경험의 영역은 너무 개인적인 것이고, 분석가의 성격 구조 안에 새겨져 있는 것이어서, 개인적인 것의 이런 측면조차도 분석적 제3자에 의해 그리고 그 안의 경험에 의해 변경된 것임을 인정하는 데는 많은 심리적 노력이 필요하며, 그러한 인정이 가능하기 위해 그것은 먼저 우리 자신들과의 담화 안으로 들어올 수 있어야 한다. 우리가 완전한 의미의 분석가가 되기를 원한다면, 우리는 우리 자신들의 이런 측면조차도 분석적 과정 안으로 가져오기 위해 의식적으로 노력해야만 할 것이다.

정신-신체와 분석적 제3자

이 글의 다음 부분에서, 나는 분석적 상호작용에 대한 설명을 제시할 것인데, 그 상호작용 안에서는 분석가에 의해 경험된 신체적 망상과, 피분석자에 의해 경험된 신체적 감각들과 신체-관련된 환상들의 무리가 분석적 제3자가 경험되고, 이해되고, 해석되는 과정에서 주된 매개물로서 기능한다. 차츰 명백하게 드러날 것이지만, 분석의 이 단계에서의 성공적인 수행은 주로 신체적 감각/환상을 통해 드러나는 상호주관적인 임상적 사실의 형태를 인식하고 사용하는 분석가의 역량에 달려 있다.

임상적 예시: 숨길 수 없는 가슴(heart)

이 임상적 논의에서, 나는 결혼한 변호사이자 두 명의 잠재기 아동의 어머니인, 42세 된 B의 3년 차 분석에서 발생한 일련의 사건들을 서술하고자 한다. 환자는 우리 두 사람 모두에게 분명하지 않은 이유로 분석을 시작했다; 그녀는 "남부럽지 않은 가정"과 직업적인 성공에도 불구하고, 삶에 대한 막연한 불만을 갖고 있었다. 그녀는 자신이 분석가의 사무실에 오게 될 것이라고는 결코 상상해본 적이 없다고 말했다; "나는 마치 우디 앨런의 영화에서 걸어 나온 것 같은 느낌이에요."

분석의 첫 일 년 반 동안 그녀는 분석에 오는 것이 힘들었고, 분석에 대해 막연한 거부감을 느꼈다. 나는 B가 매일 약속시간에 나타나는 이유를 알 수 없었고, 그녀가 나타날 때마다 매번 조금 놀랐다. 환자는 빠지지 않고 꼬박꼬박 나타났고, 거의 늦는 일이 없었으며, 실은 약속된 시간보다 더 일찍 와서 항상 회기를 시작하기 전에 그곳에 있는 화장실을 사용했다.

B는 조리 있게 말을 했고, 약간 강박적일 정도로 사려 있게 말했다: 거기에는 항상 그녀의 아버지가 그녀에게 보이는 작은 관심에도 질투로 반응하는 그녀의 어머니를 포함해서, 논의할 만한 중요한 주제들이 있었다. B는 이것이 그녀가 직장에서 고참 여성 동료들에게서 배우지 못하는(그들을 받아들이지) 현재의 어려움과 연결되어 있다고 느끼고 있었다. 그러나 이런 그녀의 말에는 피상성이 있었고, 시간이 지나면서 환자는 "말할 것을 찾는 데" 점점 더 많은 노력을 기울여야 하는 것처럼 보였다. 환자는 "여기에 존재하기 위한" 그녀의 최상의 노력에도 불구하고, 회기에 완전히 현존하지 않고 있다는 느낌에 대해 말했다.

분석을 시작한지 2년이 되었을 때, 침묵은 점점 더 빈번해졌고 종종 십오 분에서 이십 분에 달할 정도로 길어졌다(첫 번째 해 동안에는 침묵하는 일이 거의 없었다). 나는 그녀가 침묵하는 동안 나와 함께 있는 것이 어떤 느낌인지에 대해 B와 이야기해보려고 시도했다. 그녀는 그것이 극도로 좌절스럽고 막혀 있는 느낌이라고 대답했지만, 그 느낌을 설명할 수는 없었다. 나는 환자의 침묵과, 그 침묵 직전에 있었던 또는 이전 회기에서 해소되지 않은 채 남아있는 전이-역전이 경험 사이에 어떤 관계가 있을 수 있다는 잠정적인 생각을 그녀에게 제공했다. 그러나 이런 개입들 중 어느 것도 상황을 바꾸지는 못하는 것 같았다.

B는 자신이 더 말할 것이 없는 것에 대해 반복해서 사과했고, 나를 실망시킬까봐 염려했다. 그렇게 몇 개월이 지났을 때, 거기에는 침묵과 분석의 전반적인 생기 없음과 관련된 소진과 실망의 느낌이 자라고 있었다. 이런 상태에 대한 환자의 사과는 계속되었지만, 그것은 점점 더 말로 표현되지 않았고, 얼굴 표정, 걸음걸이, 목소리의 어조 등에 의해 전달되었다. B 역시 분석 시간 내내 손을 비틀기 시작했고, 침묵하는 동안에는 더 심하게 비틀었

다. 그녀는 분석 시간 동안에 손이 빨개질 정도로 손가락을 심하게 잡아당겼고, 손의 관절들과 손가락들을 깊숙이 주물렀다.

　분석 작업의 이 기간 동안, 나는 나 자신의 환상들과 백일몽들이 현저하게 줄어든 것을 발견했다. 나는 또한 내가 기대했던 것보다 B와 가깝다는 느낌을 나 자신이 더 적게 경험하고 있다는 것을 알아차렸다. 어느 날 아침에 사무실을 향해 운전을 하는 동안 그날 만나볼 사람들을 생각하고 있었는데, 갑자기 B의 이름이 생각나지 않았다. 나는 내가 약속 일정표에 그녀의 성만을 기록했고 그녀의 전체 이름을 사용한 적이 없기 때문이라고, 그리고 그녀가 자신의 이야기를 할 때 다른 사람들과는 달리 한 번도 자신의 이름을 말한 적이 없기 때문이라고 스스로를 합리화했다. 나는 나 자신이 아기의 탄생과 관련된 깊은 양가감정으로 인해 출생 후에 아기에게 이름을 불러주지 못하는 엄마와 같다고 상상했다. B는 자신의 부모와 아동기에 대해 거의 말을 하지 않았다. 그녀는 자신이 그녀의 부모에 관해 말할 때에는 "공정하고 정확한" 방식으로 말하는 것이 극히 중요하다고 나에게 말했다. 그녀는 자신이 그렇게 할 수 있는 올바른 방식과 말들을 발견하면, 그때 그것들에 관해 말해줄 것이라고 말했다.

　이 기간 동안에 나는 경미한 독감에 걸렸지만, 나의 모든 환자들과의 약속은 지킬 수 있었다. 그 후에 이어진 몇 주간 동안에, 나는 B를 만나면서 계속해서 몸이 좋지 않고, 피로, 구토 그리고 현기증의 느낌들에 시달리고 있다는 것을 알아차렸다. 나는 나 자신이 나이 많은 노인처럼 느껴졌고, 이해할 수 없는 이유로 그런 이미지를 심하게 증오하는 동시에, 나 자신에 대한 그런 이미지에서 얼마의 위안을 받았다. 그러나 그 시간을 제외하고는 나는 그와 비슷한 느낌들과 신체적인 감각들을 경험하지 않았다. 나는 이것이 B와의 만남들이 나를 특별히 지치게 만들고 있다는 사실과, 그녀와의 만남에서 갖게 되는 오랜 기간의 침묵들이 내가 다른 환자들과 함께 있을 때보다도 나의 신체적 상태에 대해 더 많이 인식할 수 있게 허용한다는 사실이 결합된 것을 나타낸다고 결론을 내렸다.

돌이켜보건대, 나는 이 시기 동안에 B와 함께 있으면서 막연한 불안을 느끼기 시작했다는 것을 알 수 있다. 그러나 당시에 나는 이 불안을 잠재의식적으로만 알고 있었고, 그것을 내가 경험하고 있던 신체적 감각들로부터 제대로 구별할 수 없었다. B와의 회기들을 갖기 직전에, 나는 예외없이 전화를 걸거나, 서류를 정리하거나, 책을 찾는 등 할 일들을 발견하곤 했고, 그것들은 내가 대기실에 있는 환자를 만날 때 잠시 시간을 지연시키는 효과를 발생시켰다. 회기는 가끔 일 분 정도 늦게 시작되었다.

B는 분석 시간의 시작과 끝 부분에 나를 응시하는 것처럼 보였다. 내가 그것에 관해 물었을 때, 그녀는 사과를 했고 자신이 그렇게 하는 것을 알지 못했다고 말했다. 환자의 연상 내용은 빈약했고, 그것에 대한 느낌은 심하게 억제되어 있었으며, 직장에서의 어려움들과 그녀의 자녀들이 갖고 있을지도 모르는 정서적 문제들에 관한 염려에 집중되어 있었다. 그녀는 학교에서 집중하는 것이 어렵다는 이유로 그녀의 첫째 아이를 아동 정신과의사와의 면담에 데려온 적이 있다. 나는 B가 환자로서의 그녀 자신의 가치에 대해 염려하는 것처럼, 엄마로서의 그녀 자신의 가치에 대해 염려하고 있다고 그녀에게 말해주었다(이 해석은 부분적으로 정확한 것이었지만, 그 시간의 중심적 불안에 대해 말하는 데는 실패한 것이었다. 왜냐하면 나는 무의식적으로 그것을 인정하는 것에 대해 방어하고 있었기 때문이다).

내가 엄마와 피분석자로서의 그녀의 가치에 대한 환자의 자기-의심과 관련해서 개입을 한 직후에 나는 갈증을 느꼈고, 내

의자 옆 마루에 있는 물 잔에서 물을 마시기 위해 의자에 앉은 채 몸을 구부렸다(나는 다른 환자들과도 그랬듯이, B와 함께 있는 동안 여러 번에 걸쳐 동일한 행동을 했다). 유리잔을 손으로 잡으려는 순간, B가 갑자기 나를 보기 위해 카우치에서 몸을 돌리는 바람에 나는 깜짝 놀랐다. 그녀는 하얗게 질린 낯빛으로 "죄송해요, 선생님께 무슨 일이 일어나고 있는지 몰랐어요"라고 말했다.

    나는 이 순간의 강렬함 속에 머무르면서 나에게 무언가 파국적인 일이 일어나고 있다는 공포감을 느낄 수 있었고, 얼마 동안 내가 간직하고 있던 공포에 이름을 붙여줄 수 있었다. 나는 내가 느끼고 있던 불안(주로 무의식적이고 원시적으로 상징화된)과 B를 만나는 것에 대한 두려움(나의 지연 행동에서 반영되었듯이) 그리고 나의 막연한 불안, 구토 그리고 현기증 등의 신체적 증상들이 B에 의해 야기된 것이고, 그것들이 그녀가 나를 죽이고 있다는 무의식적 감각/환상과 직접적으로 연결되어 있는 것임을 알고 있었다. 나는 이제 여러 주 동안 내가 심각한 질병을 앓고 있고, 아마도 뇌종양을 갖고 있을 것이며, 그 기간 동안에 내가 죽어가고 있다는 무의식적 확신("신체 안의 환상," Gaddini, 1982, p. 143)으로 인해 정서적으로 소진된 상태라는 것을 깨달았다. 이러한 생각들, 느낌들 그리고 감각들이 분석 안에서 발생하는 전이-역전이 사건들을 반영하는 것이라고 이해하게 된 이 시점에서, 나는 커다란 안도감을 느꼈다. 나는 내 쪽을 향해 돌아서는 그녀에게 겁을 집어먹는 나의 반응에 근거해서 그녀가 두려워했던 끔찍한 일이 내게 일어나고 있다고 생각했고, 심지어 내가 죽을 수도 있다고 생각했다고 B에게 말했다. 그녀는 그 말이 미친 말처럼 들린다는 것을 알고 있었지만, 내가 의자에 앉은 채 움직이는 소리를 들었을 때 내가 심장마비를 일으켰다는 느낌에 후

휩싸였다고 말했다. 그녀는 내가 잠시 창백해 보인다고 느꼈지만, 그렇다고 말함으로써 나에게 모욕감을 주거나 나를 염려하게 만들고 싶지는 않았다고 말했다(이런 식으로 자신의 지각들, 느낌들, 환상들에 관해 말하는 B의 능력은 중요한 심리적 전환이 이미 발생하기 시작했음을 반영한다).

이런 일이 일어나고 있는 동안, 나는 B가 의사에게 데려가고 싶었던 사람은 그녀의 큰 딸이 아니라 나였다는 것을 깨달았다. 나는 이전 회기에서 내가 그녀의 자기-의심에 대해 해석했던 말이 표적에서 상당히 멀리 벗어난 것이었고, 환자가 내게 말하려고 했던 불안은 우리 사이에서 일어나고 있는 어떤 파국적인 일(우리 중 한 사람 또는 우리 모두를 죽일)에 대한 그녀의 두려움이었으며, 이 파국이 발생하는 것을 막기 위해서는 제3자(부재한 아버지)가 발견되어야 한다는 것을 인식했다. 나는 B와 함께 있는 동안 종종 의자에 앉은 채 움직였지만, 내 움직임의 소음이 이전에는 존재하지 않았던 "분석적 대상"(상호주관적으로 생성된 분석적 의미의 전달자)이 된 것은 위에서 서술한 그 순간이었다. 분리된 개인들로서 생각하는 나 자신과 환자의 능력은 우리가 모두 한데 얽혀 있는 공유된 무의식적 환상/신체적 망상의 강도에 의해 영향을 받았다. 무의식적 환상은, 분석에서 그녀의 망상적 두려움(내 신체에 관한)과 그녀 자신의 감각적 경험(예를 들면, 그녀의 손 비틀기)과 연결된, 나의 신체적 망상의 형태 안에서 새롭게 창조되고 있는, 심하게 갈등적인 B의 무의식적인 내적 대상관계들을 반영하는 것이었다.

나는 내가 죽어가고 있는 것을 그녀가 두려워하고 있을 뿐만 아니라, 그것의 직접적이고 즉각적인 원인이 그녀 자신이라는 생각으로 인해 두려워하고 있다고 B에게 말했다. 나는 그녀가 자신의 아들에게 손상을 입혔다는 생각 때문에 그를 의사에게 데려갔던 것처럼, 그녀가 나를 아프게 만드는 바람에 내가 죽어가고 있다고 염려하고 있다고 말해주었다. 이 시점에서, B의 손-비틀기와 손가락-잡아당기는 행동은 잦아들었다. 나는 B가 손의 움직임을 그녀의 언어적 표현의 부수물로 사용하기 시작했을 때, 그녀가 자신의 양쪽 손을 따로 사용하는 것을 한번도 본 적이 없다는 것을 깨달았다(서로를 만지지도 않았고, 경직되고 어색한 방식으로 움직이지도 않았다). 환자는 우리가 말한 내용이 중요한 방식으로 그녀에게 진실이라고 느꼈고, 그날 우리의 만남에서 발생한 모든 것을 자신이 잊어버리는 것을 염려했다.

B의 마지막 언급은 그녀의 이름을 기억하지 못하는 나의 무능력과 자신의 아기의 탄생을 충분히 인정하고 싶어 하지 않는(이름을 지어주지 않음으로써) 엄마가 되는 나의 환상을 생각나게 했다. 지금 나는 나의 망각 행동과, 분석에서 그녀가 "태어나도록"(즉, 진정으로 살아있고 현존하도록) 허용하는 것이 우리 모두에게 심각한 위험을 초래할 것이라는 환상이 당시에 B와 내가 공동으로 갖고 있던 두려움을 반영하는 것이라고 생각한다. 나는 그녀가 분석에서 살아나는 것이(그녀의 탄생) 나를 아프게 하고 죽게 할 수도 있다는 생각이, 우리가 창조한 무의식적 환상(주로 신체 경험의 형태로 생성된)이었다고 생각한다. 우리는 우리 모두를 위해서 탄생(그리고 죽음)을 막기 위해 모든 노력을 기울여야 했다.

나는 B에게, 그녀 편에서의 모든 노력에도 불구하고 그녀가 나와 함께 여기에서 현존하는 것을 느낄 수 없고 점점 더 할 말을 생각할 수 없는 이유를 조금은 더 잘 이해할 수 있게 되었다고 말했다. 나는 그녀가 마치 실제로 여기에 있지 않은 것처럼, 그녀의 침묵 속에서 보이지 않는 존재가 됨으로써 나를 덜 힘들게 하고 덜 아프게 하고 싶어 한다고 말했다.

그녀는 자신이 나에게 계속해서 사과했다는 것을 알고 있고 한 번은 나에게 말은 하지 않았지만, 그런 자신이 지겨워졌고, "이런 일에 연루된 것"(분석)이 후회스러웠으며, "이 모든 것을 지워버리고 없었던 일로 되돌리고 싶었던" 적이 있다고 반응했다. 그녀는 나 자신 역시 그녀가 없다면 더 잘 지낼 것이고, 그녀와 분석하기로 동의한 것을 내가 후회하고 있을 거라고 생각한다는 말을 덧붙였다. 그리고 이것은 그녀의 최초의 기억만큼이나 오래된 느낌과 비슷한 것이라고 말했다. 비록 그녀의 어머니는 그녀를 임신했다는 소식에 기뻐했고 그녀의 출생을 기다렸다고 거듭해서 확인시켜주었지만, B는 그녀의 어머니가 "실수를 한 것이고" 아이 갖는 것을 원치 않았다고 느꼈다. B가 태어났을 때, 그녀의 어머니는 삼십 대 후반이었고 아버지는 사십 대 중반이었다; 그녀가 아는 한, 그녀는 유일한 아이였고, 다른 임신은 없었다. B는 그녀의 부모가 매우 "헌신적"인 사람들이었고, 따라서 이런 말을 하는 자신이 극도로 감사할 줄 모르는 사람처럼 느껴지지만, 그녀의 부모가 만든 가정은 아이들을 위한 곳은 아니었다고 말했다. 그녀의 어머니는 모든 장난감들을 B의 방에 두었는데, 그것은 "진지한 학구파"인 그녀의 아버지가 저녁과 주말 오후에 독서와 음악을 즐기는 동안 그를 방해하지 않기 위한 조처였다.

분석에서 B가 보인 행동은 "어른처럼" 굴려는 그리고 비합리적이거나 유아적인 생각들, 감정들, 또는 행동으로 "나의 집"(분석)을 어지럽혀서 정서적인 엉망을 만들지 않으려는 엄청난 노력을 반영하는 것처럼 보였다. 나는 첫 만남에서 그녀가 내 사무실 안에서 낯설고 현실이 아닌 것 같다고 했던 말이 생각났다 (우디 앨런 영화에서 걸어 나온 사람처럼). B는 무의식적으로 나에게서 도움을 받고 싶은 그녀의 욕구와 나와 함께 있을 자리를 요구하는 것 자체가 나를 고갈시키거나 죽일 것이라는 그녀의 두려움 사이에서 갈등하고 있었다. 나는 또한 뇌종양을 갖고 있다는 나의 환상이, 환자의 존재 자체가 탐욕스럽고, 이기적이고, 파괴적으로 아무런 상관이 없는 공간을 차지하는, 일종의 암세포의 성장이라는 무의식적 환상을 반영하는 것임을 이해할 수 있었다.

그녀의 부모의 가정에 대한 자신의 느낌에 대해 말하고 나서, B는 자신이 그녀의 부모(특히 그녀의 어머니)에 대한 부정확한 그림을 제시한 것 같고, 그래서 그녀 모습의 전체성을 정확하게 반영하지 않는 방식으로 그녀를 바라보도록 나를 이끌었다는 우려를 반복해서 표현했다. 그러나 이번에는 그것이 정말로 그렇게 느껴지기보다는 마치 조건반사적인 행동처럼 느껴진다는 말을 덧붙였다.

이러한 말을 주고받는 동안, 분석에서 처음으로 나는 상담실 안에 두 사람이 서로에게 말하고 있다는 느낌을 가졌다. 나에게는 B가 살아있는 인간 존재로서 더 온전하게 생각하고 말할 수 있게 되었을 뿐만 아니라, 이 분석에서 이전에는 할 수 없었던, 현실감과 자발성의 질적 요소를 가진 방식으로 나 자신이 생각하고, 느끼고, 경험할 수 있게 되었다고 느꼈다. 돌이켜보면, 지금까지 B와의 분석 작업은 때로 나 자신의 분석가("나이 많은 남자")와의 과도하게 충실한 동일시에 참여하는 것으로 느껴졌다. 나는 내가 정규적으로 사용하는 구절들을 사용했을 뿐만 아니라, 때로는 그와 연관된 억양을 사용해서 말했다. 나는 방금 서술한 분석에서의 전환이 발생한 후에야 이것을 온전히 인식했다. 논의되고 있는 분석적 작업의 이 단계에서 발생한 나의 경험이, 분석가로서의 나 자신의 완전한 실현이 나 자신의 또 다른 부분(내적 대상인 분석가/아버지)의 죽음을 대가로 해서만 발생할 수 있다는, 무의식적 환상을 경험하도록 "나를 강제했다." 나이 많은 남자가 되는 나의 환상과 관련된 위안, 증오 그리고 불안 감정들은 나의 분석가/아버지 같은 존재가 되는 것에서 느끼는 안전감과 그를 해방시키고 싶은 소망(환상 속에서 그를 죽이는) 모두를 반영했다. 해방과 관련된 소망은 그 과정에서 내가 죽을 것이라는 두려움을 수반했다. 나의 생각들, 느낌들 그리고 감각들을 언어로 담아내는 것을 포함하는, B와 함께 한 나의 경험은 그 시점까지 내가 할 수 없었던 특별한 분리와 애도의 형태를 구성했다.

분석적 제3자 개념에 대한 결론적 언급

이 글을 끝마치면서, 나는 앞에서 제시한 두 개의 임상적 논의와 관련해서 명시적으로 또는 암시적으로 발달시킨 분석적 제3자 개념에 대한 생각들을 종합하고자 한다.

분석적 과정은 분석가, 피분석자 그리고 분석적 제3자를 포함하는 세 주체들의 상호작용을 반영한다. 분석적 제3자는 분석가와 피분석자의 창조물인 동시에 분석가와 피분석자(분석가와 피분석자의 자격을 지닌)를 창조하는 주체이다(제3의 주체가 부재한 곳에서는 분석가도, 피분석자도, 분석도 없다).

분석적 제3자가 분석가와 피분석자의 인격체계, 개인적 역사, 심리신체적 구성 등의 맥락 안에서 경험되는 것이라는 점에서, 제3자의 경험(비록 공동으로 창조한 것이지만)은 각 참여자의 경험과 일치하지 않는다. 더욱이, 분석적 제3자는 비대칭적으로 구성되어 있다. 왜냐하면 그것은 분석가와 피분석자의 역할 관계에 의해 정의된 분석적 세팅이라는 맥락 안에서 생성된 것이기 때문이다. 그 결과 피분석자의 무의식적 경험은 특별한 방식으로 우선적인 관심 대상이 된다. 즉, 분석적 쌍에 의해 분석적 담론의 주된 (비록 전적으로는 아니지만) 주제로 채택되는 것은 피분석자의 과거 및 현재 경험이다. 분석적 제3자의 경험과 그 안에서의 분석가의 경험은 일차적으로 피분석자의 의식적 및 무의식적 경험을 이해하기 위한 수단으로서 사용된다(분석가와 피분석자는 상호적 분석이라는 민주적 과정에 참여하지 않는다).

분석적 제3자 개념은 분석가가 만나는 수없이 많은 상호주관적인 임상적 사실들—그것들이 명백하게 분석가의 마음에 몰두한 상태에서 들려오는 웅얼거림이든, 피분석자와는 아무런 관련이 없어 보이는 신체적 감각들이든, 분석적 쌍에 의해 생성된 어떤 다른 "분석적 대상"이든 상관없이—에 가까이 동행하고, 그것들에 관해 명료하게 생각하는 것을 도와주는, 주체와 대상의 상호의존, 즉 전이-역전이의 상호의존에 관한 생각들을 담을 수 있는 틀을 제공한다.

주

1. 분석과정과 전이-역전이 상호작용의 본성에 대한 상호주관적 이해의 발달을 다룬 문헌을 포괄적으로 개관하는 것은 이 글의 범위를 넘어선다. 분석적 대화의 이 측면들을 이해하는 데 주요하게 기여한 논문들의 부분적인 목록은 다음과 같다: Atwood & Stolorow(1984), Balint(1968), Bion(1952), (1959), (1962), Blechner(1992), Bollas(1987), Boyer(1961), (1983), (1992), Coltart(1986), Ferenczi(1920), Gabbard(1991), Giovacchini(1979), Green(1975), Grinberg(1962), Grotstein(1981), Heimann(1950),

Hoffman(1992), Jacobs(1991), Joseph(1982), Kernberg(1976), Khan(1974), Klein(1946), Kohut(1977), Little(1951), McDougall(1978), McLaughlin(1991), Meltzer(1966), Milner(1969), Mitchell(1988), Money-Kyrle(1956), O'Shaughnessy(1983), Racker(1952), (1968), D. Rosenfeld(1992), H. Rosenfeld(1952), (1965), (1971), Sandler(1976), Scharff(1992), Searles(1979), Segal(1981), Tansey & Burke(1989), Viderman(1979), Winnicott(1947), (1951). 전이-역전이의 광범위한 문헌의 측면들을 개관한 최근의 공헌을 위해서는 Boyer(1993)와 Etchegoyen(1991)을 보라.

2. 비록 편의상 나는 때로 "상호주관적인 분석적 제3자"를 "분석적 제3자"로 또는 단순히 "제3자"로 부를 것이지만, 이 개념은 오이디푸스적/상징적인 세 번째 요소(라캉학파가 "아버지의 이름"으로 이름 붙인)와 혼동해서는 안 된다. 후자의 개념은 상징과 상징화된 것, 자신과 자신의 직접적인 감각적 경험 사이에 있으면서 해석하고, 성찰하며, 상징화하는 주체가 생성되는 공간을 창조하는 "중간적 용어"를 가리킨다. 초기 발달적 용어에서, 엄마와 유아(더 정확하게는, 엄마-유아) 사이를 중재하는 사람은 아버지(또는 "엄마 안에 있는 아버지," Ogden, 1987)이고, 따라서 우울적 자리의 정교화와 오이디푸스적 삼각관계가 발생하는 심리적 공간을 창조하는 사람도 아버지이다.

3. 분석가의 생각들과 감정들은 모두 환자와의 경험에 의해 맥락화된 것이고, 그러므로 변화된 것이라고 내가 여기에서 말한 것은 분석가가 생각하고 느끼는 모든 것이 역전이라고 간주되어야 한다는 결론으로 끌고 가는 것처럼 보일 수 있다. 그러나 나는 역전이라는 단어를, 분석가가 생각하고 느끼고 감각적으로 경험하는 모든 것을 가리키는 용어로 사용하는 것은 하나됨과 둘

됨이 지닌 변증법의 동시성을, 그리고 정신분석적 관계의 토대인 개인적 주관성과 상호주관성 사이의 변증법을 모호하게 만든다고 생각한다. 분석가가 경험하는 모든 것이 역전이라고 말하는 것은 우리가 각자 우리 자신의 주관성 안에 갇혀 있다고 진술하는 것에 지나지 않는다. 역전이 개념이 이것보다 더 많은 의미를 갖기 위해서는, 그 개념을 계속해서 분리된 실체로서의 분석가와 분석적 상호주관성의 창조물로서의 분석가 사이의 변증법 안에 재-위치시킬 필요가 있다. 이 변증법의 양쪽 극단들 중 어느 것도 순수한 형태로 존재하지 않으며, 따라서 우리의 과제는 어느 특정 순간에 발생하는 주체와 객체의 경험 사이, 역전이와 전이 사이의 관계가 지닌 특수한 본성에 관해 점점 더 완전하게 진술하는 것이다.

    4. 나는 내가 서술하는 경험이 투사적 동일시라는 측면에서 이해될 수 있다고 생각한다. 그러나 그런 시도가 실제로 발생했을 때 그것이 사용된 방식은 지배적으로 주지화 방어에 해당되는 것이었다.

    5. 분석적 제3자에 대한 나 자신의 경험에 관해 내가 환자에게 말한 것은 이러한 간접적인 방식(즉, 나의 개입을 구성함에 있어서 환자와 나의 무의식적 경험을 자유롭게 사용하도록 나 자신을 허용하는)이었다. 역전이에 대한 이러한 간접적인 의사소통은 근본적인 방식으로 분석적 경험의 자발성, 생동성 그리고 진정성의 느낌에 기여한다.

참고문헌

Atwood, G. & Stolorow, R. (1984). *Structures of subjectivity: explorations in psychoanalytic phenomenology*. Hillsdale, NJ: Analytic Press.

Balint, M. (1968). The Basic Fault. London: Tavistock.

Bion, W. (1952). Group dynamics: A review In *Experiences in Groups*. New York:Basic Books, (1959). pp. 141-192[a].

Bion, W. (1959). Attacks on linking. *Int. J. Psychoanal.*, 40:308-315[a].

Bion, W. (1962). Learning from Experience. New York: Basic Books.[a].

Blechner, M. (1992). Working in the Countertransference. *Psychoanal. Dial.*, 2: 161-179[a].

Bollas, C. (1987). The shadow of the object: Psychoanalysis of the unthought known. New York: Columbia Univ. Press.

Boyer, L. B. (1961). Provisional evaluation of psychoanalysis with few parameters in the treatment of schizophrenia. *Int. J. Psychoanal.*, 42:389-403[a].

Boyer, L. B.(1983). The Regressed Patient. New York: Jason Aronson.

Boyer, L. B. (1992). Roles played by music as revealed during counter-transference-facilitated transference regression. *Int. J. Psychoanal.*, 73: 55-70[a].

Boyer, L. B. (1993). Countertransference: history and clinical issues. In Master *Clinicians on Treating the Regressed patient*, Volume 2(ed.), L. B. Boyer & P. L. Giovacchini. Northvale, NJ: Jason Aronson, pp. 1-22.

Coltart, N. (1986). "Slouching towards Bethlehem' ... or thinking the unthinkable in psychoanalysis. In *The British School of Psychoanalysis: The Independent Tradition* (ed.), G. Kohon. New Haven: Yale Univ. Press, pp. 185-199.

Eliot, T. S. (1919), Tradition and individual talent. In *Selected Essays*. New York: Harcourt, Brace and World, 1960. pp. 3-11.

Etchegoyen, R. H. (1991). The Fundamentals of Psychoanalytic Technique London: Karnac. [a].

Ferenczi, S. (1920). The further development of an active therapy in psychoanalysis. In *Further Contributions to the Theory and Technique of Psychoanalysis*. New York: Brunner Mazel, 1980, p. 198-217.

Gabbard, G. (1991), Technical approaches to transference hate in the analysis of borderline patients. *Int. J. Psychoanal.*, 72: 625-639[a].

Gaddini, E. (1982). Early defensive phantasies and the psychoanalytic process. In *A Psychoanalytic Theory of Infantile Experience: Conceptual and Clinical Reflections*. London and New York: Routledge, 1992, pp. 142-153.

Giovacchini, P. (1979). Treatment of Primitive Mental States. New York: Jason Aronson.

Green, A. (1975). The analyst, symbolization and absence in the analytic setting (On changes in analytic practice and analytic experience.) *Int. J. Psychoanal.*, 56:1-22[a].

Grinberg, L. (1962). On a specific aspect of countertransference due to the patient's projective identification. *Int. J. Psychoanal.*, 43: 436-440[a].

Grotstein, J. (1981). Splitting and Projective Identification. New York: Jason Aronson.

Heimann, P. (1950). On counter-transference. *Int. J. Psychoanal.*, 31: 81-84[a].

Hoffman, I. (1992). Some practical implications of a social-constructivist view of the psychoanalytic situation. *Psychoanal. Dial.*, 2:287-304[a].

Jacobs, T. (1991). The Use of the Self: Countertransference and Communication in the Analytic Setting, Madison, CT:Int. Univ. Press.

Joseph, B. (1982). Addiction to near death. *Int. J. psychoanal.*, 63: 449-456[a].

Kernberg, O. (1976). Object-Relations Theory and Clinical Psychoanalysis. New York: Jason Aronson.

Kernberg, O. (1985). Internal World and External Reality Northvale, NJ: Jason Aronson.

Khan, M.M.R.1974. The Privacy of the Self. New York: Int. Univ. Press.

Klein, M. (1946). Notes on some schizoid mechanisms. In *Envy and Gratitude and Other Works*, 1946-1963 New York: Delacorte, 1975, pp. 1-24[a].

Klein, M. (1955). On identification. In *Envy and Gratitude and Other Works*, 1946-1963, New York: Delacorte, 1975, pp. 141-175[a].

Kohut, H. (1977). The Restoration of the Self. New York: Int. Univ. Press.

Lacan, J. (1953). The function and field of speech and language in psychoanalysis. In *Ecrits: A Selection trans*. A. Sheridan. London: Tavistock, 1977, pp. 30-113.

Little, M. (1951). Counter-transference and the patient's response to it. *Int. J. Psychoanal.*, 32: 32-40[a].

McDougall, J. (1978). Countertransference and primitive communication. In *Plea for a Measure of Abnormality*, New York: Int. Univ. Press, pp. 247-298.

McLaughlin, J. (1991). Clinical and theoretical aspects of enactment. *J. Am. Psychoanal. Assoc.*, 39:595-614[a].

Meltzer, D. (1966). The relation of anal masturbation to projective identification. *Int. J. Psychoanal.*, 47:335-342[a].

Milner, M. (1969). The Hands of the Living God. London: Hogarth Press.

Mitchell, S. (1988). Relational Concepts in Psychoanalysis: An Integration Cambridge, MA: Harvard Univ. Press.

Money-Kyrle, R. (1956). Normal counter-transference and some of its deviations. *Int. J. Psychoanal.*, 37:360-366[a].

Ogden, T. (1979). On proejctive identification. *Int. J. Psychoanal.*, 60: 357-373[a].

Ogden, T. (1982). Projective Identification and Psychotherapeutic Technique. New York: Jason Aronson.

Ogden, T. (1985). On potential space. *Int. J. Psychoanal.*, 66:129-141[a].

Ogden, T. (1986). The Matrix of the Mind: Object Relations and the Psychoanalytic Dialogue Northvale, NJ: Jason Aronson.

Ogden, T. (1987). The transitional oedipal relationship in female development. *Int. J. Psychoanal.*, 68: 485-498[a].

Ogden, T. (1988). On the dialectical structure of experience: some clinical and theoretical implications. *Contemp. Psychoanal.*, 24: 17-45[a].

Ogden, T. (1989). *The Primitive Edge of Experience* Northvale, NJ: Jason Aronson.

Ogden, T. (1991). Some theoretical comments on personal isolation *Psychoanal. Dial.*, 1:377-390[a].

Ogden, T. (1992a). The dialectically constituted/decentred subject of psychoanalysis. I. The Freudian subject. *Int. J. Psychoanal.*, 73:517-526[a].

Ogden, T. (1992b). The dialectically constituted/decentred subject of psychoanalysis. II. The contributions of Klein and Winnicott. *Int. J. Psychoanal.*, 73:613-626[a].

O' Shaughnessy, E. (1983). Words and working through. *Int. J. Psychoanal.*, 64:281-290[a].

Racker, H. (1952). Observaciones sobra la contra-transferencia como instrumento clinico; communicacion preliminar. *Rev. Psicoanal.*, 9:342-354.

Racker, H. (1968). *Transference and Countertransference.* New York: Int. Univ. Press. [a].

Rosenfeld, D. (1992). The Psychotic: Aspects of the Personality, London: Karnac.

Rosenfeld, H. (1952). Notes on the psycho-analysis of the super-ego conflict of an acute schizophrenic patient. *Int. J. Psychoanal.*, 33:111-131[a].

Rosenfeld, H. Psychotic States: A Psycho-Analytical Approach. New York: Int. Univ. Press.

Rosenfeld, H. (1971). Contribution to the psychopathology of psychotic states: the importance of projective identification in the ego structure and the object relations of the psychotic patient. In *Problems of Psychosis* (Ed). P. Doucet & C. Laurin. Amsterdam: Excerpta

Medica, pp. 115-128.

Sandler, J. (1976). Countertransference and roleresponsiveness. *Int. J. Psychoanal.*, 3:43-47[a].

Scharff, J. (1992). Projective and Introjective Identification and the Use of the Therapist' s Self, Northvale: NJ: Jason Aronson.

Searles, H. (1979). Countertransference and Related Subjects. New York: Int. Univ. Press.

Segal, H. (1981). The Work of Hanna Segal: A Kleinian Approach to Clinical Practice, New York: Jason Aronson.

Tansey, M. & Burke, W. 1989 Understanding Countertransference From Projective Identification to Empathy Hillsdale, NJ: Analytic Press.

Viderman, S. (1979). The analytic space: meaning and problems. *Psychoanal. Q.*, 4:257-291[a].

Winnicott, D. W. (1947). Hate in the countertransference. In *Through Paediatrics to Psychoanalysis.* New York: Basic Books, 1975, pp. 194-203[a].

Winnicott, D. W. (1951). Transitional objects and transitional phenomena. In *Playing and Reality.* New York: Basic Books, 1971, pp. 1-25[a].

Winnicott, D. W. (1960). The theory of the parent-infant relationship. In: *The Maturational Processes and the Facilitating Environment.* New York. Int. Univ. Press, 1965, pp. 37-55[a].

Winnicott, D. W. (1963). Communicating and not communicating leading to a study of certain opposites. In *The Maturational Processes and the Facilitating Environment.* New York: Int. Univ. Press, 1965, pp. 179-192[a].

9장

"연극에서 왕의 양심을 잡으리라!"
수난극으로서의 정신분석

제임스 그롯슈타인(James S. Grotstein)

1부

도입: 수난극(passion play)으로서의 정신분석

내가 피분석자와 함께 했던 첫 번째 분석 경험은 정신분석적 과정의 더 깊은 본성이 무엇인지에 대해 다시 생각하도록 나를 자극했다—아니, 고취했다. 그것은 마치 정신분석적 상호작용에 대한 우리의 기본적 관념과 관련해서 내 안에서 발생한 패러다임의 전환과도 같은 것이었다. 곧 바로 오래 전에 쓴 나의 글이 생각났고, 그 다음에는 프로이트(1905), 프리드먼(Friedman, 1953), 위니캇(Winnicott, 1968), 로우월드(Loewald, 1975), 맥두걸(McDougall, 1985, 1989), 모델(Modell, 1990), 뉘첼(Nuetzel, 1995, 1999a, 1999b)의 글들이 생각났다. 이 새로운 "아하 경험"은 당시에 나를 이끌어준 아리아드네의 실마리가 되었다. 나는 그것이

나의 실천에서 모든 분석들은 아니지만 내가 돌이켜 성찰하고 관찰할 뿐 아니라 슈퍼비전에서 탐지하곤 했던 많은 분석들을 관통하고 있다는 것을 알 수 있었다.

분석적 장 안에서 펼쳐지는, "각본"을 가진 즉흥극으로서의 정신분석

나에게 일어난 현현(epiphany)은 다음과 같다: 삶 자체는 말할 것도 없이, 정신분석적 회기는 우리가 무의식적으로 타자들을 손짓해 부르고 우리의 무의식적 "캐스팅 디렉터"에 의해 타자들이 선발되는 계속되는 연극 또는 소설을 구성한다. 그렇게 선발된 타자들은 우리의 내적 세계 안에서 주목받겠다고 외치고 있는 불완전하게 처리된 의미의 순간들을 극화하기 위해 우리의 무의식적 극작가에 의해 계속해서 창조되는 역할들을 실연함으로써 우리의 개인적 삶의 영역 안으로 들어온다. 역설적으로, 텍스트(자유연상)는 피분석자와 분석가에게 알려지지 않은, 무의식 안의 신성한 현존에 의해 기록된 각본이지만, 회기 안에서는 마치 그것이 즉흥극인 것처럼 실연된다. 이 정신분석적 연극을 위한 극장은 분석적 틀에 의해 보호받고 있는 세팅의 협력적 대립(binary opposition) 구조이다. 협력적 대립구조는 한-사람과 두-사람 사이의 변증법이다. 즉, 극장은 배우들이 독립된 개인들로서의 역할과 나눌 수 없는 집단 또는 분석적 장(Baranger, M. & Baranger, W., 1961-62)으로서의 역할 모두를 연기할 수 있는 공간을 마련해준다. 더욱이 정신병리는 레퍼토리 안에 있는 각본-없는 연극에서만이 아니라 각본-있는 연극에서도 제3의 배우로 간주될 수 있다.

수난극으로서의 정신분석

따라서 드라마가 정신분석적 만남의 근본적인 기능을 구성한다는 것이 나의 믿음이다. 이것은 프로이트(1912)가 정신분석은 정신 신경증을 다룰 수 없고, 전이 신경증으로 "전이된" 유아기 신경증만을 다룰 수 있다고 진술할 때 그 안에 함축된 의미가 아니었을까? 게다가, 그는 정신분석 기법을 위한 규칙들을 세울 때 정신분석적 절차의 성공이 전이 신경증으로 전이되는 숨은 갈등을 분석이 얼마나 효과적으로 노출시킬 수 있는지, 그래서 극화시킬 수 있는지에 달려 있다는 것을 의도하지 않은 채 인식했던 것이 아닐까? 다른 말로, 분석의 목적은 무의식이 살아나고 그래서 알려지도록 허용하는 것이었다(Ogden, 2004).

한 사람의 내면의 미적 조직에서 나오는 예술의 한 형태인 드라마는 유아기의 "잃어버린 화음"[1]의 후예이며, 의사소통을 위한 그것의 전-문법적인, "수화"(signing)이다(Peirce, 1931; Silver, A. 1981; Salomonsson, 2007a, 2007b). 연기는, 정신적인 것이건 신체적인 것이건, 드라마의 정수이다. 우리는 한편으로 정상적인 정신의 극적 연기와, 다른 한편으로 병리적인 실연 사이에 차이가 있음을 인식해야만 한다. 전자는 상당한 정도의 손상되지 않은 알파-기능(Bion, 1962)를 전제로 하고 있고, 그것은 다시금 손상되지 않은 접촉-장벽과 일차과정 및 이차과정에서 오는 활동들 사이의 협력적 대립을 통한 협조를 전제로 하고 있다. 이것은, 비온에 따르면, 다른 요소들과 협력해서 알파-기능을 그리고 현실 및 쾌락원리를 구성한다(Grotstein, 2008b). 다른 한편, 소위 병리적 실연에서, 우리는 방금 언급한 기능들이 손상되어 있음을 발견하게 된다.

나는 피분석자가 분석가로 하여금 이런 실연들을 행하도록 조종하는 것은 분석적 진전에 대한 어떤 징후라도 정지시켜야만 하는 긴급한 욕구 때문이라고 생각한다. 왜냐하면 그 진전은 피분석자의 정신적 구조 안에 있는 것으로 추정되는 영원히 퇴행된 부분에서 오는 파국의 소식을 전달할 것이기 때문이다. 다른 말로, 피분석자는 이해할만하게도 진전에 의해 겁을 집어먹은 또 다른 비밀스럽고 좀 더 긴급한 인격의 부분에 대해 말하기 위해, 진전을 보이는 피분석자의 인격의 측면과 "공모"함으로써 분석가를 따돌리려고 시도할 수 있다. 이것은 뒤에 남겨지는 것에 대한 그리고 치료적 "진전"으로 인해 예상되는 인격의 파국적 분열에 대한 두려움 때문이다(Grotstein, 2009a, 2009b).

어째서 수난극인가? (해석으로는 충분하지 않다)

정신분석적 회기는 연극일 뿐만 아니라, 아동분석에서 행하는 놀이와도 다르지 않다. 그것은 "귀신축출"의 한 형태로서 전이역전이를 포함하는 수난극―종교적 및 인류학적인 샤머니즘의 의미에서―이다. 귀신축출에서 분석가는 피분석자의 귀신을 자신에게로 옮겨놓는 이동을 완성하기 위해 궁극적으로 스스로 "희생양"이 되는 고통(수난)을 감내한다(Girard, 1972, 1978, 1986, 1987). [샤머니즘에서 말하는 귀신의 전이에 대해서는 다음을 참조하라: (a) Frazer, 1922, Chapter 40: "The Transference of Evil," Chapter 41: "The Public Expulsion of Evil," Chapter 42: "Public Scapegoats"; (b) Levi-Strauss, 1970, 「The Elementary Structures of Kinship」. 그리고 위의 문헌들 외에도 Whyte(1974)의 A Manual of Exorcism과 Ellenberger(1970)의 「The Discovery of Unconscious」에 나오는 "The Ancestry of Dynamic Psychotherapy"를 참조하라.]

정신분석의 귀신축출적 의례행동과
두-사람(two-person) 모델

정신분석에서 (샤머니즘적인) "귀신축출 의례행동" 개념은 피분석자와 분석가가 동일한 정서적 귀신들의 현존을 느끼는 두-사람 모델과 관련되어 있다. 나는 두-사람 상황을 나타내는 표상으로서 "결합된 쌍둥이" 모델을 생각한다: 분리되어 있으면서도 동시에 분리되어 있지 않은(나눌 수 있으면서도 나뉠 수 없는). 이것은 각 개인이 "자기애적"(개인적) 인격과 "사회적"(집단적) 인격으로 구성되어 있고 그 부분들이 서로 협력적으로 대립하고 있다는 비온(1992)의 협력적 대립 개념을 나타낸다. 그것은 또한 위니캇의 "일차적 모성몰두" 개념과 비온의 담는 것-담기는 것 (♀↔♂)(Bion, 1962) 개념을 나타낸다.

따라서 한-사람 모델과 두-사람 모델은 모두 동시적으로 그리고 교대로 작용한다. 이 "결합된-작용" 모델은 다음에 제시되는 것들에 내재되어 있다. 이 모든 것들은 동종의 기원을 갖고 있으므로, 나는 그것들을 일직선상에 위치시킨다: (a) 전이↔역전이 상황, (b) "정신분석적 장"(Baranger, M. & Baranger, W., 1961-62), (c) "O 안에서의 변형"(Bion, 1965, 1970), (d) 비온이 구분한 인격의 "자기애"(개인적인 인격으로서의 개인) 부분과 "사회성"(집단 인격) 부분(Bion, 1992), (e) 상호주관적 관점("분석적 제3의 주체," Ogden, 1994). 위에 열거한 관계 유형들이 나타내는 "결합된-쌍둥이" 모델은 분석적 수난극의 연출자와 무대를 구성한다.

"전이↔역전이 신경증"과 "주제들의 주제"를 이야기화하기(narrativization)

위의 고찰의 빛에서 볼 때, 우리는 정신분석이 부분적으로 환자의 본래의 유아기 신경증(외상 신경증을 포함하는)을 전이 신경증으로뿐만 아니라 "전이↔역전이 신경증"으로도 전환시킨다고 생각할 수 있다. 달리 말해서, 환자의 질병은 그의 무의식적인 "주제들의 주제"(무의식적인 삶의 이야기)의 계속되는 진화과정에서 발생한, 시간의 비틀림(time warp)에 갇혀 있는 정지 또는 일탈을 보여준다는 것이다(Grotstein, 1979, 1981, 2000). 정신분석은 이제 환자의 무의식적 주제들을 지금 여기에서의 환자↔분석가 상호작용(분석적 장 안에서의 공동-구성)과 결합하거나 혼합하는 것으로 볼 수 있다. 공동-구성(co-construction)은 환자의 주제에 대한 상호적인 꿈꾸기(Bion, 1992)를 나타낸다. 그 구성이 완성되면, 환자의 원래 주제는 분석적 장에서 출현했던 공동-구성에서 분리된다—그러나 그것에 의해 영구적으로 영향을 받는다. "사회적" 인격(분석적 장, 집단)은 이제 만남에 의해 자신이 변화되는 것을 허용하기 위해 그리고 그럼으로 해서 자신의 본성과 진정으로 조화를 이루기 위해 "자기애적"(개인적인) 인격에 양보한다.

무의식적인 드라마 조직

나는 위의 내용을 비온(1962, 1965)이 "꿈꾸기의 알파 기능" 또는 "환상의 커튼"이라고 부른 것에 의해 수행되는 변형들을 포함하는, 상위의 미적 기능 또는 드라마의 범위 안에 둘 것이다.

나는 이 주제를 "꿈을 꿈꾸는 꿈꾸는 자는 누구이며 그것을 이해하는 꿈꾸는 자는 누구인가?"라는 제목의 글에서 다룬 바 있다(Grotstein, 1979, 1981, 2000). 맥두걸(McDougall, 1985)은 다음과 같이 말한다: 우리가 의도하건 안하건, 우리 내면의 등장인물들은 끊임없이 우리의 비극들과 희극들을 연기하기 위해 무대를 찾고 있다(p. 4).[2]

이 드라마의 조직 또는 능력은 분석가를 수난극에 참여하는 배우로서 기능하도록 압력을 가한다. 각 참여자는 겉보기에 직접적으로 말하고 서로 관계하는 것처럼 보이지만, 이 새로운 관점에 따르면, 마치 환자와 분석가에게 각자가 연기해야 할 각본(무의식적인 극작가에 의해 씌어진, 하지만 분석에 참여하는 두 사람에 의해 씌어지지 않은 것처럼 보이는)을 손에 쥐어주는 무의식이고 신성한 감독에 의해 그 두 사람이 활성화되기라도 하듯이, 그들 각자는 진지한 즉흥 배우로서 눈에 보이지 않는 연극적인 베일 또는 "환상의 커튼"을 통해 서로에게 말하고 서로와 관계를 맺는다.

희곡, 문학 그리고 드라마로서의 정신분석들 사이의 연결은 샌들러(Sandler, 2001)에 의해 서술되었고, 피란델로(Pirandello, 1925)의 "저자를 찾고 있는 여섯 등장인물"(Six Characters in Search of an Author)에서 예시되었다. 라캉(Lacan, 1966)은 다음과 같이 말했다: "자아는 그것이 말하고 있는 동안 내내 자체가 말해지고 있다는 것을 알지 못한다." 같은 원리가 내가 제안하고 있는 것에 적용된다. 자유연상들과 피분석자 편에서의 행동 그리고 분석가에 의한 개입들과 실연들은 알려지지 않은 어떤 무의식적 "복화술사," 즉 그 연극의 창조자에 의해 선도된다. 이 복화술사는 "다이몬"(Daimon), "극작가," "꿈을 꿈꾸는 꿈꾸는 자," "말로 표현할 수 없는 무의식의 주체"(Grotstein, 1981, 2000), "복종시키는 분석의 제3의 주체"(Ogden, 1994) 등 많은 이름들을 갖고 있다.

이러한 공식화가 가진 직접적인 함축은 분리될 수 없는 협력자인 동시에 분리된 개인들인, 두 참여자들 사이에 알아볼 수 없는 연극 상의 베일이 존재하고, 그 뒤에서 각자의 정서들, 생각들, 그리고 연기들(actions)을 지휘하고, 안무하며, 배열하는—말로 그들에게 최면을 걸고 그들의 입에 그들의 말이라고 생각하는 말을 집어넣음으로써—초자연적인 현존, 지성, 또는 영적 존재(Gnomon/Daimon)가 있다는 것이다. 이 극적인 조직은 "미적 영역" 또는 "측면"에서 출현한다(Bion, 1965, p. 38). 다른 말로, 정신분석적 "연기"는 샤먼의 귀신축출과 마찬가지로(전이와 역전이 모두의 가장 깊은 의미인), 무의식에서 의식으로의 "공표"(publication)라는 정신분석적 "계시"의 성취를 위해 애쓰는 미적 연기를 구성한다(Bion, 1962, p. 50). 부가적으로, 드라마는 유아기의 전-구문적(pre-lexical), 감각-운동적 몸짓 언어의 잃어버린 화음(chord)이다. 그 화음은 탄원하고 설득하면서 자체의 모습을 드러낸다. 연극을 위한 극장은, 위에서 언급했듯이, 분석적 장이다. 피분석자의 정신병리는 제3의 배우를 구성한다.

귀신론과 "귀신축출"로서의 정신분석은 전이와 역전이의 숨은 질서를 구성한다.

나는 종교적 수난극의 맥락 안에 은유적 모델로서의 귀신론(천사론과 함께)과 "귀신축출"을 도입하는 것을 통해서, 정신분석적 만남을 사람들에게 더 잘 이해시킬 수 있다고 생각한다. 멜처(Meltzer, 1986)는, 위에서 암시했듯이, 전이의 진정한 의미는 정신적 고통이 한 사람에게서 다른 사람에게로 옮겨지는 것이라고 말한다. 귀신을 쫓아내는 이 분석적 수난극의 과제는 무의식 안의 귀신들을 의식으로 불러내고, 그것들이 의미하는 고통스런 정서를 묘사한 다음, "귀신축출적인" "투사적 전이동일시"(transidentification)를 통해서 분석가를 "희생 제물"로 바치는 상징적 제의를 행하는 것이다(Grotstein, 2004). 이 귀신들은 피분석자의 무의식 안에서 자유연상들로서 뿐만 아니라, 증상들로서 그리고 "실연 행동"(acting in) 또는 "행동화"(acting-out)로서 드러나게 되어 있는, 신성한 현존 또는 신비한 지성(다이몬, 영)이다. 이 가정에서 추론할 수 있는 것은 내적 대상들은 친절하지도 잔인하지도 않다는 것이다; 그것들은 신성한 극작가에 의해 레퍼토리 안에 준비되어 있는 것들을 연기하는 "배우들"이다. 그 극작가가 그토록 우리의 관심을 끌려고 애쓰는 것은 처리해야 할 것—아직은 귀신으로 느껴지는 것—이 있음을 인정받고, 그것을 처리하기 위해서이다. 그것은 우리의 내면세계 안의 아직 가라앉지 않은 정신적 폭풍을 나타내는 내적 표지들이거나 활성화된 고통의 신호들이다.

"귀신축출"은 원시 문화 안에서 행해진 전통적인 샤머니즘적 치유 행위였을 뿐만 아니라, 한때는 귀신에게 사로잡힌 희생자들을 위한 종교적 "치료" 형태로 인정받기도 했다(Whyte, 1974). 간단히 말해서, 그것은 전문 성직자가 내면의 사탄에 대한 종교적 저주 또는 정화 도구로서의 십자가를 사용해서 귀신들에게 사로잡힌 사람에게서 귀신들을 쫓아내는 행위로 이루어져 있다. 어떤 경우들에서, 그 성스런 의식은 귀신을 축출하는 자가 "전이된" 귀신들에 의해 고통을 받는 것으로 이루어진다.

전이, 역전이, 담는 것↔담기는 것, 그리고 정신분석적 장의 더 깊은 의미

역전이에 대한 수많은 논의들을 통해서 발달해 나온 하나의 합의는 분석가가, 그의 피분석자에 대한 통제되지 않은 자신의 정서적 반응들뿐만 아니라 통제된 정서적 반응들에 대해서도 취약하다는 것이다. 여기에서 암시만 되었을 뿐 결코 진술되지 않은 것이 있는데, 그것은 역전이에 참여한다는 것은 공감적 반향, 공모, 그리고 무의식적인 정보 수집을 넘어 치료적 목적을 갖는다는 것이다. 비온(1992)과 위니캇(1969)은 누구보다도 이 가정에 근접했다. 비온(1992)은 이것을 O안에서의 분석가의 변형이라는 측면에서 말한 바 있으며, 특히 다음 구절에서 더욱 실감나게 표현하고 있다:

> 나는 정확한 해석을 위해서는 분석가가 "박해"의 단계를 거치는 것이 필수적이라고 제안한다. ... 물론 그것은 해석을 하지 않는 것과 관련된 수정된 형태의 박해 단계이다. 마찬가지로, 그는 해석을 제공할 준비를 갖추기 전에 우울을 통과해야만 한다. 다시금, 그는 우울을 경험하는 동안에는 해석을 해서는 안 된다; 그가 해석을 제공하기 전에 편집-분열적 자리에서 우울적 자리로의 변화 과정이 완성되어야만 한다 ...
> 나는 ... 해석이 아무리 정확한 것이라고 해도, 분석가가 해석을 주는 행위의 일부로서 정서적 위기를 거치지 않았다고 환자가 느낀다면, 환자는 결코 그 해석을 받아들이지 않을 거라고 생각한다(p. 291).

위니캇은 이런 생각을 유아가 외부 대상이 파괴를 살아남는 동안 주관적 대상(유아에게는 두 대상이 동일한 대상인)을 파괴하도록 강요받는다는 생각, 즉 "대상 사용"의 개념 안에서 드러낸다. 간명하게 말해서, 담는 것↔담기는 것의 숨은 질서는 전이↔역전이이며, 그것들 모두의 숨은 질서는 성스런 분석적 계약(covenant)—피분석자와 분석가 사이의 친밀한 "시냅스" 너머로 귀신들을 보내기 위해 세워진—안에서 선택된 제의적 희생양(Girard, 1986)으로서의 분석가의 지각이다. 따라서 샤머니즘적인 귀신축출은 (a) 전이와 역전이 그리고 (b) 담는 것↔담기는 것에 대한 우리의 개념을 확장하고 심화한다.

나는 비온과 위니캇에게서 가져온 이 인용문들을 보면서, 이것들은 그들 각자가 의도하지 않은 채 정신분석 과정을 고대의 귀신축출 의례와 연결시켰고, 귀신축출이 정신분석의 숨은 질서를 구성한다고 강하게 암시했음을 보여주는 잠정적인 증거라고 생각한다.

분석가를 "희생양"으로 바치는 "치료적 귀신축출"을 위한 신화적 판형으로서의 십자가 처형

아마도 치유적 이야기로서의 성스런 드라마 중에 가장 유명한 예는 십자가 처형에 관한 이야기일 것이다. 이는 정신분석의 이론과 실천 안에 있는 많은 것들과 평행하는 현상이며, 인간을 제물로 바치는 제의와 그것에 수반되는 희생양이라는 보편적인 현상의 중요성은 차치하고라도, 결코 작지 않은 중요성을 가진 것이 수난(고통)의 필요성이다. 그리고 이것은 그리스도인들에 의해 인정되고 상호적으로 경험되는 것이기도 하다(Girard, 1986;

Grotstein, 2000). 나는 이미 귀신축출이라는 종교적 경험이 담는 것↔담기는 것뿐만 아니라, 전이↔역전이의 숨은 질서를 구성한다고 말한 바 있다.

피분석자가 그의 고통스런 귀신들을 분석가에게 옮겨놓을 때, 분석가는 그것들을 느끼는 순간 그것들을 뒤집어쓰며(그것들이 되며), 그럼으로써 치료적 귀신축출 행위를 완성한다. 확장해서 말하자면, 정신분석적 드라마와 마찬가지로 종교적 드라마는 의례행위의 주된 구성요소인 것처럼 보인다. 이미 내가 위에서 언급했듯이, 비온(개인적 의사소통)은 만약 분석가가 피분석자의 고통을 경험하지 않았다면, 피분석자는 그 해석을 온전히 받아들이지 않을 거라고 생각했다. 정신분석의 극적인 구성요소에 대한 인식이 지체되었던 이유는 아마도 정신분석이 오랫동안 두-사람 실천이라기보다는 배타적으로 한-사람 실천으로 간주되었기 때문일 것이다.

십자가 처형 수난극은 "치료적" 희생 제의를 끌어안는 신화적 형판이다. 고대에는 신들을 달래기 위해 유아들을 희생 제물로 바쳤던 것으로 추정된다. 성서에 나오는 아브라함은 추정컨대 신의 명령에 따라 그의 아들 이삭을 희생 제물로 바치기로 작정한다. 그러나 아브라함이 실제로 그 행동을 결행하려는 것을 발견한 신은 자비를 베풀어 이삭을 살려준다. 뒤이어 주어진 계약에서, 양이 사람대신에 희생 제물로 선택되고, 이것이 히브리 사람들의 전통이 된다. 인간과 동물을 희생 제물로 바치는 것은, 위에서 언급했듯이, 신들을 달래기 위한 것이었다. 하지만 희생 제물을 받아야 하는 신의 욕망에 대한 설명은, 내가 아는 한, 결코 적절히 분석되지 않았다.

나는 인간이나 동물을 제물로 바치는 행위에 대한 더 깊은 설명은 그런 행위에서 개인이나 집단이 자신들의 귀신들을 그 제물에게 투사한다는 사실에서 찾을 수 있다고 생각한다. 그들은 순진하고, 즉 죄가 없고(경험이 없고), 그러므로 그들의 귀신들을 위한 편리한 그릇들 또는 저장소들이기 때문이다. 희생 동물 또는 인간이 신화 속의 무의식적 환상 안에서 고통스런 행동을 변형시키는 것을 통해서 투사된 귀신들을 견디고 초월할 수 있다고 느끼는 한, 그 희생된 제물은 프로이트(1913)가 토템과 타부에서 제안했듯이, "하나님의 어린 양"(Paschal Lamb)으로서 신격화된다. 그러나 투사가 그 희생양을 변형시키는 데 성공할 때, 그 희생양은 악마로 바뀐다.[3] 따라서 희생양은 정신분석적 장 안에서 신격화된 담는 것과 악마화된 담는 것을 구성한다. 따라서 주체가 먼저 그의 귀신들을 희생양에게 투사하고 나서, 다시금 자신이 창조한 악마에 의해 보복당할 것을 두려워하는 악순환이 창조된다. 정신분석가에 의한 귀신축출은 분석적 사랑으로 피분석자의 귀신들을 기꺼이 견디는 것을 통해 투사와 보복의 악순환을 끊는 행위이다.

간략한 임상사례

나는 나의 새로운 사고의 흐름을 확인시켜준 한 사례에 대한 자료를 간략하게 제시해보겠다.

R은 삼십대 초반의 독신 의사로서 일반적으로 여성들과의 그리고 구체적으로는 그의 현 여자 친구와의 친밀성 문제로 나를 찾아왔다. 그는 세계 이차대전 동안에 영국에서 태어났고, 열 살 때 그의 어머니와 양부와 함께 미국으로 옮겨왔다. 그는 전쟁 중에 이집트 전투에서 전사한 그의 생부에 대해서는 아무런 기억도 갖고 있지 않았다. 나는 그의 어머니, 양아버지, 조부모들 그리

고 그가 데이트했던 여성들과의 관계에 대한 분석적 자료를 논하는 일은 생략하겠다. 다만 그에 대한 나의 몽상 경험, 즉 그가 내가 보기에 극적인 사건과 관계 맺는 방식에 대한 나의 경험과 그것에 대한 나의 반응을 요약할 것이다. 이 사건에 앞서 나는 우리가 정서적으로 멀리 떨어져 있다고 느꼈다. 그에게 나는 죽은 존재 같았다.

이 특별한 회기를 시작하면서, 피분석자는 자신이 얼마나 생부를 그리워했는지에 대해 말했고, 하지만 그를 입양해주고, 교육시켜주고, 심지어 의과대학을 마칠 수 있게 해준 그의 자상한 양아버지에게 감사하게 생각한다고 말했다. 그 다음에 그는 그의 생부에 대한 주제로 돌아와서 다음의 이야기를 들려주었다:

"내가 선생님께 말하지 않았지만, 선생님이 아셔야 할 것이 있어요. 5년 전에 나는 나의 조부모를 방문하기 위해 영국으로 돌아갔었어요. 그들은 서부의 한 마을에서 살고 있었죠. 어느 오후에 점심식사를 마치고 나서 할아버지와 나는 맥주 한잔을 위해 선술집에 갔어요. 거기에 있는 동안 나는 어떤 남자가 나를 응시하고 있다는 것을 알아차렸죠. 나는 그 사람에 대해 이상하다고 느꼈어요. 나는 할아버지께 혹시 그 사람을 알고 있는지, 왜 그가 나를 응시하는지 아느냐고 물어보았어요. 나의 할아버지는 내 질문에 대답하기보다는, 나를 그에게 데려가서 그 낯선 사람을 내게 소개해 주었어요. '이분이 네 아버지시다.' 나는 놀라서 기절할 뻔했어요. 내가 정신을 가다듬었을 때, 나의 아버지는 내게 이런 이야기를 들려주었어요:
내가 군인으로 이집트에 있을 때, 너의 어머니가 돈 많은 미국 놈을 만났고, 둘은 서로 좋아하게 되었단다. 내가 휴가를 받아 집으로 돌아왔을 때, 나는 그 사실을 알게 되었고 그 일로 너의 어머니를 다그쳤지. 그녀와 나는 오랫동안 그 문제에 관해 이야기했단다. 나는 미래가 없는 빈털터리였고, 모든 것을 가진 미국 놈이 네게 해줄 수 있는 것을 해줄 수 없었어. 나는 그렇게 하는 것이 무척 슬펐지만, 너의 어머니와 나는 하나의 아이디어를 실행하기로 했단다. 그것은 내가 전투 중에 죽었다고 소문을 내서 그가 너와 너의 어머니를 거두어주게 하고, 교육받을 수 있는 기회와 특혜를 누릴 수 있는 미국으로 너를 데려가게 하는 것이었어."

[이 이야기를 듣는 동안 나는 찰스 디킨스의 「위대한 기대」를 생각하지 않을 수 없었다.]

피분석자는 그 이야기를 끝내고 나서, 카우치에 누운 채 나를 바라보면서 물었다. "나의 아버지가 되어주시겠어요?" 아무 생각 없이, 그러나 동시에 내가 비슷한 역할을 실연하고 있다고 느끼면서, 나는 즉시 대답했다. "좋습니다!" 이 말이 떨어지자마자 그의 평범한 어조는 갑자기 바뀌었고, 그는 포효했다. "왜 그랬어요? 그는 길게 이어진 말에서 자신을 버리고 배신한 것에 대해 아버지-나를 비난하고 공격했다.

그 순간 내가 이 글의 제목에서 인용한 구절이 느닷없이 마음속에 떠올랐다. "나는 연극에서 왕의 양심을 잡으리라." 그 순간에 나는 만약 내가 내 의지에 반해 다른 누군가의 드라마, 즉 공동-배우로서의 나의 참여 없이는 발생할 수 없는 드라마 속의 배우가 되도록 갑자기 지정된다면, 기분이 어떨지 궁금해졌다. 일단 이 비전이 내게 떠오르자, 나는 모든 정신분석적 회기들이 사실상 연극이고, 그것이 언어적인 것이든 구체적인 실연을 통한 것이든 상관없이, 실제의 즉흥적 수난극이 아닐까 궁금해지기 시작했다. 이러한 숙고의 결과, 나는 내가 방금 언급한 피분석자가 그가 말한 느낌들을 실제로 느꼈다는 사실뿐만 아니라, 내가 그의 음향적 직면에 따른 정서들을 느꼈다는 사실을 깨달았다. 나는 또한 그가 나에게(to me) 뿐만 아니라 나와 함께(with me), 그가 알고 있는 유일한 소통 방식을 통해서 그의 내적 세계를 극화하고 있다고 믿기 시작했다. 그 결과, 나는 지금까지 해결되지 않은 그의 고통의 긴급성, 그것이 출현하는 과정에서 내가 맡았던 역할, 그것은 추후의 꿈꾸기에 의해 불완전하게 꿈꾸었던 외상적 사건을 완성하기 위해 마침내 드러날 것이고 그 다음에 "공표될 것임" 등의 메시지를 들을 수 있었다(Bion, 1962, p. 21; Grotstein, 2002, 2004a, 2007, 2008a, 2008b).

상호 최면에 걸린 것 같은 황홀상태(hypnotic trance)

앞에서 나는 내가 나의 피분석자와 상호 최면에 걸린 것 같은 황홀상태에 빠졌던 일을 암시한 바 있다. 내가 일단 환자에 의해 이런 상태에 사로잡히는 나의 경험에 관해 생각하기 시작하자, 나는 이러한 현상이, 위니캇이 그의 글, "일차적 모성몰두"에서 윤곽을 제시한 바 있는 유아↔엄마 관계들이 그런 것처럼 그리고 비온이 그의 담는 것↔담기는 것 개념을 설명하면서 언급한 바 있는 엄마의 관심 전체를 사로잡아야 할 유아의 필요성이 그런 것처럼, 모든 분석들에서 발견되는 보편적인 현상이 아닐까 궁금해졌다. 나는 어째서 내가 자신의 아버지 역할을 맡아달라는 피분석자의 무의식적인 요청에 자발적으로 그리고 아무 생각 없이 동의했는지 궁금해지기 시작했다. 나는 그 순간을 돌이켜보면서 내가 황홀 상태, 또는 실질적인 마법에 빠져 있었다는 것을 깨달았다. 나는 그 전에는 이중 망상 또는 피분석자와 분석가 사이의 공모라고 생각했던 드라마에 참여하기 위해 나 자신이 신비스런 최면에 걸려 있다는 것을 느꼈다(Mason, 1994). 그러나 더 중요한 것은 내 안에서 환자의 공격들에 대한 정서적 동조가 출현한 것이었다. 나는 환자의 비난들과의 잠정적인 동일시로 인해 죄책감을 느끼는 나 자신을 발견했고, 심지어 그에게 나의 진심 어린 사과를 표하고 싶다는 충동을 느꼈다. 나는 다른 곳에서 이런 현상을 "피에타 전이↔역전이," 즉 피분석자가 자신의 고통의 책임을 분석가에게 돌리고 분석가로 하여금 미안하다고 말하게 만드는 현상이라고 언급한 바 있다(Grotstein, 2000).[4]

분석적 장

바란제이 부부(1961-62)는 담는 것↔담기는 것 그리고 O 안에서의 변형과 같은 비온의 개념과는 독립적으로, 역전이에 대한 래커의 작업 노선을 따라 초점이 한쪽 참여자에게서 장 그 자체의 신비에로 옮겨진, 나뉠 수 없는 정신분석적 장의 개념을 창안해냈다. 이 개념은 랑스(Langs), 페로(Ferro), 옥덴(Ogden)과 같은 여러 저자들에 의해 계승되었다. 그 개념에는 분석적 대화가 공동으로 구성되는 현상이라는 생각이 담겨 있다. 나는 여기에다 피분석자는 공동-창조의 결과물을 따라 독립적으로 그의 경험이 그 자신을 위해 갖는 타당성을 평가해야만 한다는 말을 덧붙일 것이다. 따라서 분석적 장은 "분석적 극장"을 구성한다. 이것은 다시금 결합된 쌍둥이 모델을 불러낸다: 한-사람이면서 두-사람인 모델은 공동의 협력적-대립구조와 기능을 구성한다.

논의

내가 이 주제를 분석과정을 이해하는 하나의 방식으로서 일반화하기 시작했을 때, 나는 일찍이 바란제이 부부(1961-62)에 의해 가정된 분석적 장이라는 개념으로부터 정신분석을 새롭게 고양시켜줄 하나의 차원, 하나의 새로운 정신분석적 장이 출현했다는 것을 깨달았다. 그때 나는 우리가 우리의 피분석자들과의 상호작용을 어떻게 생각하는지, 특히 우리가 그들과 맺는 관계와 그들이 우리와 맺는 관계를 어떻게 생각하는지 궁금해졌다. 나는 즉시 마틴 부버(Martin Buber, 1958)의 "나와 너"의 소통 모델이 생각났고 그것의 직접성, 개방성, 그리고 구체성을 주목했다. 유사하게, 우리가 피분석자들의 자유연상들을 듣고 그들의 행동을 관찰할 때, 우리는 구체적으로(묻지 않고) 우리가 듣고 관찰한 것들을 믿는 동시에, 관찰된 것들의 메시지들과 표현들을 해독(解讀)하려고 시도하는데, 이는 그러한 메시지들이 출현하는 무의식적 판형에 대해 배우기 위해서이다.

다른 말로, 우리는 분석에서, 마치 우리 사이에 보이지 않는 미적이고, 극적인, 중재하는 베일 없이 서로에게 직접적으로 접촉하기라도 하듯이, 서로에게 말한다. 나는 피분석자와 분석가 사이에 보이지 않는 베일이 존재하고 있다고 가정하며, 그것을 "환상의 커튼"(Bion, 1965) 또는 "꿈의 막"(membrane, Grotstein, 2008b)이라고 부른다. 꿈의 막은 분석가를 역할로 초대하는 임무(Sandler, 1976, 1993)와, 공식적인 꿈꾸기 그리고 피분석자로 하여금 "정신적 소용돌이," 즉 "O"(Bion, 1965, p. 42)의 주제를 실연하게 하는 임무를 맡고 있으며, 그것은 두 사람 사이에 존재하는 성찰이 가능한 정신적 공간을 구성하고 있다.

최종적으로, 우리는 프로이트 이후로 분석가들이 정신분석 과정을 무의식적인 암호문에 대한 해독이 발생하는 과정이라고 생각해왔다는 인식에 도달한다. 그것의 비밀스런 기표들(signifiers)은 증상의 모체로부터 출현하는 자유연상들로 구성된다. 이 가정에는 최소한 다음의 네 가지 생각들이 수반된다. 첫째, 분석가는 우리가 분석 바깥의 실제 세계에서 관계를 맺는 것과 같은 방식으로 또 다른 개인인 피분석자와 실제로 관계를 맺는다. 물론 분석적 대화의 본성이 피분석자 편에서의 자유연상들과 행동 그리고 분석가 편에서의 해석들로 구성된다는 사실은 이것에서 제외된다. 둘째, 분석과정은 피분석자 편에서의 진전과 저항으로 구성된다. 셋째, 분석과정은 전이와 역전이 경험에 의해 특징지어진다. 넷째, 피분석자의 모든 말들과 행동은 그 또는 그녀의 무의식적인 행위자, 즉 의지(정신적 결정론)에서 나온다.

정신병리를 실연하는 "배우"로서의 "건강한 피분석자"

아마도 나는 나의 요지를 다음과 같이 좀 더 분명하게 설명할 수 있을 것이다: 우리를 찾아오는 피분석자들은, 설령 그들이 증상들로 인해 고통을 받고 있다고 해도, 본질적으로 건강하고 온전한 것처럼 보인다. 분석과 그것의 고유한 세팅은 그들로 하여금 그들의 내적 고통을 우리에게 드라마로서 제시하도록 허용한다. 그는, 예컨대, 우울증 환자가 아니다; 그는 드라마—마치 무언극이나 몸짓 게임에서처럼—를 통해서 그의 우울증을 보여주고 있는 것이다. 피분석자의 무의식은 알고 있지만 말이 없다. 그것은 그것이 알고 있는 것을 읽어줄 의식 또는 분석가를 필요로 한다. "건강한 피분석자"는 무의식적인 "이상적 자아"(Freud, 1913)와 연관되어 있다.

2부

수난극으로서의 정신분석

나의 요지는 이것이다: 하나의 구체적인 느낌이 피분석자↔분석가 관계에 대한 우리의 관념을 특징짓는다는 사실이 관찰된다. 이것은 정신분석이 신성한 "분석의 제3의 주체," 또는 극작가를 통해 분석에 참여하는 두 사람으로 하여금 무의식적으로 그들에게 할당된 역할들을 "연기"하는 데 참여하는 드라마, 즉 즉흥적 수난극을 구성한다. 이 수난극에서 피분석자는 주연배우로서 활동하면서, 무의식적으로 초대하고 모집하며 분석가에게 최면과 마법을 건다. 이 글의 도입 부분에서 인용한 햄릿의 말을 빌어, 나는 햄릿이라는 연극 자체가 정신분석과 다르지 않은 것으로 취급될 수 있다는 점을 암시했다. 즉, 햄릿에 의해 "연출된" 연극 속의 연극이 보여주는 바, 그 연극을 만들어낸 그의 동기가 클라우디우스로부터 자신이 햄릿의 아버지를 살해했다는 고백을 이끌어내기 위한 것이었음을 드러내고 있다. 어떤 점에서 그것은 성공했다. 클라우디우스는 그의 기도와도 같은 독백에서 다음과 같이 고백한다: "나의 말들은 떠오르고/ 나의 생각들은 아래에 머무르며/ 생각 없는 말들은 결코 천국에 들어가지 못한다."

정신분석이 수난극을 구성할 수 있다는 이 아이디어는 정신적 결정론(psychic determinism)을 부정하지 않는다. 그것은 이 개념에 더 큰 복잡성, 추상성, 그리고 정교화를 허용한다. 이 관점에서 볼 때, 정신적 결정론은 자신의 무의식적 고통—그리고 그것의 근저에 있는 숨은 정서적 진실—을 이상적으로는 말을 사용해서 그러나 불가피하게 실연을 통해서 극화함으로써, 분석가에게 알리고 인정받기 위해 드러내야 하는 피분석자의 욕구(욕동, 의지)로 이루어져 있다. 나는 피분석자와 분석가 사이의 언어적 의사소통(피분석자의 자유연상들과 분석가의 해석들)이, 프로이트(1911)가 생각들은 실험적 행동들(trial actions)이라고 말했을 때 예상했던 것처럼, 보류된(suspended) 행동들과 상호작용들을 구성한다고 제안한다.

증상들을 가진 인격과 증상들의 극화를 배열하는 자 사이의 구별

이 가설은 많은 함축적 의미들을 갖고 있다. 그것들 중 하나는 분석적 관계가 우리가 알고 있는 것보다 더 미적-상징적인 그리고 더 진화된 상호작용으로 구성되어 있다는 것이다. 또 다른 하나는 더 급진적인 것으로서, 케이턴(Katan, 1954)과 비온(1957)이 정신분열증 및 다른 정신증적 장애를 갖고 있는 사람들 안에 정신증적 인격들과 비-정신증적 인격들이 존재한다—그리고 환자가 경험하는 고통과 혼동은 이 정상적 자기와 증상적 자기 사이의 불일치 안에 놓여 있다—고 가정했을 때 윤곽이 제시되었듯이, 피분석자는 그의 정신병리 근저에 기본적으로 건강한 핵(이상적 자아)을 갖고 있는 것으로 볼 수 있다는 것이다. 환자 안에 있는 이 정상적 자기와 증상적 자기 사이의 불일치가 그 또는 그녀의 장애를 나타낸다는 것이다.

"연출가"와 "드라마 비평가"로서의 무의식

하나의 인격이 그것의 정신병리를 실연하는 데 몰두해 있는 동안 내내, 더 건강하고 말이 없는 다른 인격은 말해질 필요가 있는 문제들에 대해 현실적으로 알고 있으며, 후자는 동시에 그것의 극작가(Grotstein, 1979, 1981, 2000) 또는 "종속시키는 제3의 주체"(Ogden, 1994)를 통해서 분석에서 드라마를 연기하도록 지휘(orchestrate) 또는 안무(choreograph)할 수 있다. 그리고 이 드라마는 그것의 "각본"이 피분석자(그리고 분석가)에게 알려져 있지 않다는 점에서 즉흥극이지만, 극작가로서의 자격을 가진 현실적인 인격에 의해 주의 깊게 정교화된 것이다. 그것의 분석적 "작품"은 진지한 몸짓이긴 하나 몸짓 게임을 닮았고, 그 게임 안에서 분석가는 피분석자가 산출해내는 표시들을 해석할 수 있어야 하고(Salomonsson, 2007a, 2007b) 그럼으로써 그것들에게 상징적 의미를 부여할 수 있어야 한다. 이 신비스런, 신적인 내적 인격은 또한 분석가가 당면한 사건의 두드러진 무의식적 문제들을 해석함에 있어서, 실수하는 때와 정확하게 해석하는 때를 신호로 알려주는 "슈퍼바이저"로서 기능한다.

다른 글들에서 나는 "꿈을 꿈꾸는 꿈꾸는 자"와 꿈의 청중인 "꿈을 이해하는 꿈꾸는 자"의 개념을 제시한 바 있다(Grotstein, 1981, 2000). 전자는 내가 위에서 언급한 첫 번째 인격, 즉 극작가(꿈의 선동자 또는 연출자)에 해당되고, 슈퍼바이저 또는 꿈의 청중은 두 번째 인격, 즉 꿈을 이해하는 꿈꾸는 자, 즉 그 드라마의 정서적 의미를 이해하는 후자에 해당된다. 그 두 "인격들"은 모두 신적인, 자신들의 내적 감각을 갖고 있는, 초자연적인 지성, 현존, "다이몬"(고대 희랍 신화적 의미에서), 또는 "영들"(Gnomons)이다. 나는 더 나아가, 만약 개인의 알파-기능 역량이 충분하다면, 내적 드라마는 두 꿈꾸는 자들 사이에서 닫혀 있는 고리(loop)를 구성할 것이라고 가정한다. 그렇지 못할 경우, 꿈을 꿈꾸는 꿈꾸는 자는 지금까지 불완전하게 또는 부적절하게 꿈꾸었던 고통에 대해 말하기 위해, 분석가의 부가적인 알파-기능을 빌려와야 할 것이다(Grotstein, 2008a, 2008b).

드라마 이론의 빛에서 다시 보는 분석적 저항

이런 생각에서 출현하는 또 하나의 함축은 분석적 저항이라는 개념이 근본적으로 재고될 필요가 있다는 것이다. 지금까지 저항으로 불려진 것은 말해지지 않은 정서적 고통의 이면을 구성하는 신호일 수 있으며(Salomonsson, 2007a, 2007b), 그것이 임상적으로 극화된 것—부정적인 형태로 역전되어 드러난 것일 수 있다. 다른 말로, "저항"은 그 연극의 "극중 인물들"의 진정한 구성원이다. 우리는 이제 피분석자를 "결합된 쌍둥이"라고 생각할 수 있다. 그는 본질적으로 정상(이상적 자아)이지만, 분석가가 이해하고 참여할 수 있게 하기 위해 그의 내적 세계를 병리적 쌍둥이 형제로서 극화할 수밖에 없는, 말이 없는—자신의 장애를 알고 있는—쌍둥이 중의 하나이다. 이러한 새로운 사고방식 안에서 피분석자는 실제로 저항하지 않는다. 그는 저항을 통해 자신의 정서적 고통을 보여주고(드러내고) 있다(Grotstein, 2009a, 2009b).

미적 측면의 중요성: 드라마와 이야기의 관계

정신분석에서 드라마의 역할을 강조함에 있어서, 나는 또한 비온이 "미적 관점"이라고 부른 것의 중요성을 포함시키고자 한다.

그것의 광대한 영역 안에는 고대 방랑시인들, 중세 음유시인들, 이야기꾼들, 시인들, 연극인들, 소설가들이 포함되며, 이들 모두의 창조적 산물들은 이야기(narrative)라는 범주에 속하는 것으로 간주된다. 페로(Ferro, 1992, 1999)와 베조리(Ferro & Bezoari, 1999)는 정신분석 과정에 대한 관념으로서 그리고 분석가의 해석의 바람직한 구성요소로서 정신분석에서 이야기가 차지하는 중요성에 대해 말했다. 페로는 정신분석에서 꿈꾸기의 역할에 대한 비온(1962, p. 21)의 관념을 확장하는 것을 통해서 그의 고유한 이론을 발달시켰다(Grotstein, 2007, 2008b). 이야기는 O의 공시적인 본성이 선형적이고 통시적인(순서를 따르는) 것으로 변형되는 현상으로 간주될 수 있다. 비온(1962)은 회기 안에서 출현하는 정신적 증상들을 "정신분석적 대상"(p. 68), 또는 변형되지 않은 O에 대한 고통스런 경험이라고 부른다. 이런 관점에서 볼 때, 정신분석은 O에 의해 특징지어지는, 시간적으로 (무한하고, 초시간적인) 수직적인 현상이 선형적 시간 안에서 변형되는 것을 허용하는, 이야기(스토리텔링)의 적용으로 간주될 수 있다.

간략한 임상사례

거대한 유산을 상속받은 결혼한 삼십 대 여성을 분석하는 과정에서, 나는 차츰 내가 그녀에게 거만하게 대하고 있고, 그녀를 깔보는 식으로 해석을 주고 있을 뿐만 아니라, 그녀에 대한 일반적인 태도에서조차도 그렇게 하고 있다는 것을 알게 되었다. 돌이켜보건대, 그녀의 연상들은 이러한 나의 태도를 감지한 것처럼 보였지만, 그녀는 그것을 피학적으로(그녀의 습관대로) 자신의 탓으로 받아들였다[래커가 말하는 상보적 전이-역전이 반응]. 나는 당시에 분석을 받고 있었는데, 그 덕에 내가 초등학교와 고등학교 시절에 만나고 친해졌던 매우 부유한 동급생들에게 극도의 시기심을 느꼈던 아동기 기억들을 찾아낼 수 있었다. 나의 분석가와 나는 이러한 나의 태도를 역전이 현상으로 해석했는데, 그 역전이는 과거 학창시절에 부잣집 동급생들에 대해 가졌던 시기심뿐만 아니라 더 어렸을 때 경험한 나의 누나에 대한 근원적인 시기심으로 구성되어 있었다. 나중에 동일한 환자에 대한 분석에서, 나는 그녀에 대한 알 수 없는 엄청난 분노를 발달시키고 있는 것을 발견했다. 나는 그 분노의 맥락이나 원인을 찾을 수 없었다. 며칠 후에 그 환자는 그녀의 아동기에 있었던 무서운 사건에 대해 이야기하기 시작했다. 그때 그녀는 세 살 경이었다. 그녀는 그녀의 부모들이 큰 소리로 심하게 싸우는 소리를 들었고, 이어서 그녀의 아버지가 아래층으로 뛰어 내려가 자동차에 올라타는 것을 보았으며, 그가 다시는 돌아오지 않았던 일을 기억해냈다. 그녀가 이 사건을 기억해낸 것은 내가 휴가를 떠나기 직전이었다. 이 경우에, 나의 분노 감정은 몽상의 범주에 속하는 것이었다. 나는 그것이 역전이 사건으로 생각될 수 있다고 느꼈고, 그것을 나 자신의 분노로 느꼈지만, 그것은 사실상 "나-아닌" 현상이었다. 나는 그동안 내내 피분석자의 과거에서 온 외상적 순간이 되찾아지고 다루어질 수 있기 위해 연기될 필요가 있는 드라마 안에서 무의식적으로 내게 배정된 역할을 연기하고 있었다.

그러나 위의 진술에도 불구하고, 나는, 실제적으로 말해서, 분석가의 역전이 신경증과 몽상 사이를 구별하는 것이 어려운 일이고 심지어 불필요한 일일 수 있다고 생각한다. 특히 우리가 분석적 장(Baranger & Baranger, 1961-62; Ferro, 1992, 1999)을 구별될 수 없는 전이 신경증↔역전이 신경증(역전이 유아기 신경증과 몽상을 포함하는)으로 구성된 사적 영역(enclosure)으로 생각할 때, 더욱 그러하다. 이 개념은 비온(1963)의 P-S D(p. 37)에 대한 생각에 새로운 의미를 부여한다. 모든 개인들은 그 두 자리 모두에 동시적으로 위치해 있다.

또 하나의 사례는 서른 네 살 된 유럽의 독신 여성과의 분석에서 온 것인데, 그녀는 분석에서 내게 강렬한 성애적 전이를 발달시켰다. 그 전이가 강해졌을 때, 나는 그것에 대한 정서적 반응, 즉 나에게 역전이가 없다는 사실에 놀랐다. 사실상 나는 그 전이에 혐오감을 느꼈다. 그녀의 성애적 전이는 궁극적으로 그녀가 그녀의 오빠에 의해 지속적으로 근친상간을 당했다는 사실을 드러내는 것으로 바뀌었다. 그녀의 성애적 전이는 공격자인 오빠와의 투사적 동일시로 구성되어 있었고, 나의 몽상-감정인 혐오는 그녀가 내게 투사한 그녀의 두렵고, 순진하고, 혐오하는 자기로 구성되어 있었다. 이러한 나의 해석이 주어지자 그녀의 전이는 급격히 변했고, 그녀는 해방감을 느꼈다.

요약

피분석자 편에서뿐만 아니라 분석가 편에서의 말과 실연 경향성의 교환으로 구성되는 정신분석은 궁극적으로 각본이 있는 즉흥적인 수난극 또는 드라마뿐만 아니라, 샤머니즘의 의례행동인 귀신축출로 이루어져 있으며, 그것의 목적은 숨겨진 외상적 내적 대상들(귀신들, 수용될 수 없는 정서들, 외상적 장면들)의 "계시"와 "공표화"를 촉진시킴으로써 두 참여자들의 결합된 알파-기능들에 의해 알려지고 분석적으로 처리되게(축출되게) 하는 것이다. 프로이트가 생각을 "시험적 행동"으로 정의한 이후로 그리고 내가 그 시험적 행동을 드라마와 분리될 수 없는 것으로 가정한 이후로, 정신분석은 꿈 베일과 마찬가지로 연극적인 형태 안에서 피분석자와 분석가의 미적 능력 또는 미적 조직에서 나오는 드라마의 한 형태로 생각될 수 있게 되었다. 이 극의 조직은 정신분석적 장 개념의 확장이다. 달리 표현하자면, 분석적 장은 분석적 연극의 "총 연출자"이다.

정신분석적 치료 과정에서 환자의 유아기 (그리고 외상적) 신경증은 정신분석적 장의 구조 안에서 전이-역전이 신경증으로 전환되며, 그러는 동안 분석가의 몽상, 즉 깨어있는 경청 하에서, 최초의 유아기 신경증은 수정되고, 더 나아가 치유된다. 귀신축출 의식은 정신분석의 숨은 질서이다.

주

1. "잃어버린 화음"은 최초의 탯줄과 트레바덴(Trevarthen, 1980, 1999)이 유아와 엄마 사이에서 발생하는 근본적 의사소통이라고 주장하는 음악적 관계 모두를 의미한다.

2. 나는 이 부분에서 Gemma Corradi Fiumara(2008, 각주 26)에게 빚을 지고 있다.

3. 악마는 그것에 대한 옛 묘사에서 흔히 뿔, 갈라진 발갈퀴, 꼬리를 가진 모습으로 나타난다. 이는 그것이 양 또는 염소의 후예임이 분명하다는 것을 말해준다.

4. Kubie와 Israel(1955)의 글, "Say You're Sorry"를 보라.

참고문헌

Baranger, M. & Baranger, W. (1961-62). La situation analitico como campodinamico. In *Problems del Campo Analitico*. Buenos Aires, 1969, pp. 124-164.

Benjamin, J. (1995). *Like subjects, love objects: essays on recognition and sexual difference.* New Haven, CT: Yale University Press.

Benjamin, J. (2004). Beyond doer and done to: An intersubjective view of thirdness. *Psychoanalytic Quarterly*, 73:5-46.

Bezoari, M. & Ferro, A. (1999). The dream within a field theory: Functional aggregates and narrations. *Journal of Melanie Klein and Object Relations.*, 17:333-348.

Bion, W. R. (1948). *Experiences in groups.* London: Tavistock, 1961.

Bion, W. R. (1957). The differentiation of the psychotic from the nonpsychotic personalities. *In Second Thoughts*. New York: Jason Aronson, pp. 43-64.

Bion, W. R. (1962). *Learning from experience.* London: Heinemann.

Bion, W. R. (1963). *Elements of psycho-analysis*. London: Heinemann.

Bion, W. R. (1965). *Transformations*. London: Heinemann.

Bion, W. R. (1970). *Attention and Interpretation*. Tavistock Publications, London.

Bion, W. R. (1992). *Cogitations*. London: Karnac Books.

Bion, W. R. (1997). *Taming wild thoughts*. London: Karnac.

Buber, M. (1958). *I and thou.* (Trans.) W. Kaufmann. New York: Schribner's & Sons.

Ellenberger, H. F. (1970). *The discovery of the unconscious: The history and evolution of dynamic psychiatry*. New York: Basic Books.

Fairbairn, (1952). *Psychoanalytic studies of the personality*. London: Tavistock and Routledge & Kegan Paul.

Ferro, A. (1992). Two authors in search of characters: The relationship, the field, the story. *Rivista di Psicoanalisi*, 38:44-91.

Ferro, A. (1999). *Psychoanalysis as therapy and storytelling*. London & New York: Routledge.

Fiumara, G. C. (2008). *Spontaneity: A Psychoanalytic Inquiry*. London: Routledge & Psychology Press. In press.

Fliess, R. (1942). The metapsychology of the analyst. *Psychoanalytic Quarterly*, 11:211-227.

Frazer, J. (1922) *The Golden Bough*. Vol. II: Taboo and Perils of the Soul. Third Edition. London. Macmillan.

Freud, S. (1905). Psychopathic characters on the stage. *Standard Edition*, 7:305-310. London: Hogarth Press, 1953.

Freud, S. (1911). Formulations on two principles of mental functioning. *Standard Edition*, 12: 213-226. London: Hogarth Press, 1958.

Freud, S. (1912). Recommendations to physicians on the psycho-analytic method of treatment. *Standard Edition*, 2: 305:322. London: Hogarth Press, 1957.

Freud, S.(1913[1912-1913]). Totem and Taboo. *Standard Edition*, 13:1-64. London: Hogarth Press, 1957.

Freud, S (1914). Remembering, repeating and working-through (further recommendations on the technique of psychoanalysis. *Standard Edition*, 12:145-156. London Hogarth Press, 1958.

Freud, S. (1915). Instincts and their vicissitudes. *Standard Edition*, 14:109-40. London: Hogarth Press, 1957.

Freud, S. (1941). On beginning the treatment (further recommendations on the technique of psycho-analysis I). *Standard Edition*, 12:121-144. London: Hogarth Press and the Institute of Psycho-Analysis, 1958.

Girard, R. (1986). *The Scapegoat*. (Trans.)Y. Freccero. Baltimore:Johns Hopkins University Press.

Grotstein, J. (1979). Who is the dreamer who dreams the dream, and who is the dreamer who understands it? *Contemporary Psychoanalysis*, 15(1):110-169. Also in (Revised):

Grotstein, J. (1981). *Do I Dare Disturb the Universe? A Memorial to Wilfred R. Bion*. (Ed.), Grotstein, J. S. Beverly Hills: Caesura Press, 1981, pp. 357-416.

Grotstein, J. (2000). *Who Is the Dreamer Who Dreams the Dream? A Study of Psychic Presences*. Hillsdale, NJ: Analytic Press.

Grotstein, J. (2002). "We are such stuff as dreams are made on":Annotations on dreams and dreaming in Bion's works. In:Neri, C., Pines, M. & and Friedman, R. (Ed.), *Dreams in Group Psychotherapy:Theory and Technique* (pp. 110-145). London & Philadelphia: Jessica Kingley.

Grotstein, J. (2004a). "The light militia of the lower sky": The deeper nature of dreaming and phantasying. *Psychoanalytic Dialogues*, 14:99-118.

Grotstein, J, (2004b). "The seventh servant": The implications of a truth drive in Bion's theory of O. *International Journal of Psychoanalysis, 85: 1081-1101.*

Grotstein, J. (2007). *A Beam of Intense Darkness: Wilfred Bion's Legacy to Psychoanalysis*. London: Karnac.

Grotstein, J. (2008a). The voice from the crypt: the negative therapeutic reaction and the longing for the childhood that never was. *Contemporary Psychoanalysis*. In press.

Grotstein, J. (2008b). Revisiting the "royal road" with Bion as our guide. Manuscript submitted for publication.

Hargreaves, E. & Varchevker, A. (2004). In *Pursuit of Psychic Change: The Betty Joseph Workshop*. Hove and New York: Brunner-Routledge.

Hegal, G. W. F.(1807). *Phenomenology of Spirit*. Trans. by A. V. Miller. London: Oxford University Press, 1977.

Heimann, P. (1950). On counter-transference. *International Journal of Psycho-analysis*, 31:81-84.

Heimann, P. (1960). Counter-transference. *British Journal of Medical Psychology*, 33:9-15.

Hinshelwood, R. (2008). Melanie Klein and countertransference; a note on some archival material. *Psychoanalysis and History*, 10:95-113.

Joseph, B. (1989). *Psychic Equilibrium and Psychic Change*. London: Routledge.

Katan, M. (1954). The importance of the non-psychotic part of the personality in schizophrenia. *International Journal of Psychoanalysis*, 35:119-128.

Klein, M. (1926). Psychological principles of child analysis. In *Contributions to Psycho-Analysis*, 1921-1945. London: Hogarth Press, 1950, pp. 140-151.

Klein, M. (1935). A contribution to the psychogenesis of manic-depressive states. In *Contributions to Psycho-Analysis*, 1921-1945. London: Hogarth Press, 1950, pp. 282-310.

Klein, M. (1940). Mourning and its relation to manic-depressive states. In *Contributions to Psycho-Analysis*, 1921-1945. London: Hogarth Press, 1950, pp. 311-338.

Klein, M. (1952). The origins of transference. In *Melanie Klein: Envy and Gratitude and Other Works* 1946-1-63. New York: The Free Press, 1975, pp. 48-56.

Klein, M. (1955). On identification. In *New Directions in Psycho-Analysis*, (Eds.), Klein, M., Heimann, P., Isaacs, S. & Riviere, J. London: Hogarth Press, 1952, pp.309-345.

Klein, M. (1957). *Envy and Gratitude*. New York: Basic Books.

Kubie, L. & Israel, H. (1955). "Say You're Sorry!" *Psychoanalytic Study of the Child*, 10:289-299.

Lacan, J. (1975). *Le Seminaire* XX. (1972-1973). Paris: Seuil.

Langs, R. (1976). *The Bipersonal Field*. New York: Jason Aronson.

Levi-Strauss, C. (1970). *The elementary structures of kinship*. London: Tavistock.

Loewald, H. W. (1975). Psychoanalysis as an art form and the fantasy character of the psychoanalytic situation. *Journal of the American Psychoanalytic Association,* 23: 277-299.

Mahler, M. S. (1968). *On human symbiosis and the vicissitudes of individuation*. New York: International Universities Press.

Mason, A. (1994). A psychoanalyst's looks at a hypnotist: A study of folie a deux. *Psychoanalytic Quarterly*, 63(4): 641-679.

McDougall, J. (1985). *Theatres of the mind: illusion and truth on the psychoanalytic stage.* New York: Brunner/ Mazel.

McDougall, J. (1989). *Theatres of the body*. London: Free Association Books.

Meltzer, D.W. (1986). *Studies in extended metapsychology: Clinical applications of Bion's ideas*. Strath Tay, Perthshire: Clunie Press.

Merleau-Ponty, M. (1973). *Adventures of the dialectic*. Translated by Joseph, J. Bien. Evanston, IL: Northwestern University Press.

Modell, A. (1990). Play, illusion, and the setting of psychoanalysis. In Other Times, *Other Realities: Toward a Theory of Psychoanalytic Treatment*. Cambridge, MA: Harvard University Press.

Money-Kyrle, R. (1956). Normal countertransference and some of its deviations. *International Journal of Psycho-analysis*, 37:360-66.

Nuetzel, E. (1995). Unconscious phenomena in the process of theater. Preliminary hypothesis. *Psychoanalytic Quarterly*, 64: 345-352.

Nuetzel, E. (1999a). Acting and enacting: a case study in the evolution of theatrical performance. *Journal of Applied Psychoanalytic Studies*, 1: 79-102.

Nuetzel, E. (1999b). Psychoanalysis as a dramatic art. *The Annual of Psychoanalysis*, 26/27: 295-313. Hillsdale, NJ: The Analytic Press.

Ogden, T. (1989). *The Primitive Edge of Experience*. Northvale, NJ: Jason Aronson.

Ogden, T. (1994a). The analytic third: Working with intersubjective clinical facts. *International Journal of Psycho-Analysis*, 75: 3-20.

Ogden, T. (1994b). *Subjects of Analysis*. Northvale, NJ and London: Jason Aronson.

Ogden, T. (2004). This art of psychoanalysis: Dreaming, undreamt dreams, and interrupted cries. *International Journal of Psychoanalysis*, 85: 857-878.

Peirce, C. S. (1931). Collected papers. (Eds.), Charles Hartshore and Paul Wiess. Cambridge, MA: Harvard University Press, Vols. I-VIII.

Pirandello, L. (1925). Preface to: "Six Characters in search of an author." In *Naked Masks*. New York: E. Dutton, 1952.

Racker, H. (1968). *Transference and countertransference*. London: Hogarth.

Resnik, S. (1987). *The theatre of the dream*. Translated by Alan Sheridan. London & New York: Tavistock Publications.

Salomonsson, B. (2007a). 'Talk to me baby, tell me what's the matter now'. Semiotic and developmental perspectives on communication in psychoanalytic infant treatment. *International Journal of Psychoanalysis*, 88: 127-146.

Salomonsson, B. (2007b). Semiotic transformations in psychoanalysis with infants and adults. *International Journal of Psychoanalysis*, 88: 1201-21.

Sander, F. M. (2001). Psychoanalysis, drama, and the family: the ever-widening scope. *The Annual of Psychoanalysis*, 29: 279-299.

Sandler, J. (1976). Countertransference and role responsiveness. *International Review of Psycho-Analysis*, 3:43-47.

Sandler, J .(1993). On communication from patient to analyst: Not everything is projective identification. *International Journal of Psycho-Analysis*, 74(6): 1097-1108. Study of the Child, 17: 128-130.

Stanislavski, C. (1936). *An Actor Prepares*. New York: Routledge.

Stolorow, R. & Atwood, G. (1996). The intersubjective perspective. *Psychoanalytic Review*, 83; 181-194.

Trevarthen, C. (1980). The foundations of intersubjectivity: development of interpersonal and cooperative understanding in infants. In *The Social Foundations of Language and Thought: Essays in Honor of Bruner*, J. S., Olson, D. Ed. N.Y.: Norton, pp.316-342.

Trevarthen, C. (1999). Musicality and the Intrinsic Motive Pulse: Evidence from human psychobiology and infant communication In *Rhythms, Musical Narrative, and the Origins of Human Communication." Musicae Scientiae, Special Issue, 1999-2000*, (pp. 157-213). Liege: European Society for the Cognitive Sciences of Music.

Von Hann-Kende, F. (1933). On the role of transference and countertransference in psychoanalysis. In *Psychoanalysis and the Occult*. Ed. George Devereux, pp. 158-167. New York: International Universities Press, 1953.

Whyte, H. A. M. (1974). *A Manual on Exorcism. Springdale,* PA: Whitaker House.

Winnicott, D. W. (1951). Transitional objects and transitional phenomena. In *Collected Papers: Through Paediatrics to Psycho-Analysis*. New York: Basic Books, 1958, pp. 229-242.

Winnicott, D. W. (1956a). Primary maternal preoccupation. In *Collected Papers: Through Paediatrics to Psycho-Analysis*. New York: Basic Books, 1958, pp. 300-305.

Winnicott, D. W. (1968). Playing: Its theoretical status in the clinical situation. *International Journal of Psycho-Analysis*, 49: 591-599.

찾아보기

ㄱ

가톨릭 신앙 168, 184
가피학적 관계 133
가피학증 133, 135
　부모의 141
감각성 23
감각의 소용돌이 26
감질나게 하는 경험 239
개인-간의 장치 82
개인적 장치 위에 있는 82
게슈탈트
　심리학 204
　이론 55
게슈탈트 심리학 71, 125, 181
격노로 가득한 꿈 33
결합된 쌍둥이 297
"결합된 작용" 모델 279
경계선 환자 225
고릴라-같은 여성 22
고착 지점들 56
공간적 은유 58
공유된 공간 81
공통의 공유된 공간 81
국제정신분석학회 12

국제정신분석학회 45차
　학술대회 184
귀신축출 278-279, 283
　은유적 모델들로서의 282
　을 위한 신화적 판형으로서의
　　십자가 처형 285
　의례 279
그롯슈타인, 제임스 186, 275
그린, 앙드레 84
극도로-섬세한
　순환 44
　프로그램 44
기계적 비인간성 248
기기 175-180
　의 유아기 외상 192
꿈꾸기 앙상블 18, 24

ㄴ

나르시서스 124
낭만주의 206
낯선 느낌 182
내면의 생각하는 자 186
낸시의 졸업여행 150-155
　정신분석적 과정 152
네리, 클라우디오 70, 92-96, 164
노예 같은 부모 133

"눈-먼" 부모들 134-138
늙어가는 부모의 불멸성의 상실 127
니르바나 원리 140
니콜로의 마리아 77

ㄷ

다니엘라 47
다니엘라처럼 유능한 신경과 의사 47
다중적인 접근 12
다중-주체적 공간 85
닥터 서티 45
대모 229
대상
 관계 77
 사용 285
대인관계 77
대인관계적 장
 병리와 — 의 기본적 층 223
 에 대한 신경생리학적 관점 222
 에 대한 실험적 접근 222
 의 기본적 층 220-230
 의 기회들과 위험들 220-230
 의 어려움들과 위험들 225- 230
대화
 나선형으로 진행하는 102-103
 의 발달 103
대화적 협력 103
데리다 207
데오 앙겔로풀로스의 영화 185
돌토, F. 124
동성애 187
동시대 분석가들의 인정 217
두-사람 모델 279

두-사람의
 모델 142
 장 103
 장 개념 70
 환상 71, 142
드라마 이론 297
드라마의 조직 280
듣기 위한 수술 21
디미트리스, 아나스타풀로스 14
디엔에이(DNA)
 멸종동물을 위한 —흔적 29
디킨스, 찰스 289
딜레타 167-175, 183
 의 꿈 171
 의 심리치료사 167
 의 종교적 신앙 192

ㄹ

라디오 마리아 장 81
 전기자장의 원인 81
라스 메니냐스 181-187
라캉의 에크리 203
라틴아메리카 정신분석 14
라플랑쉬 213
래커의 203
 역전이에 대한 생각 57
레나토
 의 분석에서 가져온 자료 104-106
 의 삶 104
레즈비언 22
레빈, 쿠르트 55, 204,
 의 작업 125
로다나의 34, 45

312 / 분석적 장

메달들 32-34
정서적 삶 34
회기 43
로스, 필립 66
로젠펠드 61
루코비치, 세르지오 12
르네 76
리비도 단계 56

ㅁ

마르타의 34
  불안 34
  질투 34
마르셀라 36-42
  의 격노 41
  의 전-남자친구 37
마리아, 라디오 81
마법에 쓰이는 미약 24
마테-블랑코 221
매혹 기법 141
멀로우-퐁티의 작업 204
모든 것을-행하는-죽음을-부인
  하는 부모들 133, 139-142
  의 자리 141
  자녀들과 중독적 관계를 갖는 141
  죽음을-부인하는 139-140
모미글리아노, 루시아나 니씸 103
모성적 전이 252
모스크바 교회 169
모차렐라(치즈) 177
몽상 90
무의식 또는 무의식적인 211, 215
  감각/환상 260

극작가 276
동일시 59
에 초점을 둔 213
연극의 조직 280
이론에서의 전환점 199-217
"캐스팅 디렉터" 276
프로이트학파의 212, 216
형태 213
확신 260
환상 125, 199, 261
환상/신체적 망상 261
무의식적 환상의 개념화 54
물을 뿌리기 86
미국 정신분석가들 91
미분화-분화 221
미세-의의소 20
미쉘 42
미적 관점
  의 중요성 297-298
미적 조직 277
미첼 S. 80
미키 마우스 37

ㅂ

바질, 로베르토 15
반추 240
  자기애적/경쟁적 240
발렌티나 42
발린트, 마이클 80
  의 서술 223
밤에 꾸는 꿈 24

방파제 85
 맹목적인 138, 143-146
 의 결정화 130
버틀러, 새뮤얼 164, 174
베르모트, 루디 220
베타-요소 19, 44, 164
 의 쓰나미 24
벨라스케스 181
 의 그림 181, 183, 194
벨로우, 솔 86
변형
 감각적 경험들 안에서의 90
 감각적 및 정서적 경험들의 72
 고통 받는 용의 186
 공동-이야기 102
 과정들 85
 꿈들로의 13, 19, 24
 베타-요소들로부터의 이상적이 44
 베타-요소들의 19
 분석가의 284
 분석적 장의 27, 181
 선형적 시간 안에서의 298
 신진대사와 43
 의 개념들 72
 의 시리즈 166
 의 임상적 연쇄 167
 이야기의 13
 장면의 179
 정서들을 통해 작용하는 91
 정서적 95
 치료 과정 72
 환각 안에서의 19
 K 안에서의 110

O 안에서의 279, 284, 291
 O의 공시적(동시적이고 무한한)
  본성의 298
변형적인 담는 것 24
병리적 실연 277
보스턴 변화과정 연구집단 73, 92
보형물로서의 메달들 34
복잡한 정신적 기능 184
볼레버, W. 184
부모 141
부모-자녀
 와 동기간 관계 126, 134
 와 형제관계 128
부모와 자녀의 자기애적 체계들 127
부모의
 맹목적이 되기 134-139
 청소년기 147-149
부모의 자기애의 피학적 차원 142
부버, 마틴 292
부에노스 아이레스 204
부친살해적인 성 123
분리-개별화 과정 132
분석가-피분석자 관계 217
분석가-환자
 의 만남 184
 의 상호작용 53
분석가의
 갑작스런 직관 166
 내면의 생각하는 자 186
 능력 90
 동시대 ―의 인정 217
 마음 74
 몽상 27

찾아보기 / 313

분석가 가족의 도살 30
북아메리카 인디언 30
상호주관성 236, 268
생각들과 감정들 267
수용성 74
심리학적 삶 254
언어 101
완전한 경청 자원 57
우선성 214
이론들 163
자기애 131
저항 203
정신적 기능 211
정신적 능력 48
정신적 상태 98
정신적-신체 211
정신적 작업 211
주의 56
참여 57
해석 58, 298
분석적
 개념화 234
 개인적 문제들 61
 공간 81
 공동-구성 280
 과정 85
 관계 79-81
 극장 291
 대화 291
 상호주관성 235
 역전이 61
 이론 57, 60
 이중 단일체 11

장 162-164, 276, 280, 291
저항 297
제3자 83-84, 223, 233-265
중립성 57-59
커플 16
훈련 61
분석적 제3자 267
 개념에 대한 언급, 265-266
 에 대한 상호주관적인 임상적
  사실들 233-265
 정신-신체와 255-256
분열성 특질 248
분위기 75-76
불가해한 기표 213
불가해한 이미지 182
불안한 정신작용 244
블레거, J. 78
 의 이론 79
비-언어적 요소들 74
비온의
 개인적 의사소통 286
 담는 것/담기는 것 이론 53
 변화 개념 164
 생각들 160
 원-감각들과 동일한 20
 인격 특성 279
 제안 83, 98
 직관 166
 집단에 대한 기본적 가정 161
 K 안에서의 변형 110
비온학파 정신분석 32
비(B)의 사례 256-261
 의 마지막 언급 262

찾아보기 / 315

의 무의식적인 내적 대상관계 261
의 손목 비틀기와 손가락 잡아채기 261
의 시간들 261
의 양가감정 262
의 역량 261
의 행동 263

ㅅ

사르트르, J.P. 205
"사회적"(집단적) 인격 279
산책길 35
상형문자 239
상호적 최면 황홀상태 290
상호주관성 214, 235, 245, 249
 분석적 235
상호-주관적 공간 81
상호주관적으로 생성된 문석석
 의미 214
상황화 20
새로운 형성물 57
샤머니즘적인
 귀신축출 282
 전이 278
 치료적 실제 283
샬롯테의 망 238, 247
성적 발달 123
성 죠지 186-187
 의 성상 177
성채 85
 를 움직이기 210
세대간 및 형제간 직면의 장의
 왜곡 129

세대를 초월하도록 냉동건조된
 요소들 28
세 명의 동방박사들 141
세 번째 것 83-84
세팅 78-79
 의 탄력성 78
 제도적 78
셜록 홈즈 183
셰이퍼, 로이 91
소극적 능력 30
소급성 29
 의 도입 148
"소리-공학-분석가" 23
소페냐, 카를로스 199
소통되지 않는 자기 221
수난극 277
 즉흥적 294
수반되는 정교화 활동 90
슈퍼우먼 39
스쳐가는 환상 238
신경외과적 수술 22
신경증의 마디 콤플렉스 128
신경증의 오이디푸스적 형태 199
신체-관련된 환상들 256
심리학적
 실체 205
 정체성 235
 활동 254
심리학적 장
 의 더 깊은 의미 284
 의 변화 86
 의 추후의 재정의 201-202

ㅇ

아드리아네의 실마리 275
아빠-사자 101
아이의
 멋진 부모 이미지 127
 피어나는 성 123
아이작스, 수잔 55
아이지리크, 클라우디오 락스 51
아인슈타인 110
아하 경험 275
알파-기능 27
알파-몽상 기능 164
알파-요소 19, 27, 44, 151
애도
 과정 31, 127
 시간을 되돌릴 수 없는 것에 대한 127
 와 멜랑콜리 134
양방향 움직임 132
어미-원숭이 101
에레혼(Erewhon) 164
엘(L)의 사례 237-238, 240, 246-248
 나의 개입에 대한 —의 반응 251
 에 대한 경청으로 돌아가기 249
 의 감정 252
 의 꿈 251
 의 목소리 239, 243
 의 무의식적인 느낌 253
 의 분노 252
 의 사고의 연쇄 243
 의 상호주관적 경험 248
 의 생각들과 감정들 248

 의 서술 242
여러 집단치료자들 110
역동적 담는 것-담기는 것 184
역동적 장
 세대간의 127
 세대간의 -의 병리
 세대간 및 형제간 대결의 병리 128-132
 으로서의 청소년기 123-127
 의 개념 217
 의 개념의 시기 206
 직면 125-128
역전이 61
 의 활용 61
 참여 284
영국학회 52
오래-고통받는 부모 133
오(O) 안에서의 진화 110-111
오이디푸스적/상징적 셋째 267
오이디푸스 콤플렉스 36, 123, 127
옥덴, T. H. 84
 분석적 제3자 223, 233-266
외과의-분석가 23
용 186
우첼로, 파올로 176-180
우크로니아스 29
원-감각들 19
원시적 정신성 107
원-의의소 20
원-정서들 16-18, 24, 26
원-정신적 내용 22

위니캇, D.W. 123, 290
 의 개념 235
 진술 235
"위에서 한 행동" 41
유기 187
유대 76
유사-간질 발작 16
유사-개별화 129
유아의 발달에서 고착지점들과
 리비도 단계들 56
유아의 부모 182
유인원 24
유토피아 29
은유적 모델 282
율리스의 시선 185
응답기
 환상 250
 테입 249
의미론적 후광 27
이단 170
이론적 관점 194
이상적 자아-자아 이상-초자아 139
이상화 187
이식 23
이야기 12, 24-27
 외상적인 186
 정서를 ―로 용해하기 91-92, 95, 112, 183
 환자의 24
이중-개인적 장 163
이중 구성 216
이태리 정신분석학회 74
이태리 정신분석학회 분석가 170

이태리학파 73-74
인과 관계 225
인디언 31
일차적 모성몰두 279, 290
임상적 경계선 증후군 223
임상적 사례 143-146
임상적 예 92-94
임상적 예시
 숨길 수 없는 가슴 256
 훔친 편지 237-245
임의성 249
임의적 작용 30
입술의 움직임을 읽기 22

ㅈ

자기-부정 환자들 133
자기애
 분석가의 131
 와 가피학증 132
 의 남근적 논리 142
 의 인격 특성 279
 의 죽음의 요소 142
자기애적
 자기-몰두 254
 환자들 223, 225
자기애적/경쟁적 반추 240
자동-보호적 방어조직 184
자동적 순응주의 101
자아의 초월 205
자유롭게 변동하는 대화 99
장
 가피학적 129, 134
 과 전이 82-83

관음증적-노출증적 장들 129
구조 201
대인관계적 220-230
두-사람의 139
모델 72
무의식적 200
병리 143
부정성 88
분석적 162-164, 276
세대간 직면의 기능성 127
시-공간적 182
안에서의 변화 86-87
언어와 ―의 구조화 100-101
역동적 199-217
역동적 ―으로서의 청소년기 122-157
요소들 27
운명의 비인격성 172
의 거주자들 15-29
의 결정화 129
의 꿈꾸기 32-35
의 서술 199-201
의 시간적 구조 208
의 우주와 거주자들 15-48
의 자동-조직 166
의 전-의식적 기록 200
의 패러다임 174, 183
의 확장된 개념 70-112
이론 214
장-장소-저장고 88
정신분석적 치료와 193
초개인적 시-공간 162
장 이론 12-13, 24, 86
적극적 수용성 53

전능한 전-의식적 등록 200
전이 82
 박해적 95
 성애적 94
전이-역전이
 경험 225, 257
 관계 200
 사건들 260
 상황 279
 신경증 143, 280
 의 더 깊은 의미 284-285
 의 영역 255
전자-두뇌 양태 33
절박한 21-22
점진적이고 다발적인 탈이상화 127
정비소 환상 250
정서를 이야기로 용해하기 91- 92
정서적 소용돌이 29
정서―이야기 91-92
정신건강센터 80
정신분석 226, 234
 각본이 있는 그리고 즉흥적
 연극으로서의 276
 귀신론과 귀신축출에서 본 282
 귀신축출 의례로서의 179
 극적 수난극으로서의 277-278
 수난극으로서의 275-300
 안에서 무의식 이론의 전환점
  199-217
 안에서의 확장된 장 개념 70- 112
 안의 상호주관주의 213
 의 역동적 장 199
 의 중심적인 임상적 사실 234

의 치료적 작용 51-67
집단 160
정신분석가와 심리치료사 73
정신분석 국제학술지 12, 234
정신분석적
　과정 223
　기능 228
　기법 203
　만남 277
　발달 201
　부담/준비 193
　상호작용 275
　세팅 228
　실천 227
　심리치료 226
　언어 102-103
　오늘의 —사고 234
　이론들 104
　치료 51, 152, 301
정신-신체 255-256
정신적
　기능 193, 210, 224
　실재 214
　오래된 —체계 54
　요소들 224
　장치 82
　장 26
　평형 226
정신증 143
정신적 기능 166, 184-185
　기본적 가정의 —이 스며드는 185
　분석가의 211
　분석적 커플의 16

정통 170, 183
　정교회들 170
제도적 세팅 78
제사용 희생양 278
죠셉, 베티 13, 53
주관적 장 26
주인공들 15-16, 185-186
주제들의 주제를 이야기로 만들기 280
주 4회 분석 22
쥬라기 공원 29
지각적 실재 199
지연 행동 260
직면
　세대간 직면의 기능성 127
　세대간의 직면과 형제의 직면 128-132, 142
　세대들 사이의 직면과 역동적 장 125-127
　세대에 종속되는 것으로부터의 142
　의 과정 129, 142
　의 행동 126
진정한 삶 30
진지하게 학문적인 263
집단의 기본적 가정 101, 161
집단적 환상들과 신화들 107-109
　메시아적이고 묵시론적인 107

ㅊ

참자기 221
창녀 22
철도 은유 88

청소년기
  역동적 장으로서의 122-156
  청소년기 동안에 이루어지는
  재표의화 147-149
청소년의 부모 146-149
초-개인적인 저수지 78
초기 꿈 기능 26
춤추는 꿈 92
문화-집단 93
  의 임상적 예 93
치료에 대한 신화적 판형으로
  서의 십자가 처형 285
친척-같은
  연결 83
  지점들 83
침묵의 아버지들 142
침범적이지 않은 치료 32

ㅋ

카르멘 44
카푸친스키 87-89
  지각들 87-88
칸시퍼 루이스 122
칼라 드 토폴리 72
칼리메로 40
케이즈, 커스터 장군 29
케이즈, R. 77, 81
  모델 81
쿠차이스
  를 위한 장소 30-31
클라우디아 35
클라인, 멜라인 55, 199
클라인학파 개념들 71

클라인학파 이론 72
클라인학파 정신분석 71
킹콩 20

ㅌ

태어나지 않은 164-167
토템과 타부 287
투사적 동일시 29, 239
투사적 전이동일시 283

ㅍ

파비아 47
페렌치 S. 203
페로, 안토니노 15, 91-98, 102
페르샤 카펫 86
페히너, 실비아 12
펨버그, 아이데 58, 64
폴리체 205
  의 비평 204-205
퐁티, 멀로우
  의 상황 안에 있는 인간의 심리학 71
퓨제, 재닌 77
프란체스카의 꿈 187-193
프랑스계 아르헨티나 분석가 11
프로이트의
  관점 147
  글 205
  꿈 해석 204
  소급성 59, 148
프로이트 학파의
  무의식 211, 215-216

찾아보기 / 321

　초심리학 82
　플라톤적 우정 34
　플레이트 강 204
　피그말리온 124
　피그미족 39-40
　　숲 40
　피분석자
　　건강한 293
　　귀신들 287
　　담론 207
　　의 감각적 경험 234
　　의 말과 행동 293
　　의 무의식 57
　　의 무의식적 요청 290
　　의 무의식적 환상 214
　　의 분석가와의 관계 217
　　의 언어 102
　　의 역사 209
　　의 인격 278
　　의 전이 130
　　의 정신구조 278
　　의 정신병리 282
　　자유연상 295
　　정신분석적 언어로 가는 담론 102
　피숑-리비에르 76
　피카소의 초조한 호기심 181
　피학증 187

ㅎ

　하나님의 어린 양 287
　하위 단위의 구성물 27
　하이만, P. 203
　해석 63-64

　　꿈의 205
　　셜록 홈즈 183
　　의 개념의 의미론적 후광 27
　　의 과도한 양 32
　　전이의 33
　　해석의 양 35
　햄릿 294
　협력적 대립
　　구조 276
　　을 통한 협력 277
　협력 작업 89
　형제간의 유대 77
　혼혈 84
　확장된 개념 70-112
　환각 안에서의 변형 19
　환상의 커튼 280, 292
　환자의
　　경험과 자기 175
　　과거 역사 183
　　기능 185
　　깊은 고통 165
　　꿈 47
　　꿈 담화 186
　　담화 58
　　마음 48, 87
　　메시지 23
　　무의식의 형태 58
　　무의식적 동일시들 59
　　병리 143
　　분노 253
　　보조적 초자아 51
　　분석 16-19, 36-45, 108-109
　　비유적 이야기 186

322 / 분석적 장

삼-차원적 특징들 28
수석 보좌 47
실망 경험 239
심리내적 역동 235
언어적 및 비언어적 의사소통 87
역량 261
연상들 60, 259
이드-충동들 52
이야기 23
이중 다중인격 29
인격 100
"인디언" 31
일차적 경험187
저항 57
전-언어적 또는 언어적 의사
 소통 90
전이/역전이 58
전체 정신조직 51
정서적 상황 22
정신 상태 24
진술 249
초자아 52
최초의 유아기 신경증 279
투사들 234
환상들 57
후기-비온학파 정신분석 14
후기-클라인학파
 분석가들 53
 저자들 52
후썰의 현상학 205
후아로즈, 로베르토 207
 "수직적 시" 207
훔친 편지 237-245

흥분 신호를 보내는 95
흩어놓기 86
희생양으로서의 분석가 285- 287

한국심리치료연구소 총서

순수 심리치료 분야

놀이와 현실
Playing and Reality
by D. W. Winnicott / 이재훈

울타리와 공간
Boundary & Space
by D. Wallbridge
& M. Davis / 이재훈

유아의 심리적 탄생
Psychological Birth
of the Human Infant
by M. Mahler & F. Pine / 이재훈

꿈상징 사전
Dictionary of Dream Symbols
by Eric Ackroyd / 김병준

그림놀이를 통한 어린이 심리치료
Therapeutic Consultation
in Child Psychiatry
by D. W. Winnicott / 이재훈

자기의 분석
The Analysis of the Self
by Heinz Kohut / 이재훈

편집증과 심리치료
Psychotherapy
& the Paranoid Process
by W. W. Meissner / 이재훈

멜라니 클라인
Melanie Klein
by Hanna Segal / 이재훈

정신분석학적 대상관계이론
Object Relations
in Psychoanalytic Theories
by J. Greenberg & S. Mitchell / 이재훈

프로이트 이후
Freud & Beyond
by S. Mitchell & M. Black
/ 이재훈 · 이해리 공역

성숙과정과 촉진적 환경
Maturational Processes
& Facilitating Environment
by D. W. Winnicott / 이재훈

참자기
The Search for the Real Self
by J.F. Masterson / 임혜련

내면세계와 외부현실
Internal World & External Reality
by Otto Kernberg / 이재훈

자폐아동을 위한 심리치료
The Protective Shell in Children and
Adult by Frances Tustin / 이재훈 외

박탈과 비행
Deprivation & Delinquency
by D. W. Winnicott / 이재훈 외

교육, 허무주의, 생존
Education, Nihilism, Survival
by D. Holbrook / 이재훈 외

대상관계 개인치료 I · II
Object Relations Individual Therapy
by Jill Savege Scharff & David E.
Scharff / 이재훈 · 김석도 공역

정신분석 용어사전
Psychoanalytic Terms and Concepts
Ed. by Moore and Fine / 이재훈 외

하인즈 코헛과 자기심리학
H. Kohut and the Psychology of the
Self
by Allen M. Siegel / 권명수

성격에 관한 정신분석학적 연구
Psychoanalytic Studies of the
Personality by Ronald Fairbairn / 이재훈

대상관계 이론과 임상적 정신분석
Object Relations
& Clinical Psychoanalysis
by Otto Kernberg / 이재훈

나의 이성, 나의 감성
My Head and My Heart by De
Gregorio, Jorge / 김미겸

환자에게서 배우기
Learning from the Patient by Patrick
J. Casement / 김석도

순수 심리치료 분야

의례의 과정
The Ritual Process
by Victor Turner/ 박근원

대상관계이론과 정신병리학
Object Relations Theories and Psychopathology by Frank Summers /이재훈

정신분석학 주요개념
Psychoanalysis : The Major Concepts, by Moore & Fine/이재훈

대상관계 단기치료
Object Relations Brief Therapy by Michael Stadter/이재훈 • 김도애

임상적 클라인
Clinical Klein by R. D. Hinshelwood/ 이재훈

살아있는 동반자
Live Company by Anne Alvalez /이재훈 외

대상관계 가족치료
Object Relations Family Therapy by Jill Savege Scharff & David E. Scharff/이재훈

대상관계 집단치료
Object Relations, the Self and the Group by Charles Ashbach & Victor L. Shermer/이재훈

스토리텔링을 통한 어린이 심리치료
Using Storytelling as a Therapeutic Tool with Children by Sunderland Margot/이재훈 외

자폐아동과 정신분석
Autismes De L'enfance by Roger Perrson & Denys Ribas/권정아 • 안석

하인즈 코헛의 자기심리학 이야기 1/홍이화

초보자를 위한 대상관계 심리치료
The Primer of Object Relations Therapy by Jill & David Scharff/오규훈 • 이재훈

인격장애와 성도착에서 의공격성
Aggression and Perversions in Personality Disorders/이재훈 • 박동원

대상관계 단기부부치료
Short Term Object Relations Couple Therapy by James Donovan /이재훈 • 임영철

왜 정신분석인가?
Une Psychanalyse Pourquoi? by Roger Perron/표원경

애도
Mourning, Spirituality and Psychic Change by Susan Kavaler-Adler/이재훈

독이 든 양분
Toxic Nourishment by Michael Eigen/이재훈

무의식으로부터의 불꽃
Flames from the Unknown by Michael Eigen/이준호

정신분석학 주요개념 II
Psychoanalysis : The Major Concepts, by Moore & Fine/이재훈

대상의 그림자
The Shadow of the Object by Christopher Bollas/이재훈 외

환기적 대상
The Evocative Object by Christopher Bollas/이재훈

순수 심리치료 분야	
끝없는 질문 The Infinite Question by Christopher Bollas/이재훈	깊이와의 접촉 Contact With the Depth by Michael Eigen/이재훈
소아의학을 거쳐 정신분석학으로 Through Paediatrics to Psycho-Analysis by D. W. Winnicott/이재훈	심연의 화염 Flames From the Unconscious by Michael Eigen/이재훈
감정이 중요해 Feeling Matters by Michael Eigen/이재훈	정신증의 핵 The Psychotic Core by Michael Eigen/이재훈
흑암의 빗줄기 A Beam of Intense Darkness by Grotstein/이재훈	난 멀쩡해 I AM NOT SICK I Don't Need Help by Xavier Amador/최주언
C.G. 융과 후기 융학파 JUNG AND THE POST-JUNGIANS by Andrew Samuels/김성민	

기독교 신앙과 관련된 심리치료 분야

종교와 무의식
Religion & Unconscious
by Ann & Barry Ulanov / 이재훈

희망의 목회상담
Hope in the Pastoral Care
& Counseling
by Andrew Lester / 신현복

살아있는 인간문서
The Living Human Document
by Charles Gerkin / 안석모

인간의 관계경험과 하나님경험
Human Relationship
& the Experience of God
by Michael St. Clair / 이재훈

신데렐라와 그 자매들
Cinderella and Her Sisters
by Ann & Barry Ulanov / 이재훈

현대정신분석학과 종교
Contemporary Psychoanalysis
& Religion
by James Jones / 유영권

살아있는 신의 탄생
The Birth of the Living God
by Ana-Maria Rizzuto / 이재훈

인간의 욕망과 기독교 복음
Les Evangiles au risque
de la Psychanalyse
by Françoise Dolto / 김성민

신학과 목회상담
Theology & Pastoral Counseling
by Debohra Hunsinger
/ 이재훈 · 신현복

성서와 정신
The Bible and the Psyche
by E. Edinger / 이재훈

목회와 성
Ministry and Sexuality
by G. L. Rediger / 유희동

상한 마음의 치유
Healing Wounded Emotions
by M. H. Padovani 외 / 김성민 외

예수님의 마음으로 생활하기
Living from the Heart Jesus Gave You
by James. G. Friesen 외 / 정동섭

신경증의 치료와 기독교 신앙
Ministry and Sexuality
by G.L.Rediger / 김성민

전환기의 종교와 심리학
Religion and Psychology in Transition
by James Johns / 이재훈

영성과 심리치료
Spirituality and Psychotherapy
by Ann Belford Ulanov / 이재훈

치유의 상상력
The Healing Imagination
by Ann Belford Ulanov / 이재훈

외상, 심리치료 그리고 목회신학
/ 김정선

그리스도인의 원형
The Christian Archetype
by Edward F. Edinger / 이재훈

융의 심리학과 기독교 영성
De l'inconscient à Dieu: Ascèse
Chrètienne et psychologie de C.G.
Jung by Erna van de Winckel / 김성민

앞으로 출간될 책

아기에게 말하기
Talking to Babies by Myriam Szejer / 이준호

정신분열증 치료와 모던정신분석
Modern Psychoanalysis of the
Schizophrenic Patient by Hyman Spotnitz / 이준호